Joachim Braun Der unbequeme Präsident

Joachim Braun

Der unbequeme Präsident

Mit einem Vorwort von Siegfried Lenz

Verlag C. F. Müller Karlsruhe

Dokumentation und Bilder sowie Redenauswahl
besorgte Peter Borowsky, Bonn

ISBN 3-7880-9557-1
Library of Congress Catalog Card Number: 72-89751

Best.-Nr. 1239557
1.—10. Tausend Oktober 1972
11.—20. Tausend Dezember 1972

Gestaltung: Jochen Schmitt

Gesamtherstellung: C. F. Müller, Großdruckerei und Verlag GmbH, Karlsruhe

Siegfried Lenz

Zum Geleit

Wo er erscheint, da fliegen keine Mützen in die Luft, da wird nicht auf Handzeichen gejubelt; ihm schallen keine mutmachenden Hurras entgegen, und die Krankheit blinder Begeisterung will in seiner Gegenwart nicht überspringen. Schon seine Fortbewegung läßt zu wünschen übrig: nicht die schicksalhafte Gemessenheit des Staatsmannes, keine gespreizte Würde, nicht ein zeremonieller, ermüdeter Tanzschritt, sondern ein eher gehemmter Normalgang trägt den Bundespräsidenten zum Rednerpult. Nichts ist getarnt oder burgundisch kostümiert; keine funkelnden Insignien bekunden einen entlehnten Machtzuwachs aus dem Überirdischen, keine protokollarisch gehütete Einsamkeit legt die Vermutung nahe, das höchste Amt habe einen heißen Draht zu Gott. Normalität: das ist hier das Erwünschte und Bewiesene, und seit Gustav Heinemann Bundespräsident und Bürgerpräsident ist, sind die Bürger eingeladen, die Normalität des höchsten Amtes so oder so zur Kenntnis zu nehmen.

Zugegeben: mit seinem Versuch, das hochalpine Amt herabzuholen in dichtbesiedelte Bezirke, ihm sozusagen die Magie der Entlegenheit zu nehmen, ist Gustav Heinemann für viele Bürger dieses Staates auch zur Aufgabe geworden. Ein Abschied von trauten Vorstellungen wird hier nämlich von uns verlangt, und gleichzeitig eine Einübung in zeitgemäßes Verhalten. Zu tief hatte man in uns die Bilder versenkt, in denen staatliche Obrigkeit sich selbst gefiel: entrückt, in segenspendender Isolation, in glänzender Gefangenschaft eines Zeremoniells, das die Annäherung wie die Entfernung vom hohen Antlitz genau festlegte. Und Glanz gehörte dazu, erbeuteter, erschlichener oder nur gepumpter Glanz, der, man unterschätze es nicht, je keineswegs nur dem Hohen und Höchsten diente, sondern, wenn auch nur als eingebildeter Wärmestrahl, auf das Volk zurückfiel. Es gibt nicht wenige, die ihren persönlichen Repräsentationswillen erst im öffentlichen Aufwand des Oberhaupts vollstreckt sehen und denen seine Verehrung nur gelingt, wenn diese auf dem Verordnungswege erlassen wird.

Und nun kommt einer, der darauf besteht, vieles fraglich werden zu lassen, oder, nach einer bevorzugten Einleitung, sich eine bestimmte Frage zu gestatten: und die gilt nicht zuletzt ihm selbst, dem Verwalter des höchsten Staatsamtes. Autorität, die zum Zweifel einlädt? Erwählte Macht, die Verantwortung teilen, abgeben möchte? Gustav Heinemann, nach eigener Willenserklärung Bürgerpräsident, fordert uns auf, allen Vorstellungen überlebensgroßer und prunkvoller Staatsmacht den Laufpaß zu geben.

Statt dessen — und darin sieht er die zeitgemäße Bedeutung des Amtes — verweist er unermüdlich auf die verbrieften Angebote einer freiheitlichen Demokratie: durch freiwillig übernommene Verantwortung die Machtmittel des Staates überflüssig zu machen. Ein lapidarer Hinweis, wie es den Anschein hat; doch wer die unausgeschöpften Möglichkeiten unserer demokratischen Verfassung durchmustert, wird noch allemal erstaunt darüber sein, wie berechtigt dieser Hinweis von Gustav Heinemann ist. Je mehr bereit sind, sich zuständig zu fühlen und Mitverantwortung zu übernehmen, desto mehr an Staat können wir erübrigen. Und daß der Staat ein ungeliebtes Wesen ist, oder doch zur Liebe nicht taugt, gab Heinemann selbst zu verstehen, als er erklärte, er liebe seine Frau und nicht den Staat.

Wann hat ein deutsches Staatsoberhaupt solche Rede geführt? Es war unausbleiblich, daß der Mann, der ein »schwieriges Vaterland« zu repräsentieren hat, zäh und nicht widerspruchslos an dem Bild eines Amtes arbeiten mußte, das er in Übereinstimmung mit den Forderungen dieser Zeit bringen wollte. Das Ausland, aus Erfahrung empfindlich gegenüber deutschem Brustton, erkannte allerdings früh, welch eine Staatsauffassung sich hier aussprach: konnte Gustav Heinemann auf diskrete Art Vertrauenskapital in Holland sammeln, so wurde er von dänischen Journalisten als Provo unter den Staatsoberhäuptern willkommen geheißen. Das erklärte

Wohlwollen traf einen Präsidenten, der jede Staatsanmaßung verurteilte und von dem man wußte, daß seine dringendste Aufmerksamkeit den grauen Randzonen der menschlichen Gesellschaft gilt: dem Außenseiter, dem Unangepaßten. Es scheint, als habe Heinemann den Geist des Protestantismus, der in langen Anpassungssorgen verkümmerte, wieder erweckt und in seine Gesellschaftspolitik eingebracht.

Dieser unerschrockene, vor allem ungemütliche Geist des Protestantismus wird auch fast immer spürbar, sobald der Bürgerpräsident das Rednerpult betritt. Ich mag ihn als Redner, ich fühle Unruhe und Erwartung wie von selbst aufkommen, wenn er deutsche Geschichtsdaten besichtigt, wenn er sich Brüderlichkeit redend vorstellt oder ein Kalenderfest zum Anlaß nimmt, auf Schmerzliches hinzuweisen. Welche Unangemessenheit von leicht dozierender Stimmlage und brandheißem Inhalt; welch ein Widerspruch auch zwischen unfrisiertem, beinahe geruhsamem Tonfall und Mitteilungen, die keinem ein gutes Gewissen lassen. Ein Störer der Selbstzufriedenheit, der nicht nur mahnt und beklagt, der nicht nur mäßigt und unangenehm zweifelt, sondern der auch bereit ist, sich selbst zu bezichtigen: es war Gustav Heinemann, der sich öffentlich fragte, warum er während des Dritten Reiches nicht entschiedener Widerstand geleistet habe. Ein Staatsoberhaupt, das seine Unzufriedenheit mit sich selbst zugibt: hierzuland eine Erscheinung, an der manche Bürger sich bewähren können, die zahlreichen Meister der Verdrängung zumal, die Nachbarn mit gekappter Erinnerung.

Denn wenn man sich schon vergleichend fragt, wer uns und in welchem Stil in dieser Zeit in Deutschland zureichend repräsentieren kann, dann wird man sich wohl dies gestehen müssen: keine serenissimushafte Leutseligkeit; keine schwerfüßige militärische Legende zu Lebzeiten, und auch der stilisierte Biedermann entspricht uns nicht, der sich nach üblicher Zeit so sehr mit dem Amt verwechselt, daß er jede Tätigkeit als persönliche Huld ansieht. Was uns wohl ansteht, scheint mir, ist ein souveräner Zivilist, ein zweiflerischer, ungemütlicher Repräsentant, der seine Fragen an andere so gut wie an sich selbst stellt und der, gewissermaßen, die blauen Flecken auf dem deutschen Bewußtsein freimütig zu erkennen gibt. Ist Gustav Heinemann also der Präsident, der uns angemessen ist? Ich glaube, daß er uns weitreichend entspricht, und nicht nur dies: mit allem, wofür er eintritt, erinnert er an die Aufgaben, die dieser Gesellschaft gestellt sind. Und zwar an politische Aufgaben ebenso wie an soziale und moralische Aufgaben.

Doch über dem hartnäckigen Mahner kann ich den Bekenner Heinemann nicht vergessen, den Mann, der einst dem besiegten Deutschland eine unerhörte, eine nur noch übriggebliebene Solidarität vorschlug, nämlich die Solidarität der Schuld. Allen, die glaubten, sich in einer Zeit äußerster Rechtlosigkeit ihre Unschuld bewahrt zu haben, machte er klar, daß die einzige glaubwürdige Möglichkeit, bestehender Schuld zu begegnen, darin liegt, sie anzuerkennen, sie zu übernehmen. Eine »Gemeinschaft des Leidens«, die sich bereitfand zu einer »Solidarität der Schuld«: eine wahrhaft christliche Antwort auf die Erfahrungen jüngster Geschichte.

Wozu er fortwährend den Bürgern rät — die außerordentlichen Angebote der Demokratie anzunehmen, sie zu erproben —, das hat er für sich vollzogen: er machte und macht von den Angeboten des höchsten Staatsamts weidlich Gebrauch, und zwar bis zu ehrenwerter Mißliebigkeit. Ob er für demonstrierende Studenten um Verständnis wirbt, ob er auf das Los der Gastarbeiter hinweist, ob er von historischen Standbildern die Patina wäscht oder dem Außenseitertum seine Rechtmäßigkeit bestätigt: das höchste Staatsamt bringt es nun einmal mit sich, daß Worte eine größere Fallhöhe haben, daß sie zumindest Aufmerksamkeit finden, und Gustav Heinemann spricht aus, was ihm zu sagen notwendig erscheint. Und er hat es erreicht, daß das Amt etwas von seiner Distanz verlor, ohne daß Anbiederung oder Anpassung nach unten nötig gewesen wären. Unentmutigt aufklärerisch zu wirken, für Humanität zu plädieren, hartnäckig einen selbstbewußten, zur Verantwortung bereiten Bürgersinn zu fördern: mir scheint, dies ist keine geringe Aufgabe für den Inhaber des höchsten Staatsamts.

Gustav Heinemanns besondere Glaubwürdigkeit rührt unter anderem daher, daß er nicht in die stilisierte Gefangenschaft des Amtes einwilligt, daß er gewissermaßen nicht einsieht, was ein eingebildeter Zwang von ihm erwartet. Der fragt also tatsächlich, ob er, selbst bei offizieller Gelegenheit, die Anwesenheit von Fotografen erdulden muß. Der läßt mal eben seine Staatskutsche in Bonn halten, um zwei flanierende Schriftsteller zu begrüßen. Und der nimmt das Recht für sich in Anspruch, zu zeigen, wann ihn ein Gespräch langweilt.

Nein, Gustav Heinemann ist kein »gelernter« Präsident. Unangreifbare Geschmeidigkeit ist ebensowenig seine Sache wie zeremonieller Selbstgenuß. Oft genug sieht man seinem winkenden Arm den eingebauten Widerstand an. So manches Mal zeigt er Betretenheit vor allzu lautstarkem Beifall. Und die redliche Amateurhaftigkeit gewisser Gesten wird uns das nächste Mal ebenso überzeugen, wie sie uns beim letzten Mal für ihn eingenommen hat.

Es liegt auf der Hand, daß es bei seinem Versuch, ein Bürgerpräsident zu sein, nicht zuletzt auch auf die Bürger ankommt. Wir sind aufgefordert, zu vergleichen und zu urteilen. Wir sind angehalten, selbst zu bestimmen, was zeitgemäß ist und was uns am ehesten entspricht. Die Auffassung des höchsten Staatsamts, wie Gustav Heinemann sie vertritt, ist auf Mitarbeiter angelegt. Wir sollen sie ihm nicht vorenthalten.

Warum es sich allemal lohnt, das belegt Joachim Braun mit seinem Heinemann-Porträt. Ein sorgfältiges und zugeneigtes Porträt, das sich aus verschiedenen Elementen zusammensetzt: biografische Darstellung und politische Entwicklung, charakterologische Studie und Bonner Tätigkeitsprotokoll, Familienfoto und Amtsbesichtigung, alles wird aufschlußreich berücksichtigt und bewertet, nicht zuletzt auch die Augenblicke außerordentlicher politischer Entscheidungen, die mit dem Namen Gustav Heinemann verbunden bleiben. Die Teile fügen sich zum Bildnis eines »unbequemen Präsidenten«, zu dem die beste Entsprechung niemand anderes sein kann als der »unbequeme Bürger«.

Der schwarz-rot-goldene Protestant

Ein bequemer Mann ist Gustav Heinemann nie gewesen — für seine Gegner nicht, für seine Freunde nicht und wohl auch nicht für sich selber.

Er war umstritten, seitdem er die politische Bühne betrat:
als Innenminister im ersten Kabinett Adenauer, der schon nach einem Jahr aus Protest gegen Adenauers Deutschlandpolitik sein Amt zur Verfügung stellte;
als Gründer und führender Kopf einer Splitterpartei, der in fünfjähriger außerparlamentarischer Opposition das Los des politischen Außenseiters kennenlernte;
als scharfsinniger Kritiker der Sozialdemokraten, denen er sich erst anschloß, nachdem sie sich von ihrer kirchenfeindlichen Tradition losgesagt und mit der Wirtschaftsordnung der Bundesrepublik ihren Frieden gemacht hatten;
als Justizminister während der Großen Koalition, der ein ganzes Paket von Reformen in Gang brachte, die in der Bevölkerung nicht eben populär waren: von der Liberalisierung des Sexualstrafrechts über die rechtliche Gleichstellung nichtehelicher Kinder bis zur Reform des politischen Strafrechts und des Strafvollzugs.

Umstritten war Gustav Heinemann auch als Kandidat für das Amt des Bundespräsidenten. Nicht unter den Sozialdemokraten, die ihn einstimmig nominiert hatten. Schon mehr unter den Freien Demokraten, deren politische Führung alle Energie und Überzeugungskraft aufbieten mußte, um ihre Wahlmänner geschlossen auf Heinemann einzuschwören. Gewiß aber war er umstritten in der CDU und der ihr nahestehenden Presse. Dort empfand man seine Kandidatur als Affront. Gustav Heinemann gegen Gerhard Schröder: das war nicht einfach die Wahl zwischen zwei Männern, die eben für das höchste Amt im Staate geeignet schienen — das war die Konfrontation zwischen zwanzigjähriger CDU-Herrschaft und zwanzigjähriger Kritik an dieser Herrschaft, zwischen dem, was in Deutschland geworden war und dem, was hätte werden können, zwischen der Angst vor dem Experiment und der Sehnsucht nach dem großen Wechsel.

Niemals bei einer Präsidentenwahl zuvor war der Ausgang so offen gewesen. Daß die Christlichen Demokraten geschlossen für ihren Kandidaten stimmen würden, war klar. Auch die 22 Wahlmänner der NPD hatten erkennen lassen, daß sie für Gerhard Schröder ihre Stimme abgeben würden. Das Interesse konzentrierte sich deshalb auf die Frage, wie sich die Wahlmänner der FDP in der Bundesversammlung verhalten würden. Stimmten sie geschlossen für Gustav Heinemann, dann war sein Wahlsieg gesichert. Votierten aber auch nur einige für Gerhard Schröder, dann war der Versuch der Sozialdemokraten gescheitert, das höchste Staatsamt der Bundesrepublik zum erstenmal mit einem Mann aus ihren Reihen zu besetzen.

Am 5. März 1969 um 18.45 Uhr trat Gustav Heinemann ans Rednerpult in der Westberliner Ostpreußenhalle: »Ich möchte allen denen, die mich gewählt haben, für das Vertrauen danken, das sie mir entgegenbringen. Denen, die eine andere Wahlentscheidung getroffen haben, bekunde ich meinen vollen Respekt. Ich hoffe, daß es auch mit ihnen zu einer gedeihlichen Zusammenarbeit kommt über der Gemeinsamkeit der Aufgaben, die uns allen gestellt sind.«[1]

Nach drei nervenaufreibenden Wahlgängen hatte sich die Mehrheit der Wahlmänner für Gustav Heinemann entschieden. Das Ergebnis war knapp genug: 512 Stimmen für Heinemann, 506 für Gerhard Schröder. Kein Wunder, daß es der CDU schwerfiel, den respektvollen Gruß zu erwidern, den Heinemann ihr entboten hatte. Zuviel lag zwischen den Christdemokraten und dem Mann, der einmal einer der ihren gewesen war und nun als Sozialdemokrat das höchste Amt im Staate übernehmen sollte. Auch die gemeinsamen Regierungsjahre in der Zeit der Großen Koalition hatten an dieser herzlichen Abneigung wenig geändert.

1945: Bürgermeister in Essen

Unvergessen war in der CDU, daß Heinemann nach seinem Bruch mit Adenauer zu einem der unerbittlichsten Kritiker der Christdemokraten in den Fünfzigerjahren geworden war. Unvergessen war jene berühmte Rede am 23. Januar 1958 vor dem Deutschen Bundestag, in der Heinemann — inzwischen zur SPD gekommen — mit seinem Gegenspieler Konrad Adenauer abrechnete. Und unvergessen war, daß erst Heinemanns Eintritt in die SPD und seine Mitarbeit am Godesberger Reformprogramm den Sozialdemokraten jenen Einbruch in bürgerliche Wählerschichten ermöglicht hatten, der aus einer traditionsbeladenen Klassenpartei eine moderne Volkspartei werden ließ und der irgendwann einmal zur Ablösung der CDU in der Regierungsverantwortung führen mochte.

Jetzt, mit Heinemanns Sieg über Gerhard Schröder, nur wenige Monate vor einer Bundestagswahl, war die Möglichkeit eines Machtwechsels in Bonn in greifbare Nähe gerückt. Zum erstenmal seit Bestehen der Bundesrepublik hatte eine Koalition aus SPD und FDP die Christlichen Demokraten in einer bundespolitischen Entscheidung überstimmt. Auch die Wahlhilfe durch die NPD hatte die Niederlage der CDU nicht verhindern können. Alle Beteiligten waren sich klar darüber, daß an diesem 5. März 1969 in Berlin mehr geschehen war als nur ein Wechsel im Amt des Bundespräsidenten.

Die Reaktionen auf die Berliner Wahl ließen erkennen, wie sehr sich an Gustav Heinemann die Geister schieden: Erleichterung, Freude, Stolz bei denen, die seine Wahl betrieben hatten; Enttäuschung, in die sich Töne von Bitterkeit und gelegentlich von Wut mischten, bei den Unterlegenen. Der baden-württembergische Ministerpräsident Filbinger sprach nach der Wahl von einem Abgrund zwischen Gustav Heinemann und den Wertvorstellungen der CDU. Franz Josef Strauß beschwor gar die Schatten des Dritten Reiches. Zu dem allzu arglos geäußerten Satz Heinemanns, es habe sich nun »ein Stück Machtwechsel« vollzogen, und zwar nach den Regeln der parlamentarischen Demokratie, sagte Strauß: »Das Wort Machtwechsel hören wir im Zusammenhang mit der Präsidentenwahl nicht gern ... Wir in Deutschland sind gegen Worte wie Machtergreifung, Machtwechsel sehr empfindlich.«[2] Mit einer kleinen Wortverschiebung rückte Strauß die demokratische Entscheidung der Bundesversammlung in die Nähe von Hitlers Machtergreifung. Seine Zuhörer dankten ihm das hinterhältige Wortspiel mit Beifall.

Aber auch die linken Literaten und liberalen Journalisten, die Heinemann lieben, hatten nach der Wahl zeitweise Mühe, ihre Sprache unter Kontrolle zu halten. Selbst ein so kritischer Mann wie Hermann Schreiber verfiel vor Heinemann ins Psalmodieren. Heinemanns Ausspruch, er fühle sich nicht als Staatspräsident, er wolle lieber Bürgerpräsident sein, kommentierte Schreiber folgendermaßen: »Das ist eine gute Nachricht. Wenn nämlich gelten soll in diesem Land, daß wir der Staat sind, wir Bürger, dann liegt eine Chance in diesen Worten Gustav Heinemanns, wie sie der deutschen Demokratie nicht oft geboten wird. Ergreifen wir sie, ergreifen wir ihn. Denn er ist unser.«[3]

Seither sind mehr als drei Jahre vergangen, drei Jahre, in denen sich die politische Szenerie der Bundesrepublik gründlich gewandelt hat. Die CDU, die bei der Präsidentenwahl noch den Bundeskanzler gestellt hatte, fand sich acht Monate später auf den Bänken der Opposition. Die Bundestagswahl vom 19. November 1972 hat ihre Hoffnung auf eine schnelle Rückkehr zur Macht endgültig zerstört. Die außerparlamentarische Opposition, zur Zeit von Heinemanns Wahl auf dem Höhepunkt ihres öffentlichen Erfolges, ist zur Bedeutungslosigkeit herabgesunken. In den Universitäten ist an die Stelle der teach-in's und der Massendemonstrationen die stille, entschlossene Kaderarbeit marxistischer Minderheiten getreten.

Gustav Heinemann hat mittlerweile mehr als die Hälfte seiner Amtszeit hinter sich. Die Stimmen seiner Kritiker wie die seiner Bewunderer sind in dieser Zeit leiser geworden. Glaubt man den Auskünften der Demoskopen, dann ist sogar die überwältigende Mehrheit der Bundesbürger mit der Amtsführung Gustav Heinemanns einverstanden. Aber weder die gedämpftere Tonart der Kommentatoren noch demoskopische Beifallserklärungen täuschen darüber hinweg, daß viele Deutsche sich nach wie vor schwer tun mit diesem Mann, daß Gustav Heinemann auch als Bundespräsident für seine

Mitbürger die Herausforderung geblieben ist, die er immer war: ein unbequemer Repräsentant.

Woran liegt das?
Liegt es an seiner schmucklos-nüchternen Art, daran, daß er einfach kein Mann des überspringenden Funkens, des gewinnenden Charmes, der herzerwärmenden Liebenswürdigkeit ist?
Liegt es daran, daß er in einem Land, in dem politische Parteien immer noch weithin als weltanschauliche Treuebündnisse auf Lebenszeit gelten, viermal die Partei gewechselt hat, aber nie in der Partei gewesen ist, in der vor einem Lebensalter fast jedermann war, nämlich in der NSDAP?
Liegt es daran, daß er in der Zeit des Wiederaufbaus, auf die wir doch so stolz sind, gegen nahezu alles kämpfte, was der Mehrheit der Deutschen damals lieb und teuer war:
gegen einen unpolitischen Wohlstandsegoismus;
gegen die Neigung, die Erfahrungen des Dritten Reiches schnell und gründlich zu verdrängen;
gegen die Beanspruchung des christlichen Namens für eine bestimmte politische Partei;
gegen die Verwechslung des Ost-West-Konflikts mit einem Kampf zwischen Kommunismus und Christentum;
gegen eine Deutschlandpolitik der eingebildeten Stärke, die die Wiedervereinigung pausenlos proklamierte, obwohl sie doch wußte, daß ein vereinigtes Deutschland jedenfalls mit dieser Politik nicht zu erreichen war;
gegen ein Sicherheitsbedürfnis, das lieber auf Waffen vertraute als auf den politischen Interessenausgleich in Europa?

Oder liegt es daran, daß Gustav Heinemann nicht müde wird, die deutsche Tradition der Untertänigkeit anzuprangern und seine Mitbürger zu größerer moralischer Verantwortung und politischer Mündigkeit zu ermutigen; daran, daß er auch als Bundespräsident sich nicht aufs Repräsentieren und auf unverbindliche Festreden beschränkt, sondern Schäden unseres Gemeinwesens beim Namen nennt und, wenn es sein muß, auch ihre Urheber?

Liegt es daran, daß, wie Rolf Zundel einmal geschrieben hat, nicht nur dieser Präsident sich an seinem Amt bewähren muß, sondern auch die politische Gesellschaft der Bundesrepublik an ihrem Präsidenten?

Lohnende, nicht alltägliche Fragen, die dieser deutsche Politiker aufwirft.

Dabei wollte Gustav Heinemann ursprünglich gar nicht in die Politik gehen. Jedenfalls hat er nie beschlossen, Politiker zu werden. Der Beruf, den sich der Gymnasiast Gustav Heinemann vorgenommen hatte, war der des Rechtsanwalts. Eine klare Vorstellung von diesem Beruf besaß er nicht. Es gab keinen Rechtsanwalt in seiner Familie, auch sonst keinen Akademiker. Die Vorfahren waren Handwerker, ein armer Metzger im hessischen Eschwege der väterliche Großvater, Dachdeckermeister in Barmen der Großvater mütterlicherseits. Otto Heinemann, der Vater des Bundespräsidenten, hatte sich vom Volksschüler zum Prokuristen der Weltfirma Krupp emporgearbeitet. Gustav Heinemann war der erste in der Familie, der ein Universitätsstudium absolvierte. Die Jurisprudenz wählte er als Studienfach, nicht so sehr, weil ihn die Rechtsgelehrsamkeit als Wissenschaft interessierte, sondern weil man eben nur mit diesem Studium Anwalt werden kann. Und Anwalt wollte er werden, um unabhängig zu sein, keine Vorgesetzten zu haben. Zum Befehlsempfänger, zum Untergebenen, zum langsamen braven Hochdienen in einer Hierarchie hatte er keine Neigung, wohl auch kein Talent.

Früh selbständig zu sein — das also war der eine Anreiz dieses Berufes; der andere, daß man als Rechtsanwalt »was zu fechten, was auszupauken« hat. Zu den akademischen Lehrern des jungen Heinemann gehörte in München auch Max Weber. Von ihm lernte er den Satz, Politik sei das zähe Bohren von harten Brettern, mit Leidenschaft und Augenmaß zugleich. »Dieses zähe Bohren«, hat er später von sich bekannt, »das steckt irgendwie in mir drin.«[4]

Politische Einflüsse empfing schon der Knabe im Elternhaus. Sein Vater, Otto Heinemann, war in Essen Stadtverordneter für eine freisinnige bürgerliche Gruppierung. Er verehrte Bismarck als den Einiger des Reiches, die säbelrasselnde Arroganz Wilhelms II. war ihm dagegen verhaßt. Den Versailler Frieden empfand er wegen seiner bedrückenden Bedingungen für Deutschland als Schmach; aber er atmete doch auf, als die Kunde von der Annahme des Vertrages eintraf. Die Dolchstoßlegende hat er durchschaut, Friedrich Ebert als den Erhalter des Reiches in schwieriger Zeit geachtet. Sein politisches Glaubensbekenntnis lautete: »Deutsch zu sein und national zu sein, mein Vaterland über alles; sozial fühlen, denken und handeln; gleiche Rechte und Pflichten für alle.«[5]

Freilich: »Deutsch sein, national sein, mein Vaterland über alles«, das klingt im Munde eines Heinemann mehr nach Hoffmann von Fallersleben als nach deutsch-nationaler Überheblichkeit, mehr nach dem schwarz-rot-goldenen Patriotismus der 1848er Generation als nach schwarz-weiß-rotem Nationalismus. Und »gleiche Rechte und Pflichten für alle« war in der Zeit des Drei-Klassen-Wahlrechts gewiß keine konservative Einstellung.

Noch stärker als vom Vater ist die Tradition der Revolution von 1848 durch die Familie der Mutter auf Gustav Heinemann gekommen. Der Urgroßvater mütterlicherseits, Jakob Walter, hat mit seinen beiden Brüdern in Elberfeld auf den Barrikaden mitgekämpft. Ein Bruder wurde während des Badischen Aufstands 1849 von den Preußen im Gefecht bei Waghäusel schwer verwundet und liegt in Rastatt begraben, der zweite floh über Frankreich nach Amerika. Gustav Heinemann bewahrt heute noch einige Briefe von ihm auf, in denen der Vorfahre dem daheimgebliebenen Bruder schreibt, er wolle trotz bedrückender Armut nicht wieder nach Deutschland zurückkehren, denn in Amerika könne er frei reden.

Der Großvater, Gustav Walter, war 1848 erst sechs Jahre alt. Er machte seine Erfahrungen mit der Revolution bei Garibaldi in Italien. Gustav Heinemann erinnert sich noch gut, wie ihn der Großvater auf den Knien schaukelte und ihm das »Hecker-Lied« beibrachte, jene Hymne des Frankfurter Dichters Wilhelm Sauerwein auf den Führer der badischen Radikalen, den Mannheimer Anwalt Friedrich Hecker:

»Er hängt an keinem Baume,
Er hängt an keinem Strick,
Er hängt nur an dem Traume
Der schwarz-rot-goldenen Republik.«

Auf diese schwarz-rot-goldene Tradition seiner Ahnen führt Gustav Heinemann zurück, was er selbst als seine »48er Gesinnung« bezeichnet. Die Kritik an der Tradition des Obrigkeitsstaates und der engen Verbindung der Kirche zu den herrschenden Mächten, das Eintreten für den Rechtsstaat und für die aktive Beteiligung des Bürgers an der Demokratie, das Verlangen nach nationaler Einheit, alle diese Überzeugungen, die in Heinemanns Reden immer wieder auftauchen, sind schon von der Nationalversammlung in der Frankfurter Paulskirche feierlich beschworen worden. Damals, in jenen kurzen Frühjahrswochen 1848, als der Traum von einer demokratischen Revolution in Deutschland Wirklichkeit zu werden schien, wurde in der Paulskirche eine Verfassung ausgearbeitet, der zum erstenmal in der deutschen Geschichte eine Erklärung der Grundrechte vorangestellt war. Die Freiheit der Person, des wirtschaftlichen Lebens, die Freiheit des religiösen Bekenntnisses, der Wissenschaft und der Presse, die Rechtssicherheit gegen willkürliche Verhaftung, gegen richterliche und polizeiliche Übergriffe, die Rechtsgleichheit durch Abschaffung aller ständischen Privilegien: das ist 48er Tradition, auch wenn diese Verfassung nie Rechtskraft erlangt hat.

Heinemann hätte sich in der Paulskirche freilich kaum der liberalen Mitte zugehörig gefühlt, jenem Honoratiorenliberalismus, der nach einem Wort Golo Mann's sich die neuen Freiheiten von der alten Autorität bewilligen lassen wollte. Man hätte ihn dort gewiß auf dem linken Flügel der Nationalversammlung gefunden, unter den Männern, die die volle Demokratie und eine soziale Gesellschaftsordnung im Sinn hatten und nach dem Scheitern der Paulskirche für ihre Zwecke auf den Barrikaden kämpften.

Politische Einflüsse hat Heinemann also im Elternhaus genug erhalten. Mit Politik ist er auch in seiner Studentenzeit in Berührung gekommen. Er war ein schwarz-rot-goldener Student, überzeugter Republikaner und in

Marburg stellvertretender Vorsitzender der deutsch-demokratischen Studentengruppe (der erste Vorsitzende war der spätere CDU-Politiker Ernst Lemmer, einer der wenigen in der CDU, die Heinemann auch nach seinem Bruch mit Adenauer eine treue Freundschaft bewahrten). Er geriet mit einem Kurierauftrag kurzfristig in die Wirren des Kapp-Putsches und hat bei dieser Gelegenheit auch einmal eine Nacht hinter Schloß und Riegel zugebracht. Er besuchte 1920 in München als Student eine Parteiversammlung der Nationalsozialisten, die damals noch ganz am Anfang ihrer Wirksamkeit standen; der eine Abend hat genügt, um seine Haltung zu Adolf Hitler ein für allemal zu bestimmen.

Aber all diese Ausflüge in die Politik blieben beiläufige Ereignisse am Rande der Studentenzeit, die er in Münster, Marburg, Göttingen, München und Berlin zugebracht hat. Das Volkswirtschaftsstudium, das er zugleich mit der Juristerei betrieb, schloß er schon 1922 in Marburg mit der Promotion zum Doktor rer. pol. ab. Im gleichen Jahr folgte die erste, 1926 in Berlin die zweite juristische Staatsprüfung, 1929 die juristische Promotion in Münster. Nach der zweiten juristischen Staatsprüfung 1926 trat er als Sozius in die Kanzlei eines Essener Strafverteidigers ein. Die Zulassung als Anwalt mußte er sich allerdings erst durch eine Beschwerde verschaffen, denn die Justizbehörden wollten den Prädikatsjuristen nicht ohne weiteres aus dem Staatsdienst entlassen. Er setzte sich durch, das Berufsziel des Gymnasiasten war erreicht.

Die Karriere als Rechtsanwalt dauerte nur zwei Jahre. 1928 boten die Rheinischen Stahlwerke in Essen dem erst 29jährigen einen Dreijahresvertrag als Justitiar mit Prokura und ansehnlichem Gehalt an. Heinemann machte eine dreimonatige Kündigungsfrist zur Bedingung und akzeptierte. Bei Rheinstahl blieb er mehr als zwanzig Jahre lang, kam 1936 als stellvertretendes Mitglied in den Vorstand und wurde 1945 als Chef der Hauptverwaltung ordentliches Vorstandsmitglied. Neben der Tätigkeit für Rheinstahl schrieb er schon in jungen Jahren juristische Bücher, die mehrere Neuauflagen erlebten und noch heute als Standardwerke gelten, darunter Kommentare zum Kassenarztrecht, zum Kassenzahnarztrecht und zum Bergschadenrecht. Von 1933 bis 1939 erfüllte er überdies einen Lehrauftrag für Wirtschaftsrecht und Bergrecht an der Universität Köln. In der Ruhrindustrie sah er seine berufliche Aufgabe. Noch 1949 war er nicht bereit, den Posten bei Rheinstahl zugunsten eines Bundestagsmandats aufzugeben, obwohl er inzwischen als Oberbürgermeister von Essen und als Justizminister in der Landesregierung von Nordrhein-Westfalen aktive Politik betrieben hatte.

Erst als Konrad Adenauer ihn zum Innenminister in der ersten Bundesregierung berief, nahm Heinemann Abschied vom Industriemanagement. Adenauer hatte ihn ziemlich energisch drängen müssen, denn an einer Karriere in Bonn war Heinemann nicht interessiert. Karriere hatte er längst gemacht. Er war einer der führenden Männer an der Ruhr, hatte in Essen Ansehen und Wohlstand erworben und hätte gerne weiter am Wiederaufbau der deutschen Wirtschaft mitgearbeitet.

Mit anzupacken beim Wiederaufbau — das war auch der Grund, weshalb er sich von 1946 bis 1949 seiner Heimatstadt als Oberbürgermeister zur Verfügung stellte. (In Nordrhein-Westfalen sind die Oberbürgermeister nicht Berufspolitiker, sondern eine Art ehrenamtliches Stadtoberhaupt. Sie üben also ihren bürgerlichen Beruf weiter aus.) Die britische Besatzungsmacht hatte ihn 1945 in das Amt des Bürgermeisters berufen, weil er als Gegner der Nationalsozialisten bekannt war. Als die CDU, die er in Essen mitbe-

---

1. Auf dem Feldherrnhügel.

2. Der Urgroßvater Heinemanns mütterlicherseits, Jacob Walter, kämpfte mit seinen beiden Brüdern auf den Barrikaden in der Revolution von 1848/49. Ein Bruder wurde während des Badischen Aufstands 1849 von den Preußen in Rastatt verwundet und starb kurz darauf. Der zweite floh nach Amerika und ist dort später verschollen. Er schrieb diesen Brief an den daheimgebliebenen Bruder in Barmen.

3. Mündlicher Ausdruck: sehr gut, Gesang: mangelhaft, zwei Noten aus dem Zeugnis des 9jährigen Gustav Heinemann.

4. Als 16jähriger schrieb Gustav Heinemann ein Drama mit dem Titel: »Konradin der letzte Hohenstaufe.« Hier die erste Seite aus dem Originalmanuskript. 55 Jahre später wurde das Stück zu Heinemanns 72. Geburtstag in der Villa Hammerschmidt uraufgeführt.

No 3 Werthgeschätzter Bruder Jakob

Hierbei muß ich Dir noch bemerken daß ich für mei-
ne Person nicht wieder nach Deutschland wollte denn man
kann hier doch weiterleben und brauch mich nicht nach
einem [illegible] zu fragen, nachher etwas fällt mir
ein. Dem Schuhmacher Bäuerlein seine Frau sagte mal
in Deiner Stube am Weihnachten hätte zu Dir gesagt
daß in Amerika die Vögel nicht pfeifen und die Blumen
kein Geruch hätte das ist durch gelogen denn die Vögel
pfeifen und die Blumen riechen [illegible]
der Schwindler gesehen hat, aber die sogenannten [illegible]
[illegible] oder Schwerter [illegible] sind Bürgerleute die haben
es mit dem Teufel, wenn die das [illegible] kommen [illegible]
[illegible]
[illegible]
Ich habe in Amerika noch [illegible] gesehen.
Die Sache mit dem Hermann Bauer kommt mir
komisch [illegible] daß er in Philadelphia so gut soll
angekommen [illegible] wenn es wahr ist so werd ich
es bald erfahren denn ich habe nach Philadelphia
geschrieben an den Philipp Becker aus Saarbrücken
der [illegible] ist, er sollte sich nach Bauer
erkundigen und wenn es anders ist so ein Bauer
nach Elberfeld geschrieben hat so werd ich bald bei ihm
sein aber ich glaube er [illegible] viele Lügen [illegible]
geschrieben hat.

Nochmals bester Bruder so lange Du [illegible] in Deutsch-
land etwas aufstehen [illegible] bleibe dort, sagst Du aber
einmal daß Du sollst zurück gehen welches ich nicht
hoffen thun denn [illegible] und
kommst ins Land wenn Du noch Geld hast dann bist
Du und deine Kinder geborgen auf ihr Lebenlang
und [illegible] Bruder [illegible]
fehlt es auch die Geld mitbringen, und noch arbeiten
wollen. Wenn jetzt Du und Bruder Karl wären noch
am Leben, und wir 3 mit einer beide Familie wären
beisammen es fehlte uns gewiß an nichts mehr ein
freies Leben könnte wir führen und noch gar niemand
nach der Welt zu fragen, wenn Dir es sollte einmal ein-
fallen nach Amerika zu kommen, so thu es nur wenigstens
Jahr vorher zu wissen dann gehe ich gleich bei ein Bauer

Ev. siebenstufige Volksschule XIX

Zeugnis

für Gustav Heinemann.

Klasse Va **Abteilung**

I. **Halbjahr des Schuljahres 19**08/09.

I. Betragen:
II. Ordnungsliebe:
III. Aufmerksamkeit:
IV. Fleiß:
} Gut.

V. Leistungen:

1. Religion:
   a. Bibl. Geschichte:
   b. Katechismus:
   c. Kirchenlied:
   } Gut.
2. Deutsch:
   a. Lesen:
   b. Sprachlehre:
   } Gut.
   c. Mündl. Ausdruck: Sehr gut.
   d. Rechtschreiben: Gut.
   e. Aufsatz:
3. Rechnen:
   a. Kopfrechnen:
   b. Schriftl. Rechnen:
   } Gut.
4. Raumlehre:
5. Geschichte: Les.
6. ~~Erd~~ Heimatkunde:
} Gut.
7. Naturbeschreibung:
8. Naturlehre:
9. Schönschreiben:
10. Zeichnen:
} Im ganzen gut.
11. Gesang: Mangelhaft.
12. Turnen: Genügend.
13. Weibl. Handarbeiten:

VI. Schulversäumnisse: 9 Halbtage mit Entschuldigung,
— Halbtage ohne Entschuldigung.

VII. Besondere Bemerkungen:

Rüttenscheid, d. 30. Sept. 1908

~~Der~~ Rektor: ~~Hauptlehrer~~: Brinken.

D~~er~~ Lehrer: Abramson.

Unterschrift der Eltern: O. Heinemann.

I. Aufzug.

1. Szene. Am Hofe des Herzogs Ludwig von Bayern.

Königin Elisabeth und Ludwig.

L. Nein, nein, ich werde ihm auf jeden Fall abraten; das Unternehmen ist zu waghalsig.

E. Habt Ihr schon mit Konradin davon gesprochen?

L. Nein. Er weiß überhaupt nichts davon, daß wieder eine Gesandtschaft aus Italien angekommen ist.

E. Wollt Ihr sie ihm gar nicht vorstellen?

L. Am liebsten möchte ich es nicht tun! Schon beim ersten Male wäre er gleich aufgebrochen, ohne sich um Anhang und Gefolgschaft zu kümmern. Nur mit Mühe konnte ich ihn hierhalten!

E. Ich glaube, er traut es sich noch zu, ganz allein den Kampf gegen Karl v. Anjou und den Papst zu bestehen.

L. Er hat echtes Hohenstaufenblut in seinen Adern. Ich weiß noch recht gut, wie er als kleiner Bub hierher kam. Zehn Jahre ist es nun schon her und oft genug hat er mich in dieser Zeit in Angst und Verzweiflung gründet hatte, 1946 bei der ersten Kommunalwahl die absolute Mehrheit erreichte, wurde er zum Oberbürgermeister gewählt. Heinemann hat in Essen wie seine Mitbürger die Schippe in die Hand genommen, um die Trümmer zu beseitigen. Die britische Militärregierung, bei der er hartnäckig für die Einstellung der Demontage kämpfte, mußte zur Kenntnis nehmen, daß sie einen unbequemen Mann eingesetzt hatte. Heinemann hielt ihr oft genug vor, daß sie auch als Besatzungsmacht in einem besiegten Land nicht alles tun könne, was sie wolle. Aber politische Ambitionen verband Heinemann mit diesem Amt nicht. Er war von Beruf Industrieller und gedachte, es zu bleiben.

Daß er zu politischen Posten ein recht unabhängiges Verhältnis unterhielt, bewies er zum erstenmal 1948 in Düsseldorf. Er war damals seit einem Jahr Justizminister des Landes Nordrhein-Westfalen. Sein Vorgänger, Dr. Sträter, hatte bei der ersten freien Wahl im Düsseldorfer Landtag kein Mandat erhalten und durfte deshalb nach dem Willen der britischen Besatzungsmacht das Ministeramt nicht wieder übernehmen. Heinemann sprang ein, weil die verworrene Lage der Justizverwaltung mit ihrem Durcheinander bei den Gerichten, den Staatsanwaltschaften und den Strafanstalten eine Vakanz im Ministeramt nicht zuließ. Er erklärte aber, er werde seinen Platz wieder für Dr. Sträter räumen, sobald die Engländer auch ein Regierungsmitglied ohne Abgeordnetenmandat zulassen würden. Nach einem Jahr war es so weit. Heinemann trat zurück. Konrad Adenauer, damals Fraktionsvorsitzender der CDU im Düsseldorfer Landtag, wollte die Nachricht nicht glauben, daß Heinemann sein Wort gehalten hatte, und schloß darauf eine Wette ab: wer einmal ein Ministeramt ergattert hat, gibt es nicht freiwillig wieder her. Adenauer hat diese Wette verloren.

Es ist also weder die schwarz-rot-goldene Tradition des Elternhauses noch politischer Ehrgeiz, was Heinemann schließlich doch Politiker werden ließ. Da war eine andere Antriebskraft am Werk. Heinemann wurde Politiker aus christlicher Verantwortung. »Politik aus christlicher Verantwortung« — damit hätte der junge Gustav Heinemann, der eine bürgerliche Karriere anstrebte, noch wenig anfangen können, ganz einfach deshalb, weil er damals noch kein Christ war.

Heinemanns Elternhaus stand dem Christentum in jener freundlich-skeptischen Distanz gegenüber, die dem liberalen Bürgertum am Beginn des Jahrhunderts zu eigen war. Sohn Gustav wurde zwar konfirmiert, wie es sich gehörte, aber der Vater ging zum Konfirmationsgottesdienst in die Kirche gar nicht erst mit.

Otto Heinemann war schon als Kind im heimatlichen Eschwege der Kirche entfremdet worden, stand in seinen jüngeren Jahren der »Gesellschaft für ethische Kultur« nahe, später in Essen dem Deutschen Monistenbund des Naturwissenschaftlers Ernst Haeckel, dessen antichristliche Trivialphilosophie vor dem Ersten Weltkrieg unerhört populär war. In seinen Lebenserinnerungen hat er als alter Mann bekannt, er sei »sein Lebtag ein Suchender gewesen und mit der religiösen Frage nie ganz fertig geworden«.[6] Er las Schopenhauer und Kant, beschäftigte sich mit Konfuzius und Buddha. Jesus war für ihn ein Religionsstifter unter anderen, sein Gebot der Nächstenliebe »der ethische Endpunkt aller großen Religionen, nicht nur des Christentums«.[7] Das Christentum, meinte er, »paßt nicht mehr in unsere Zeit, jedenfalls nicht in seiner orthodoxen Form, mit seinem Wunderglauben, mit Himmel und Hölle, Adam und Eva als den ersten Menschen, dem Sündenfall und seinen Folgen«.[8] Den christlichen Kirchen wünschte er eine »gründliche Reformation: der Ersatz des zuviel Metaphysischen durch Realitäten dürfte geboten sein«.[9]

In dieser Atmosphäre ist Gustav Heinemann aufgewachsen. Nach seiner Konfirmation hatte er mit der Kirche kaum mehr Berührung. Als junger Mann gehörte er, wie der Vater, dem Monistenbund an. Vor seiner Heirat mit der Bremer Kaufmannstochter Hilda Ordemann mußte er dem Schwiegervater versprechen, daß er seine zukünftige Frau nicht am Kirchgang hindern werde. Es fiel ihm nicht schwer, dieses Versprechen abzugeben. Denn wenn er auch der Kirche nicht nahe stand, so war er doch gewiß kein militanter Atheist, eher ein religiös Suchender wie der Vater.

Wie Heinemann als erwachsener Mann den Zugang zum christlichen Glauben fand, darüber hat er sich nie ausführlich geäußert. Sicher ist, daß es da nie ein Bekehrungserlebnis, eine plötzliche Erleuchtung gegeben hat. Auf Tag und Stunde ist der Zeitpunkt seiner Wandlung nicht festzulegen. Er war, so hat er sich später erinnert, »allmählich dahintergekommen, daß das Evangelium Wahrheit und Realität ist«.[10]

An dieser Wandlung, in der aus Heinemann »nach vielen Jahren völliger Entfremdung und des Verhaftetseins in sogenannten modernen Ideen der Aufklärung und allerlei Vernunft«[11] ein Mann der Kirche wurde, waren drei Menschen beteiligt: seine Frau, der Essener Stadtpfarrer Friedrich Graeber und der Schweizer Theologieprofessor Karl Barth.

Hilda Heinemann stammte aus einer alten Bremer Familie. Der Vater war Getreidekaufmann, die Mutter Pfarrerstochter aus Bern. Durch ihre ältere Schwester, Gertrud Staewen, die gegen die konventionelle Christlichkeit des Elternhauses rebellierte und später im Gefängnis von Berlin-Tegel Resozialisierung der Häftlinge betrieb, lange bevor diese Vokabel bekannt wurde, durch diese Schwester also kam Hilda Heinemann früh mit den linksprotestantischen, antiwilhelminischen Ideen des religiösen Sozialismus in Berührung. Sie studierte Theologie, Germanistik und Geschichte und hat in Marburg bei Rudolf Bultmann Examen gemacht. In Marburg lernte sie auch Gustav Heinemann kennen. Aus ihrer Studentenzeit brachte sie ein Buch in die Ehe mit, das am Beginn der Zwanzigerjahre in der Evangelischen Theologie eine Revolution ausgelöst hatte und das Heinemann noch heute als Kostbarkeit in seiner Bibliothek verwahrt: die zweite Auflage des Römerbrief-Kommentars von Karl Barth.

In Essen gehörten die Heinemanns zur Gemeinde Essen-Altstadt, in der der Pfarrer Friedrich Graeber predigte. In den ersten Ehejahren ging Hilda Heinemann noch allein zum Gottesdienst. Die älteste Tochter Uta, die heute an der Pädagogischen Hochschule in Neuß katholische Theologie lehrt, hat als kleines Mädchen einmal verwundert die Eltern gefragt: »Gehen eigentlich nur Mütter in die Kirche?« Irgendwann muß Hilda Heinemann einmal ihren Mann mitgenommen haben, und von da an ging er freiwillig.

Die Begegnung mit dem Pfarrer Friedrich Graeber ist für Heinemann jedenfalls entscheidend geworden. Zwei Dinge faszinierten ihn an diesem Mann: einmal, daß er so realistisch, so konkret predigen konnte, daß die Hörer in seiner Auslegung des Evangeliums ihre eigene Lage wiedererkannten, zum anderen, daß Graeber »alles und jedes mit der Inanspruchnahme seiner Hörer für eigene Aktivität zu verbinden wußte«.[12] Beides hatte Heinemann bisher in der Kirche nicht gefunden.

Von Pfarrer Graeber lernte er vor allem, wie nüchtern die Bibel den Menschen sieht. »Ich meine, daß wir vom Evangelium her zu einer sehr realistischen Beurteilung des Menschen angehalten sind. Wir wissen um seine Befangenheit, und daß es ihm nicht verheißen ist, da völlig herauszutreten.«[13] So hat er als alter Mann die Überzeugung, die Erkenntnis formuliert, die Friedrich Graeber ihm eröffnet hatte. Aber diese nüchterne Sicht des Menschen ist für den Christen nicht das letzte Wort: »Gott respektiert jeden einzelnen von uns als Person. Er läßt uns die Freiheit unseres Handelns. Wir erleben, daß wir darüber viele Irrwege gehen und Gott begleitet diese unsere Irrwege mit dem großen Angebot der Versöhnung in seinem Sohn. Die Frage ist, ob wir das wahrnehmen und verwirklichen wollen.«[14]

Heinemann wollte es verwirklichen. Aus dem religiösen Skeptiker wurde ein engagierter Kirchenmann. Seit 1933 war er Presbyter an seiner Gemeinde Essen-Altstadt, die sich bald spaltete. Der eine Teil stand den Deutschen Christen nahe, der andere, mit Graeber und Heinemann, schloß sich als Freie Evangelische Presbyterianische Gemeinde der Bekennenden Kirche an. Heinemann wurde Mitglied des Bruderrats und beriet die Bekennende Kirche in Rechtsfragen. Außerdem arbeitete er an der Herausgabe eines kirchlichen Nachrichtendienstes, der jahrelang im Keller seines Hauses in der Essener Schinkelstraße vervielfältigt wurde. Ernst Lemmer, Heinemanns Studienfreund aus Marburger Zeiten, hat damals als Journalist in Berlin viele Nachrichten aus der Bekennenden Kirche, die er von Heinemann hatte, ins Ausland weitergeben können.

1936 erhielt Heinemann das Angebot, als Vorstandsmitglied in das rheinisch-westfälische Kohlensyndikat einzutreten. Für den 37jährigen wäre das ein enormer Sprung in seiner beruflichen Laufbahn gewesen. Er stellte die Bedingung, daß er seine Arbeit in der Bekennenden Kirche weiterführen dürfe. Da man ihm diese Bedingung nicht erfüllen wollte, lehnte er ab.

1934 hatte Heinemann an der Bekenntnissynode der Deutschen Evangelischen Kirche in Barmen teilgenommen. Dort lernte er den Spiritus rector der Bekennenden Kirche kennen, den Schweizer Theologen Karl Barth, mit dem ihn von da ab eine bis zu Barths Tode reichende Freundschaft verbinden sollte. Barth ist Heinemanns eigentlicher theologischer Lehrer geworden. (Seine riesige kirchliche Dogmatik steht nicht in Heinemanns Bibliothek in Essen, sondern — gewissermaßen als theologisches Handgepäck — in der Amtswohnung in der Villa Hammerschmidt in Bonn.) In Barmen war Karl Barth maßgeblich an der Formulierung jener theologischen Erklärung beteiligt, die gegen die nationalsozialistisch eingefärbten Irrlehren der Deutschen Christen das biblische Bekenntnis zur Geltung brachte. Sie ist als »Barmer Erklärung« in die Kirchengeschichte eingegangen.

Diese aus sechs Thesen bestehende Barmer Erklärung hat für Heinemann wegweisende Bedeutung erhalten. In ihrer zweiten These wird ausgesprochen, daß Jesus Christus der Herr des ganzen Lebens und damit auch des politischen Bereiches sei: »Wie Jesus Christus Gottes Zuspruch der Vergebung aller unserer Sünden ist, so und mit gleichem Ernst ist er auch Gottes kräftiger Anspruch auf unser ganzes Leben.« Und weiter: »Wir verwerfen die falsche Lehre, als gäbe es Bereiche unseres Lebens, in denen wir nicht Jesus Christus, sondern anderen Herren zu eigen wären.«[15]

Welche Bedeutung dieses Bekenntnis zu Jesus Christus als dem alleinigen Herren des ganzen Lebens ein Jahr nach Hitlers Machtergreifung hatte, kann man ermessen, wenn man damit den Ausschnitt aus einer Rede vergleicht, die der Althistoriker Helmut Berve im selben Jahr an der Universität Leipzig hielt: »Dieser Glaube an Deutschland, den eben seine Unbedingtheit, Unerbittlichkeit und der Opfermut, den er erweckt, als einen wirklichen Glauben erweist, ist es, der uns den Umbruch des Jahres 1933 gebracht hat; er ist es auch, in dem alle Zukunft beschlossen liegt. Nicht nur, weil er Berge versetzt, sondern weil er dem Leben erst wieder einen Sinn gibt, um dessentwillen es sich zu leben lohnt ... Man soll es daher nicht leichthin Profanierung religiöser Worte schelten, wenn begeisterte Menschen in ihrem Glauben an das Deutsche Reich der Zukunft, der ihnen oft ein ehrlicherer Glaube ist als das konfessionelle Bekenntnis, in Worten reden, mit denen die Bibel vom Reiche Gottes spricht.«[16] Gegen diese religiöse Verklärung einer politischen Bewegung wandte sich scharf die fünfte These der Barmer Erklärung: »Wir verwerfen die falsche Lehre, als solle und könne der Staat über seinen besonderen Auftrag hinaus die einzige und totale Ordnung menschlichen Lebens werden und also auch die Bestimmung der Kirche erfüllen.«[17] Was es heißt, als Christ zugleich Bürger und als Bürger zugleich Christ zu sein, das war für Heinemann in diesen beiden Barmer Thesen ausgesprochen. Sie führten ihn während des Dritten Reiches zur aktiven Teilnahme am Kirchenkampf und nach dem Zusammenbruch des Dritten Reiches zur aktiven Teilnahme an der Politik.

Ist das Barmer Bekenntnis das eine Ereignis, das Heinemann entscheidend geprägt hat, so ist die Stuttgarter Schulderklärung das zweite. Am 18./19. Oktober 1945 fand in Stuttgart die zweite Tagung des neugebildeten Rates der Evangelischen Kirche Deutschlands statt, dem neben den Bischöfen Lilje, Dibelius, Wurm und Meiser und anderen auch Pastor Niemöller und Gustav Heinemann angehörten. Zu dieser Tagung waren erstmals nach dem Kriege Vertreter des Ökumenischen Rates der Kirchen nach Deutschland gekommen. An sie als die Vertreter der Protestantischen Kirchen in aller Welt (und damit indirekt an die Weltöffentlichkeit) war die Erklärung gerichtet:

»Wir sind für den Besuch um so dankbarer, als wir uns mit unserem Volk nicht nur in einer großen Gemeinschaft des Leidens wissen, sondern auch in einer Solidarität der Schuld. Mit großem Schmerz sagen wir: durch uns ist unendliches Leid über viele Völker und Länder gebracht worden. Was wir unseren Gemeinden oft bezeugt haben, das sprechen wir jetzt im Namen der ganzen Kirche aus: wohl haben wir lange Jahre hindurch im Namen Jesu Christi gegen den Geist gekämpft, der im nationalsozialistischen Gewaltregiment seinen furchtbaren Ausdruck gefunden hat; aber wir klagen uns an, daß wir nicht mutiger bekannt, nicht treuer gebetet, nicht fröhlicher geglaubt und nicht brennender geliebt haben.«[18]

Die Erklärung schloß mit einem Satz, der das kirchliche Bekenntnis der Schuld mit der politischen Hoffnung auf Friede und Versöhnung verband: »Wir hoffen zu Gott, daß durch den gemeinsamen Dienst der Kirchen dem Geist der Gewalt und der Vergeltung, der heute von neuem mächtig werden will, in aller Welt gesteuert werde, und der Geist des Friedens und der Liebe zur Herrschaft komme, in dem allein die gequälte Menschheit Genesung finden kann.«[19]

Beiden Erklärungen — Barmen und Stuttgart — war gemeinsam, daß sie von Vertretern der drei großen protestantischen Gruppen getragen wurden, also von Reformierten, Unierten und Lutheranern zusammen. Beiden war gemeinsam, daß sie auf das biblische Zeugnis als das alleinige Fundament des Glaubens verwiesen, und beiden war gemeinsam, daß sie die Verantwortlichkeit der Christen auch für den politischen Bereich formulierten, wenngleich sie noch nicht genau anzugeben wußten, worin diese Verantwortlichkeit bestand. Das Stuttgarter Bekenntnis ging über die Barmer Thesen insofern hinaus, als es nicht nur innerkirchlich sprach, indem es das politische Versagen der Bekennenden Kirche eingestand, sondern mit der Betonung der »Gemeinschaft des Leidens« und der »Solidarität der Schuld« für alle Deutschen einstand.

Diese Solidarität der Schuld hat Heinemann später wieder und wieder bekannt. Noch als Bundespräsident, in einer Gedenkrede auf den 20. Juli 1944, sagte er 1969, ihn lasse die Frage nicht los, warum er im Dritten Reich nicht mehr widerstanden habe. Zwar hatte er selbst von Anfang an mit dem Nationalsozialismus nichts zu tun, zwar hat er im Kirchenkampf berufliche Nachteile und erhebliche persönliche Risiken in Kauf genommen, aber zum eigentlichen Kreis des politischen Widerstandes gegen Hitler gehörte Heinemann nicht. Seine Unterschrift unter die Stuttgarter Schulderklärung, die von selbstgerechten Apologeten der deutschen Geschichte alsbald in ein angebliches Bekenntnis zur politischen Kollektivschuld aller Deutschen umgedeutet wurde, war insofern auch das Eingeständnis eigener Unzulänglichkeit.

Barmen und Stuttgart also sind die beiden Ereignisse in Heinemanns Leben, ohne die weder der Christ noch der Politiker Heinemann verstanden werden kann. Barmen, das hieß: strikte Trennung von Kirche und Staat, aber auch Verantwortung des Christen für die Politik. Stuttgart, das hieß: Solidarität der Schuld, Umkehr, Neuanfang. Beides zusammen hieß: Politik aus christlicher Verantwortung. Nicht christliche Politik. Die gibt es für Heinemann nicht, hat es nie gegeben.

Schon in den ersten Nachkriegsjahren, als er zugleich Präses der Synode der Evangelischen Kirche in Deutschland war und in der CDU des Rheinlandes führende Ämter bekleidete, hat er die Idee einer christlichen Politik abgelehnt. »Ich erkläre, obwohl ich zu dieser Partei führend gehöre, daß ich eine christliche Partei grundsätzlich für eine ungute Lösung halte«,[20] sagte er bereits 1948. Der CDU war er beigetreten, weil er es als eine historische Chance ansah, daß nach 400 Jahren zum erstenmal in Deutschland Katholiken und Protestanten gemeinsam politische Verantwortung übernehmen wollten — und weil die beiden anderen Parteien für ihn nicht in Frage kamen: die SPD nicht, weil sie das marxistische Erbe ihrer materialistischen Geschichtsauffassung noch nicht abgeschüttelt hatte, und weil Heinemann ihre Verstaatlichungsideen für falsch hielt; die FDP nicht, weil der antikirchliche Affekt des Liberalismus sich mit seiner Auffassung von Politik aus christlicher Verantwortung nicht vertrug.

Nicht christliche Politik. Das heißt für Heinemann, daß auf dem profanen Felde der Politik der Christ nicht mit seinem Glauben, sondern mit seiner Vernunft zu argumentieren hat. »Die Bibel ist doch kein Rezeptbuch, da sucht man nicht hinten im Sachregister ein Stichwort und vorne findet man, was nun zu tun sei«[21] — so hat er es gelegentlich ausgedrückt. Ob Renten erhöht oder Wechselkurse freigegeben werden sollen, ob ein Steuersatz so oder anders festgelegt wird oder wie man die Zuständigkeiten im Bildungswesen verändern soll: solche Entscheidungen lassen sich nicht aus dem Evangelium begründen. Mit »Politik aus christlicher Verantwortung« ist etwas anderes gemeint: die Überzeugung nämlich, daß die Kirche und die Christen nicht für sich selber da sind und daß andererseits die Politik keinen Zwangsläufigkeiten unterliegt, vor denen die Verantwortung des Christen respektvoll zu schweigen hätte.

Diese Einstellung führte bald zum Bruch mit der sich christlich nennenden Partei. Zwar hatte Heinemanns Zerwürfnis mit Adenauer handfeste politische Gründe. Adenauer setzte auf die Westintegration und hoffte, mit dem Angebot eines deutschen Verteidigungsbeitrags von den Westalliierten die Souveränität der Bundesrepublik zu erreichen. Heinemann fürchtete, daß das Ziel der Wiedervereinigung durch die westdeutsche Aufrüstung unerreichbar würde. Das war eine politische Auseinandersetzung. Aber daß Heinemann 1952, zwei Jahre nach seinem Rücktritt aus dem Kabinett, die CDU schließlich verließ und zu einem ihrer entschlossensten Gegner wurde, hängt nicht zuletzt damit zusammen, daß die Mehrheit der CDU ihre Politik — vor allem die Außenpolitik — für »christliche Politik« hielt und den Wählern als solche anpries.

Diesen Anspruch kritisierte Heinemann scharf. »Wer politische Ziele mit christlichen Parolen verfolgt, versündigt sich an dem, was er im Munde führt und verfälscht obendrein die politischen Entscheidungen. Es ist keineswegs eine Christenpflicht, immer die Regierungspolitik zu verteidigen; es kann auch ein Widerstand aus christlicher Verantwortung geboten sein.«[22]

Den Kalten Krieg zwischen Ost und West verstand er nicht als Kampf von Christentum gegen Marxismus: »Marxistische Ersatzreligion und bolschewistisches System sind in der Sowjetunion eine Einheit. Das rechtfertigt aber nicht, hier nun aus Christentum und NATO eine Einheit zu machen. Das

Christliche wird von Grund auf verfälscht, wenn wir es zu einer politischen Waffe, gegen wen auch immer, machen.«[23]

Nie hat Heinemann die Vorstellung einer christlichen Politik eindrucksvoller zurückgewiesen, als in jener berühmten nächtlichen Debatte am 23. Januar 1958, in der er nach Jahren der außerparlamentarischen Opposition zum ersten Mal als sozialdemokratischer Abgeordneter am Rednerpult des Deutschen Bundestages stand. Er zitierte eine Ausgabe der »Evangelischen Verantwortung«, des Organs des Evangelischen Arbeitskreises der CDU, in der zu lesen stand, daß der Westen im Christentum eine Waffe gegen den Antichristen, gegen das »Untier im Osten« habe und fuhr fort: »Ich bitte Sie herzlich, verehrte Freunde von der CDU und dem evangelischen Teil darin: Sorgen Sie doch dafür, daß solche Klänge endlich verschwinden. Es geht nicht um Christentum gegen Marxismus (Zurufe von der CDU/CSU: Sondern?) — sondern es geht um die Erkenntnis, daß Christus nicht gegen Karl Marx gestorben ist, sondern für uns alle. (Stürmischer Beifall bei der SPD und der FDP. — Unruhe in der Mitte.)«[24]

So wie Heinemann sich auf dem politischen Felde dagegen wandte, den Namen Christi für eine bestimmte Politik zu vereinnahmen, so kämpfte er innerhalb der Evangelischen Kirche gegen die verbreitete Neigung, die herrschende Politik unkritisch zu unterstützen. Er sah darin die Gefahr einer Wiederkehr des alten Bündnisses von Thron und Altar und beschwor die Kirche, zum Staat eine größere Distanz zu halten: »Sieht man denn wirklich nicht, daß die dominierende Weltanschauung unter uns aus den drei Sätzen besteht: viel verdienen; Soldaten, die das verteidigen; und Kirchen, die beides segnen?«[25] Seinen kirchlichen Brüdern in der Synode der EKD waren solche Mahnungen auf die Dauer zu lästig. 1955 wählten sie ihn als Präses der Synode ab.

Politik ist also für Heinemann ein weltliches Geschäft. Die christliche Verantwortung, aus der er sie betreibt, diktiert nicht die Entscheidung von Einzelfragen. Zu Einzelfragen kann es unter Christen selbstverständlich Meinungsunterschiede geben. Bei ihnen sind Kompromisse möglich, oftmals notwendig. Die Grenze der Kompromißbereitschaft ist für Heinemann erst dort erreicht, wo das Gewissen sein Recht fordert. Aber der Mann, der aus Gewissensgründen auf ein Ministeramt verzichtete, geht mit dem Wort Gewissen in der Politik sehr behutsam um. Man weiß von ihm, daß etwa die atomare Bewaffnung der Bundeswehr oder die Wiedereinführung der Todesstrafe auch heute für ihn Gründe wären, vom höchsten Staatsamt zurückzutreten. Aber das sind nicht die täglichen Entscheidungen, die ein Politiker zu treffen hat. Wo es um Steuersätze, um Rentenerhöhungen, um Änderungen des Mietrechts, um Gesetzgebung auf diesem oder jenem Gebiet geht, da ist der Kompromiß für Heinemann nicht notwendiges Übel, sondern Bedingung des politischen Erfolgs.

Als Justizminister in der Großen Koalition ist er manchmal von Freunden gedrängt worden, lieber gar nicht seinen Namen für eine Reform herzugeben, wenn das ideale Konzept nicht durchzusetzen war. Heinemann hat dem widersprochen: Es sei allemal besser, den möglichen Kompromiß zu verwirklichen, als um schöner Ideale willen auf das Erreichbare zu verzichten. Politik ist nach dem Wort Max Webers, das er gerne zitiert, das zähe Bohren harter Bretter — aber eben nicht nur mit Leidenschaft für das Ideal, sondern auch mit Augenmaß für das Mögliche.

Schon gar nicht darf die christliche Verantwortung des Politikers zur Klerikalisierung politischer Entscheidungen führen. Daß der christliche Politiker sich nicht als Vertreter kirchlicher Interessen zu verstehen hat, daß er vor allem nicht dazu da ist, die ethischen Anschauungen der Kirche auf dem Wege der Gesetzgebung für alle Bürger zwangsweise verbindlich zu machen, das hat Heinemann als Justizminister demonstriert. Maßstab seiner Reformen war allein der freiheitliche und soziale Geist des Grundgesetzes. Deshalb hat er durchgesetzt, daß die nichtehelichen Kinder den ehelichen wirklich gleichgestellt wurden (also auch im Erbrecht). Ein schon in der Weimarer Verfassung von 1919 enthaltener und im Grundgesetz der Bundesrepublik erneuerter Verfassungsauftrag wurde damit nach einem halben Jahrhundert erfüllt. Deshalb hat er das Strafrecht eingeschränkt. Nur solche Handlungen blieben unter Strafe gestellt, die eindeutig gesellschaftsschädlich sind, vor denen also die Gesellschaft geschützt werden muß. »Nicht alles, was sittlich unerlaubt ist«, sagte Heinemann als Justizminister, »muß in der freiheitlichen Demokratie bestraft werden.«[26] Vor allem im Bereich des Sittenstrafrechts führte diese Einsicht zu wichtigen Beschränkungen. Ehebruch, Homosexualität unter Erwachsenen und Sodomie sind deshalb nach Heinemanns Reform keine strafwürdigen Tatbestände mehr. Wie sie moralisch zu bewerten sind, das ist eine Frage, die nicht der Strafrichter zu beantworten hat. Was der Bürger innerhalb seiner eigenen vier Wände tut, geht die Justiz nichts an. Das Strafrecht soll allein den Schutz der Öffentlichkeit gewährleisten.

An den Entscheidungen des politischen Alltags ist also die christliche Überzeugung des Politikers nicht einfach abzulesen. Sie kommt bei Heinemann an anderer Stelle zum Vorschein. Dort nämlich, wo es um letzte Antriebe, um die innersten Motive seines politischen Handelns geht. Spricht Heinemann von diesen Motiven seiner Politik, dann kommen allerdings christliche Überzeugungen zu Wort. Da werden christliche Tugenden wie Bußfertigkeit, Vertrauen, Demut ins Feld geführt und auf ungewöhnliche Weise mit staatlichem Selbstbehauptungswillen zu einem politischen Konzept verbunden.

Bußfertigkeit. Sie zeigt sich bei Heinemann einerseits in seiner Fähigkeit, sich selbst in Frage zu stellen, zum anderen in seiner Bereitschaft zur Anerkenntnis von Schuld. Heinemanns Unterschrift unter die Stuttgarter Schulderklärung war nicht nur die Beteiligung an einer bedeutenden kirchlichen Verlautbarung, sondern zugleich das öffentliche Eingeständnis eigenen Versagens. Nur aus dieser Fähigkeit zur Neubesinnung und zur Umkehr ist sein Lebensweg zu verstehen. Der Dreißigjährige ließ sich von der christlichen Botschaft in Frage stellen und wurde zu einem Mann der Kirche. Der 46jährige mußte einsehen, daß ein nur defensives kirchliches Bekenntnis nicht genügt, und wurde aktiver Politiker. Der 51jährige, der eine glänzende Karriere in der CDU vor sich hatte, verzichtete aus Gewissensgründen auf ein Ministeramt. Der 58jährige liquidierte das gescheiterte Experiment der Gesamtdeutschen Volkspartei und ging zur SPD. Wem Umdenken so selbstverständlich ist, der bemerkt eher erstaunt, wie schwer es anderen fällt, sich selbst, eine eingespielte Denkweise, ein verfestigtes Vorurteil in Frage zu stellen.

Die Erklärung von Stuttgart, daß durch die Deutschen »unendliches Leid über viele Völker und Länder gebracht worden« war, hatte für Heinemann politische Konsequenzen. Nie hat er sich und seine Hörer darüber getäuscht, daß Hitler-Deutschland den Zweiten Weltkrieg vom Zaun gebrochen hatte, daß der Verlust der Ostgebiete und die Teilung Deutschlands eine Folge dieses von Deutschland angezettelten und verlorenen Krieges waren, daß alle Deutschen für diesen Krieg einen Preis zu entrichten haben würden. In seinen Reden aus der Zeit des Kalten Krieges findet sich ständig die Mahnung, die deutsche Vergangenheit nicht zu verdrängen, die Selbstprüfung an die Stelle des fruchtlosen Aufrechnens wechselseitigen Unrechts zu setzen und sich nicht im neuen Freund-Feind-Verhältnis des kalten Krieges vorschnell ein gutes Gewissen zu verschaffen. Nie aber hat Heinemann die merkwürdige deutsche Vorstellung geteilt, das Recht im Verhältnis der Völker bestehe »an sich«, prinzipiell, losgelöst von geschichtlichen Zusammenhängen. Der Blick auf vergangene deutsche Größe darf nicht darüber hinwegsehen, wodurch diese Größe verspielt wurde. Rechtsansprüche können verwirkt werden. Das bloße Aufrechnen von Rechtstiteln ergibt noch keine Politik. Solche Einsichten hängen bei Heinemann damit zusammen, daß er der Schuldfrage nicht ausweicht: Bußfertigkeit als politische Kategorie.

Vertrauen. Auch das ist gewiß keine geläufige Vokabel in der Sprache der Politik. Mißtrauen sei ein besserer Schutz gegen die Winkelzüge des Gegners; Vertrauen sei ein Luxus, den man sich allenfalls unter engen persönlichen Freunden leisten könne; in der Politik werde gepokert, da sei von vornherein im Nachteil, wer mit offenen Karten spiele: so weiß es der Volksmund.

Nur daß da Vertrauen mit Blindheit, mit Vertrauensseligkeit verwechselt wird. Heinemann ist weder blind noch vertrauensselig. Aber er weiß, daß Mißtrauen in der Innenpolitik auf die Dauer das politische Klima vergiftet und in der Außenpolitik den Weg von der Konfrontation zur Kooperation und damit die politische Sicherung des Friedens versperrt. »Das Mißtrauen der beiden Mächtegruppen des Weltkonflikts gegeneinander ist die größte Schwierigkeit für friedliche Lösungen. Deshalb ist es ein Beitrag für den Frieden, wenn wir uns nicht in das Mißtrauen verstricken lassen, sondern über alles Vergangene hinweg aus getrostem Herzen bis zuletzt einen Weg zueinander suchen.«[27] »Nur wenn wir bereit sind, Vertrauen zu wagen, können wir Vertrauen fordern. Nicht Frieden um jeden Preis. Aber auch: Krieg um keinen Preis, sondern Bereitschaft zur Verständigung bis zuletzt.«[28] So und ähnlich hat er es schon in der Zeit des Kalten Krieges wieder und wieder gesagt.

Demut. Nach einem alten deutschen Mißverständnis, das noch immer durch Lexika und Leitartikel geistert, ist Politik Machtkampf, sonst nichts. Für Heinemann war Politik immer auch Machtkampf, aber um bestimmter Ziele willen. Nach innen: der Ausbau einer rechtsstaatlichen, freiheitlichen, sozialen Demokratie. Nach außen: Sicherheit durch politischen Interessenausgleich statt durch die Drohung mit Gewalt. In beiden spielt die christliche Tugend der Demut eine Rolle, auch wenn Heinemann die Vokabel fast nie gebraucht (zur Demut gehört es, daß man nicht dauernd von ihr redet). Sie steht nicht im Widerspruch zum Selbstbehauptungswillen, aber sie begrenzt ihn: den eigenen Standpunkt nicht absolut nehmen, die eigenen Möglichkeiten nicht überschätzen, dem Gegner die Lauterkeit seiner Motive nicht absprechen, sich nicht auf ein bequemes Feindbild festlegen — das sind Wirkungen der Demut in der Politik.

Heinemanns Unfähigkeit zur Intrige und zum Haß hängen damit zusammen. In der Zeit seines Kampfes gegen Adenauers Deutschlandpolitik hat er manche Diffamierung, manche persönliche Kränkung erfahren. Man verdächtigte ihn, ein verkappter Kommunist, ein fellow-traveller sowjetischer

Interessen zu sein. Er hat sich gegen solche Vorwürfe gewehrt, auch vor Gericht. Aber er hat niemals mit gleicher Münze heimgezahlt. Man muß das nachlesen, wie er damals in öffentlichen Kundgebungen immer wieder betonte, auch die Gegner der Wiederaufrüstung hätten der Bundesregierung den guten Glauben zu belassen, daß sie auf ihre Weise den Frieden will. Er lasse nicht zu, daß Adenauers gute Absichten von irgendjemandem in Zweifel gezogen würden. Das war Heinemanns Art, mit politischen Gegnern umzugehen — Adenauer nannte ihn und seine Freunde »Dummköpfe ersten Ranges« oder »Verräter«.

Diese Unfähigkeit zum Haß, zur Demagogie, zur Diffamierung stammt nicht aus einer irenischen Natur. Irenisch ist Heinemann nicht, sondern kämpferisch, ungeduldig, gelegentlich auch barsch oder zornig. Aber Haß erlaubt er sich nicht, weil Haß dem Christen nicht erlaubt ist. Der Gegner im politischen Kampf wird ihm nicht zum Feind. Auch der außenpolitische Gegner wird nicht verteufelt zu einem, der das Böse um des Bösen willen will. Das Böse inkarniert sich für Heinemann nicht in einem Menschen, auch nicht in einer Gruppe oder in einem politischen System. Wo in diesem Freund-Feind-Schema gedacht wird, da übersieht man zugleich geflissentlich die eigene Unzulänglichkeit. An beidem, an der Verteufelung des Gegners wie an der Kritiklosigkeit gegenüber der eigenen Position hindert Heinemann das, was er den biblischen Realismus des Menschen nennt. »Wir müssen uns der Wahrheit über den Menschen stellen, d. h. wir müssen den Menschen in seiner ganzen Blöße und unentrinnbaren Verstrickung in das Böse erkennen.«[29]

Wer so denkt, ist gegen die Berufskrankheit der Politiker gefeit, die nach einem Wort Erhard Epplers nicht die Lüge ist, sondern die Eitelkeit. Heinemann ist zwar selbstbewußt, aber eitel ist er nicht. Er weiß, was er darstellt. Er weiß vor allem, was er will. Aber es interessiert ihn wenig, wie er auf andere wirkt. Der Wirkung zuliebe dem Hörer nach dem Mund zu reden, käme ihm nicht in den Sinn. Er will überzeugen durch die Kraft des Arguments, nicht blenden durch Pathos oder Schmeichelei. Er will genommen werden wie er ist, und er nimmt die anderen wie sie sind: als Menschen mit Vorzügen und Schwächen. »Er ist zu sehr Christ, um Idealist zu sein und zu prosaisch, um politische Freunde zuerst zu idealisieren und dann enttäuscht zu verwerfen«,[30] hat Helmut Gollwitzer von ihm gesagt.

Aber diese Nüchternheit ist nicht die Adenauers oder Bismarcks, nicht gegründet auf die Macht der Tatsachen und des Erfolges. Menschenverachtung ist Heinemann fremd. Seine Nüchternheit kommt daher, daß er sich in jedem Augenblick des Abstandes zwischen dem Wünschenswerten und dem Erreichbaren bewußt ist. Man könnte es eine skeptische Humanität nennen, die Heinemann auszeichnet. Seine Skepsis hindert ihn daran, von sich und von den anderen mehr zu erwarten, als sie leisten können. Seine Humanität bewahrt ihn davor, daß aus Nüchternheit Menschenverachtung oder Zynismus wird.

Gott sitzt im Weltregiment. Daran glaubt, damit rechnet Gustav Heinemann. Weil er das glaubt, ist »Zwangsläufigkeit« für ihn eine atheistische Kategorie. In der Politik gibt es Machtkonstellationen, Interessen, Hemmnisse, Irrtümer — Zwangsläufigkeiten gibt es nicht. In früheren Jahren, zumal in seinem Kampf gegen Adenauers Deutschlandpolitik, hat Heinemann diesen Glauben an Gottes Weltregiment manchmal allzu unmittelbar mit politischen Entscheidungen verbunden. Wer genauer hinsah, konnte allerdings merken, daß Heinemann auch da politisch argumentierte, mit einem höheren Maß an Realismus, an rationaler Analyse, als seine Gegner es wahrhaben wollten. Es mache den Reiz Heinemann'schen Argumentierens aus,

---

1. 1950 schied Gustav W. Heinemann aus dem Kabinett Adenauer wegen Meinungsverschiedenheiten über einen deutschen Verteidigungsbeitrag aus. Seine Entlassungsurkunde wurde von Bundespräsident Heuss unterschrieben und von Bundeskanzler Adenauer gegengezeichnet.

2./3. 1953 gründete Gustav W. Heinemann mit politischen Freunden die Gesamtdeutsche Volkspartei (GVP). Der Brief Heinemanns an den Parteifreund Erhard Eppler stammt aus jener Zeit.

4. Am 21. Oktober 1969 unterzeichnete Bundespräsident Heinemann die Ernennungsurkunde Willy Brandts zum Bundeskanzler.

Im Namen der

Bundesrepublik Deutschland

entlasse ich

den Bundesminister Dr. Dr. Gustav Heinemann

auf seinen Antrag aus seinem Amt als Bundesminister des Innern.

Bonn, den 11. Oktober 1950

Der Bundespräsident

Theodor Heuss

Der Bundeskanzler

Adenauer

GESAMTDEUTSCHE VOLKSPARTEI
DAS PRÄSIDIUM

ESSEN, DEN 30. Juli 1953
AN DER REICHSBANK 14
TELEFON 31639

Herrn
Dr. Eppler
Tübingen
=========
Keplerstr. 20

Lieber Herr Eppler!

Sie werden am 2. August wahrscheinlich den schwersten Stand haben, wie ich aus vielerlei Briefen aus dem Südweststaat ersehe. In den letzttätigen Verhandlungen mit dem BdD haben wir die GVP-Position in vielerlei Hinsicht wesentlich verbessert: Insbesondere soll jeder Kandidat vor Aufstellung eine politische Erklärung unterschreiben, die sehr viel von dem Widerspruch auffangen wird. Herr Bodensteiner wird in Freudenstadt sein. Am 3. August wird in Düsseldorf abschliessend geklärt, ob die Mannheimer Vereinbarung beiderseits anerkannt bleibt. Es müssten also vorsorglich die auf der Liste erscheinenden BdD-Kandidaten nur mit der Massgabe aufgestellt werden, dass sie im Falle der Nichtdurchführung des Mannheimer Abkommens ausscheiden und die Nachfolgenden aufrücken.
Ich überlasse es Ihnen, ob Sie sich selbst in Düsseldorf für Ihren Landesverband beteiligen wollen. Persönlich würde ich es begrüssen.
Völlig widerspruchsvoll ist das Verhalten von Prof. Noack, er rebelliert gegen das Abkommen und will gleichzeitig Spitzenkandidat bei Ihnen sein. Falls Ihr Parteitag es wünscht, bin ich bereit, auf Ihrer Liste zu kandidieren, wobei Sie dann freilich damit rechnen müssen, dass ich im Falle der Wahl dort annehme, weil Nordrhein-Westfalen nicht alle vier beiderseitigen Parteihäuptlinge allein tragen will. Hier soll die Liste geführt werden von Heinemann - Wirth - Wessel - Elfes, wobei Frau Wessel und

einer von den beiden anderen Genannten gegebenenfalls hier annehmen würden.

Mit freundlichen Grüssen,

Ihr Heinemann

(Dr. Heinemann)

PS. Soeben erfahre ich durch Ihre Frau von Ihrem Unglücksfall und bin darüber sehr bestürzt, sowohl um Ihretwillen als auch um der Aufgabe willen, die für den 2. August auf Ihnen liegen sollte. Nun wünsche ich Ihnen zunächst Genesung. Lassen Sie sich durch nichts bewegen oder aufregen. Gottes Weltregiment bleibt, auch wenn Mitspieler ausscheren. Ich wäre dankbar, wenn Ihre Frau mir gelegentlich Näheres über Ihr Befinden mitteilen möchte.

Mit herzlichem Gruss von uns allen hier,

Ihr Heinemann

Im Namen der

Bundesrepublik Deutschland

ernenne ich

auf Grund des Artikels 63 Absatz 2 des Grundgesetzes
für die Bundesrepublik Deutschland

Herrn

Willy Brandt

zum Bundeskanzler

Bonn, den 21. Oktober 1969

Der Bundespräsident

schrieb Rudolf Augstein, »daß er unanfechtbare moralische Integrität mit eindrucksvollen Vernunftargumenten zu verbinden wußte«.[31]

Liest man heute die Dokumente dieser Auseinandersetzung zwischen Heinemann und Adenauer, dann findet man diese Behauptung bestätigt: »Wer die Wiedervereinigung will, muß auf die Westintegration verzichten, denn die Westeingliederung ist die Ausgliederung des deutschen Ostens«[32] (1952). »Das, was uns allein ohne Krieg weiterhelfen kann, ist ein Vertrag, den nicht nur die Westmächte unterschreiben, sondern auch Rußland« (1952).[33] »Welches Interesse soll denn Rußland an einem wiedervereinigten Deutschland haben, wenn dieses wiedervereinigte Deutschland dem westlichen Bündnis gegen die Sowjetunion angehören soll?«[34] (1952) »Politische Sicherheit kann militärische Rüstung einschließen, gibt dieser aber nicht den absoluten Ausschlag und Vorrang. Politische Sicherheit heißt in erster Linie: ständiger Interessen- und Machtausgleich durch das Zusammenspiel Vieler auf dem Boden der Gleichberechtigung und Kooperation.«[35] (1953) »Die Streitfragen einschließlich der deutschen Wiedervereinigung bestehen weiter. Aber fortan kann nur eine neue politische Methode der Gewaltlosigkeit ihre Lösung erbringen.« (1956)[36]

Das ist nicht die Sprache eines politischen Schwärmers, der die Konfrontation der Großmächte durch Gesundbeten zu überwinden trachtet. In den Fünfzigerjahren galt es als skandalös, daß da einer mitten im Kalten Krieg vom Interessenausgleich auf dem Boden der Gleichberechtigung sprach und gegen die Politik des roll back »eine neue politische Methode der Gewaltlosigkeit« empfahl. Wir verstehen diese Sprache heute besser, nachdem Willy Brandt unter veränderten Umständen in Praxis umgesetzt hat, was Heinemann früher als Außenseiter formulierte. Die Politik des Gewaltverzichts wird heute von allen politischen Parteien bejaht. Damals sprachen Konrad Adenauer und seine Freunde von der Befreiung Osteuropas bis zum Ural. Ob Adenauer an diese Politik der Stärke selbst geglaubt hat, mögen die Historiker ermitteln. Ob andererseits Heinemanns Vorschlag eines militärisch neutralen und durch freie Wahlen geeinten Deutschlands bis zur Oder-

Neiße-Grenze nach den sowjetischen Noten des Frühjahrs 1952 erreichbar gewesen wäre, bleibt für immer unentscheidbar, da die Ernsthaftigkeit des sowjetischen Angebots nie geprüft worden ist.

In jedem Falle hat Heinemann früher als seine Gegner erkannt, daß politische Lösungen in Europa durch die Drohung mit militärischer Gewalt nicht zu erzwingen sind, daß der Friede der Ernstfall ist, weil es jenseits des Friedens keine Existenz mehr gibt. Er hat diese Gedanken nicht erst als Bundespräsident ausgesprochen, sondern bereits am Beginn der Fünfzigerjahre.

Damals hatte man ein Interesse daran, ihn zum christlichen Schwarmgeist, zum idealistischen Heißsporn zu stempeln. Man nannte ihn einen Gandhi-Apostel und war überzeugt, damit ein treffliches Schimpfwort ersonnen zu haben. Man hielt die illusionäre Politik der Stärke für Realismus und Heinemanns realistisches Konzept eines politischen Interessenausgleichs für Illusion. Man glaubte, Politik in der Mitte Europas betreiben zu können, ohne das Sicherheitsinteresse der Sowjetunion ins Kalkül aufzunehmen. Nur wenige haben damals wie Paul Sethe bemerkt, daß Heinemann zu jenen »unabhängigen Persönlichkeiten« zählte, die dem Wunschdenken einer Wiedervereinigung durch Einschüchterung der Sowjetunion »die kühle Überlegung über die Natur der auswärtigen Politik entgegensetzten«.[37]

Wird Heinemann heute an diese Auseinandersetzungen der Fünfzigerjahre erinnert, dann spricht er von ihnen ohne Bitterkeit. Verlorenen Möglichkeiten nachzuhängen, ist nicht seine Art. Daß manches von dem, was er damals anzubringen versuchte, heute auch von den früheren politischen Gegnern vertreten wird, nimmt er eher als Ironie der Geschichte, denn als späte Genugtuung. Politik, so hat er oftmals gesagt, ist etwas Vordergründiges, nicht Letzliches.

Aus diesem distanzierten Verhältnis zum politischen Geschäft stammt auch seine Unabhängigkeit gegenüber den Parteien. Politik ist zwar Mannschaftskampf; der politische Einzelkämpfer ist eine komische Figur. Politische Parteien sind in Heinemanns Augen unerläßlich, damit der Wille der Bürger zu gemeinsamer Aktion führt und damit der Wähler zwischen konkurrierenden Alternativen entscheiden kann. Aber Parteien sind keine Weltanschauungsgemeinschaften, sondern Zweckbündnisse zur Durchsetzung politischer Ziele. Im Rahmen solcher gemeinsamer Ziele bedarf es der Solidarität mit den politischen Kampfgefährten. Aber wenn man mit den Zielen einer Partei nicht mehr übereinstimmt, dann verläßt man sie eben.

Heinemann kann sehr unbefangen darüber reden, daß er in seinem Leben mehrmals die Partei gewechselt hat. Als Student gehörte er der deutschdemokratischen Studentengruppe an. Um 1930 stand er dem christlichen Volksdienst nahe, einer kleinen Gruppe protestantischer Republikaner. 1933 wählte er die SPD, weil ihm dies die einzige Möglichkeit schien, sich noch gegen das drohende Unheil zu stemmen. Der NSDAP beizutreten, kam ihm nicht für einen Augenblick in den Sinn. 1945 zählte er zu den Mitbegründern der CDU. 1952, nach seiner Trennung von den Christlichen Demokraten, gründete er die Gesamtdeutsche Volkspartei und nachdem er mit dieser Partei gescheitert war, stieß er 1957 zur SPD. In einem Land, in dem politische Parteien noch weithin als Treuebündnisse auf Lebenszeit angesehen werden, gilt ein derart pragmatisches Verhältnis zu den Parteien als anstößig. Länder mit älteren demokratischen Traditionen würden davon weniger Aufhebens machen. Winston Churchill wäre ein Beispiel.

Zu Unrecht beruft sich allerdings heute mancher Abgeordnete, der aus Überzeugung oder Opportunismus während der Legislaturperiode die Fraktion wechselt, auf Gustav Heinemann. Heinemann hat nie ein Mandat seiner Wähler als Morgengabe in eine andere Fraktion mitgenommen. Aus der CDU trat er zwei Jahre nach seinem Rücktritt vom Ministeramt aus, nachdem er sich längst in außerparlamentarischer Opposition befand. Und zur SPD kam er erst, als seine Partei, die GVP, mit großer Mehrheit ihre Selbstauflösung beschlossen hatte.

Ein großer Teil der GVP-Leute folgte Heinemann in die SPD, darunter sein engster Vertrauter, Diether Posser, heute Justizminister in Nordrhein-Westfalen, und Johannes Rau, der es über den Fraktionsvorsitz der SPD im

Düsseldorfer Landtag zum Wissenschaftsminister dieses Bundeslandes brachte. Erhard Eppler, der Bundesminister für wirtschaftliche Zusammenarbeit, hatte schon 1955 den Weg zur SPD gefunden.

Als Heinemann 1957 zu den Sozialdemokraten stieß, sahen viele in dem engagierten Protestanten, der noch dazu ein ehemaliger Industrieller war, einen Fremdkörper in der Traditionspartei. Alte Genossen vermißten an ihm den Stallgeruch des »gelernten« Sozialdemokraten. Schließlich hatte Heinemann sich nicht vom Ortsverein in die Bundesspitze allmählich hochgedient, sondern stieg ganz oben ein: schon nach einjähriger Mitgliedschaft gehörte er dem Parteivorstand an. Heinemann beteiligte sich zwar an dem kameradschaftlichen Du, das unter Sozialdemokraten gepflogen wird, aber die Anrede »Genosse« empfand er als unzeitgemäßes Relikt aus den Tagen des Klassenkampfes. Das alles trug dazu bei, daß altgediente Genossen dem Spätsozialdemokraten Heinemann mit einem gewissen Argwohn begegneten, dessen Spuren bis heute nicht völlig verwischt sind. Daß ihn die Sozialdemokraten 1969 einstimmig zu ihrem Kandidaten für das höchste Staatsamt wählten, hat ihn deshalb fast mehr verwundert als der Wahlsieg über Gerhard Schröder.

Als er sein Amt antrat, bat er um »kritische Begleitung«. Das ist ungewöhnlich in einem Land, in dem das Verhältnis zwischen Macht und Geist, zwischen Politikern und Intellektuellen fast zu allen Zeiten gestört war. Noch ist in frischer Erinnerung, daß ein ehemaliger Bundeskanzler die Schriftsteller als »Pinscher« bezeichnet hat. Die Mehrheit der Bürger empfand das nicht als skandalös. Kritik hat, nach einer deutschen Übereinkunft, die im obrigkeitsstaatlichen Denken ihren Ursprung hat, positiv zu sein, wenn sie überhaupt toleriert werden soll. Dieses Mißtrauen gegen den kritischen Geist, diesen antiintellektualistischen Affekt hat Heinemann niemals geteilt.

Ob er selbst ein Intellektueller zu nennen sei, ist demgegenüber zweitrangig. Wenn sich der Intellektuelle durch eine sensible Neugier für die philosophischen und literarischen Hervorbringungen seiner Gegenwart auszeichnet, ist Heinemann wahrscheinlich keiner. Die zeitgenössische Literatur kennt er nur zu geringem Teil. Böll hat er viel gelesen, auch Grass, andere sporadisch. Mit Carl Zuckmayer verbindet ihn eine herzliche Altersfreundschaft. Heinemann zieht die kritische Diskussion mit den Schriftstellern der Lektüre ihrer Romane vor. Zur Belletristik hat er eben kein Verhältnis.* Da mag er lieber »Dinge mit Knochen und Substanz«, also Juristisches vor allem und Historisches, daneben natürlich viel Theologie. Golo Mann's »Wallenstein« hat er in einem Zug gelesen (als er davon erzählte, entschlüpfte ihm sogar eine kulinarische Bemerkung: »Das schlürft man nur so!«)

Definiert man die Intellektuellen allerdings nach der Unabhängigkeit und Originalität ihres Denkens, nach der Klarheit ihrer Sprache, nach der Unbestechlichkeit ihrer Argumente, dann mag man Heinemann wohl zu ihnen rechnen. Wichtiger als solche Definitionen ist, wie aufgeklärtes Denken sich im politischen Handeln auswirkt. Allzu oft bleibt Kritik folgenlos, weil Reformen, deren Notwendigkeit auch von den Politikern eingesehen werden, aus Angst vor den Wählern aufgeschoben werden. Dem Justizminister Heinemann wurde häufig genug vorgehalten, die Mentalität breiter Bevölkerungskreise halte mit seinen Reformen nicht Schritt. Er hat dieses Argument nicht gelten lassen. Zwar müsse der Politiker versuchen, so viele wie möglich zu überzeugen, aber er könne nicht warten, bis tiefsitzende Vorurteile in der Bevölkerung verschwunden seien. Der Staat müsse vielmehr selbst durch

---

* Nicht immer übrigens war Heinemann so abgeneigt gegen Literarisches. Der Pennäler hat nach eigenem Bekunden Gedichte in großer Zahl verfaßt. Als 16jähriger schrieb Heinemann sogar ein komplettes Drama: ein historisches Trauerspiel in fünf Akten mit dem Titel »Konradin, der letzte Hohenstaufe«, ein Prosastück mit eingestreuten Spielmannsliedern. Es kam unter alten Papieren vor zwei Jahren zum Vorschein und wurde zu des Autors größter Verblüffung an seinem 72. Geburtstag in der Villa Hammerschmidt uraufgeführt; die Regie führte sein alter Freund, der Berliner Theologie-Professor Helmut Gollwitzer. — Diese literarischen Neigungen sind Heinemann später offenbar irgendwann abhanden gekommen. —

seine Rechtssetzung zum Abbau der Vorurteile seiner Bürger einen Beitrag leisten.

Utopischen Entwürfen für die Zukunft der menschlichen Gesellschaft begegnet Heinemann allerdings mit gehöriger Skepsis. Zwar weiß er wohl, daß die Fortschreibung des Bestehenden noch keine Zukunft ergibt, und darum hat er wie wenige seiner Generation Verständnis für die revolutionäre Ungeduld der Jugend. Zwar hat er immer ausgesprochen, daß mit der Keine-Experimente-Mentalität die Aufgaben der Zukunft nicht zu bewältigen sind. Aber er weiß auch, daß das Reich Gottes auf Erden nicht verwirklicht wird. Die Vorstellung, durch eine Änderung der Eigentumsverhältnisse sei eine Welt ohne Bosheit, Haß und Feindschaft zu schaffen, hält er für puren Aberglauben. Wir bleiben, so drückt er es gerne aus, in diesem Leben an die relative Utopie einer verbesserten Welt gewiesen.

»Das Geheimnis der großen und umwälzenden Aktionen«, sagte er in seiner Antrittsrede als Bundespräsident, »besteht darin, den kleinen Schritt herauszufinden, der zugleich ein strategischer Schritt ist, indem er weitere Schritte in Richtung einer besseren Welt nach sich zieht. Darum hilft es nichts, das Unvollkommene heutiger Wirklichkeit zu höhnen oder das Absolute als Tagesprogramm zu predigen. Laßt uns statt dessen durch Kritik und Mitarbeit die Verhältnisse Schritt für Schritt ändern.«[38]

Kritik, Kompromißbereitschaft, Fairneß und Toleranz im politischen Kampf, Zutrauen zur Vernunftfähigkeit des Menschen, aber Skepsis gegen weltbeglückende Utopien, — in alledem meldet sich noch eine andere Tradition als die christliche bei Heinemann zu Wort, die der Aufklärung. Er selbst würde das wahrscheinlich erstaunt zur Kenntnis nehmen. Für ihn bezeichnet »Aufklärung« eine Entwicklungsstufe, die er hinter sich ließ, als er nach Jahren »allerlei Vernunft und Aufklärung« den Weg zum christlichen Glauben fand. Aber das ist ein sehr persönlicher Wortgebrauch, verständlich nur aus Heinemanns Biographie. Die Wendung zum Christentum, die der 30jährige erfuhr, hat die 48er Gesinnung der Familie nie ins Unrecht gesetzt. Und der Liberalismus der Paulskirchenversammlung von 1848 war ja nichts anderes, als der Versuch, die Ideen der Aufklärung verspätet in Deutschland politisch wirksam werden zu lassen.

Kritik, dieses Wort, das bei Heinemann auf Schritt und Tritt wiederkehrt, ist das Schlüsselwort der europäischen Aufklärung. Immanuel Kant, der die menschliche Gesellschaft aus der selbst verschuldeten Unmündigkeit befreit sehen wollte, hat seine drei Hauptwerke Kritiken genannt. Mündig sollte sein, wer sich nicht bevormunden läßt, wer für sich selber spricht, weil er nicht nur nachredet, was andere gedacht haben. Der Kritik sollte alles Bestehende anheimfallen, das nur noch aus seinem Dasein sich rechtfertigt. Und das Recht sollte zum »Inbegriff der Bedingungen« werden, »unter denen die Willkür des einen mit der Willkür des anderen nach einem allgemeinen Gesetze der Freiheit zusammen vereinigt werden kann«.[39] Ob nun Heinemann seinen Kant gelesen hat oder nicht, seine politische Arbeit trägt das Zeichen dieses Erbes.

Aus aufgeklärtem Denken stammen die Ideen des weltanschaulich-neutralen Staates und der Trennung von Staat und Kirche, die Heinemann beständig vertritt. In England führte am Ende der Religionskriege die Erkenntnis, daß religiös verschieden gebundene Menschen nur auf der Basis praktischer gegenseitiger Duldung friedlich miteinander leben können, zur Toleranzakte, die zum erstenmal die Gewissensfreiheit staatlich garantierte. Heinemann hat oft bewundernd an diese englische Überlieferung erinnert. Mit ihr beginnt die Geschichte der verfassungsmäßigen Garantie menschlicher Freiheiten, die knapp hundert Jahre später in der Proklamation der Menschenrechte durch die Staatsverfassung Virginias von 1776 ihren Höhepunkt fand. Das Grundgesetz, das für Heinemann die Würde, den Rang der Bundesrepublik als Staat ausmacht, steht mit seinen Garantien des Rechtes auf freie Entfaltung der Persönlichkeit, der Gleichheit aller vor dem Gesetz, der Glaubens- und Bekenntnisfreiheit und des Rechtes der freien Meinungsäußerung in dieser Tradition.

Auch Heinemanns Kritik an der deutschen Überlieferung obrigkeitsstaatlichen Denkens ist nichts anderes als ein Stück praktischer Aufklärung. Nicht

Ruhe ist für ihn die erste Bürgerpflicht, sondern produktive Unruhe, kritische Mitarbeit. Denn im demokratischen Gemeinwesen ist der Bürger nicht Untertan, sondern selbst der Souverän. Fehlt dieses bürgerliche Selbstbewußtsein, dann nützt auch die beste Verfassung nichts. Darum sucht Heinemann, wo er kann, bürgerliches Selbstbewußtsein zu fördern. In seiner Kritik am obrigkeitsstaatlichen Denken steckt noch etwas vom Pathos der Aufklärung, daß alle Menschen von Natur aus frei und unabhängig seien und deshalb als freie und gleiche Menschen auch selbst über ihr Gemeinwesen bestimmen sollten.

Aufklärerische Züge trägt schließlich Heinemanns Patriotismus. Der deutschen Einheit ist er von jeher zugetan wie wenige. Sein Kampf in den Fünfzigerjahren galt der Wiedervereinigung. Zwar hat er immer gewußt, »daß Völker nicht die Verheißung Gottes besitzen, in einer staatlichen Gemeinschaft zusammenzuleben.«[40] Aber er wollte die Hoffnung nicht aufgeben, daß Deutschland seine Einheit in einem Staatswesen wiedererlangen könnte, vor dem seine Nachbarn keine Angst mehr zu haben brauchten.

Heinemann ist ein Patriot. Das Wort Vaterland kann er unbefangen gebrauchen, weil er sich nichts darüber vormacht, daß es ein schwieriges Vaterland ist. Sein Patriotismus ist frei von jener muffigen Arroganz, die Vaterlandsliebe mit Nationalismus verwechselt. Deutschland als ein Gemeinwesen der Freiheit und des Rechtes nach innen, der guten Nachbarschaft und des Friedens nach außen: das etwa ist Gustav Heinemanns Traum vom deutschen Vaterland. In der Sprache der Aufklärung nannte man das »Patriotismus in weltbürgerlicher Absicht«.

Während in Westeuropa die Ideen der Aufklärung zu demokratischen Revolutionen führten, hat Deutschland, nach einem bitteren Wort von O. H. von der Gablenz, sich um die Aufklärung gedrückt. Nur einmal, siebzig Jahre nach der amerikanischen Revolution und mehr als fünfzig Jahre nach der französischen, schien in Deutschland für einen Augenblick die Aufklärung über die Reaktion siegen zu können. Das war in jenen kurzen Frühjahrswochen 1848, als in der Frankfurter Paulskirche der Traum einer deutschen

Revolution geträumt und verspielt wurde. Kein Wunder, daß Heinemann an diese schwarz-rot-goldene Tradition von 1848 anknüpft.

»48er Gesinnung« aus der Überlieferung der Familie, christlicher Glaube aus der Erfahrung des Mannesalters: beide zusammen machen den Politiker Gustav Heinemann aus. Wie die beiden Traditionen, die aufgeklärt-liberale und die christliche, sich bei Heinemann verbinden, das kann eine sprachliche Beobachtung deutlich machen. Heinemann gebraucht für das Evangelium und für das Grundgesetz dieselbe Vokabel: »Ein großes Angebot.« Das Evangelium: »Gott begleitet unsere Irrwege mit dem großen Angebot der Versöhnung in seinem Sohn.« Das Grundgesetz: »Unsere freiheitliche Ordnung eines weltanschaulich-neutralen Staates ist ein großes Angebot.« So oder ähnlich hat er es tausendmal ausgedrückt.

Dieser sprachliche Zusammenhang ist kein Zufall. Beide, das Evangelium und das Grundgesetz, sind für ihn verbunden durch den Gedanken der Menschenwürde. Das Grundgesetz spricht in seinem ersten Artikel von der Unantastbarkeit der Würde des Menschen. Sie zu achten und zu schützen soll die Verpflichtung aller staatlichen Gewalt sein. Wie in anderen demokratischen Verfassungen der letzten zwei Jahrhunderte geht diese Idee der Menschenwürde auf die Lehre der Aufklärung zurück, daß allen Menschen unveräußerliche und unantastbare Grundrechte angeboren seien.

Für Heinemann ist die Menschenwürde tiefer begründet. Auch wenn die Bibel den Begriff noch nicht kennt, findet Heinemann den wahren Grund menschlicher Würde in dem Verhältnis Gottes zu den Menschen, wie die Bibel es beschreibt: »Würde des Menschen! Sie ist uns von Gott als dem Schöpfer gegeben, der jeden von uns bei seinem Namen gerufen hat und ihm gesagt hat, Du bist mein.«[41]

Wie immer man die Idee der Menschenwürde versteht, in ihr treffen sich aufgeklärt-liberale und christliche Überlieferung: »Ich meine, daß sonderlich auch und gerade die Christenheit gerufen sei, in diesem verfassungsrechtlichen Ansatz von der Würde des Menschen ein Stück ihrer eigenen Verkündigung von der Personhaftigkeit des Menschen zu erkennen und deshalb dazu beizutragen, daß diese unsere Ordnung zum vollen Austrag komme.«[42] In diesem Satz steckt der ganze Gustav Heinemann: ein schwarz-rot-goldener Protestant.

In der deutschen Geschichte der letzten hundert Jahre ist das eine seltene Kombination. Die Protestanten waren in der Regel nicht schwarz-rot-gold, demokratisch, liberal, sondern schwarz-weiß-rot, deutsch-national, obrigkeitsstaatlich. Die Liberalen waren nur selten zugleich Männer der Kirche. Auch in der Bundesrepublik schien einem Mann, der diese Kombination vertritt, lange Zeit nur die Rolle des Außenseiters zugewiesen. Daß der ehemalige Außenseiter heute als Bundespräsident den ganzen Staat repräsentiert, ist für die deutsche Demokratie ein Zeichen der Hoffnung. Denn Heinemann verdankt seinen Aufstieg ins höchste Staatsamt nicht den Eigenschaften, die gemeinhin im politischen Geschäft als unerläßlich gelten. Die Soziologen würden von ihm wohl sagen, er sei keine »Identifikationsfigur«: weder ein strenger Patriarch wie Adenauer, noch von humorvoller Güte wie »Papa« Heuss, noch zigarrenqualmendes Sicherheitssymbol wie Ludwig Erhard. Heinemann ist nicht ein Mann des überspringenden Funkens, sondern karg, manchmal sogar schroff. Auch wird man ihn kaum eine forensische Natur nennen wollen. Aller Popularitätshascherei ist er zutiefst abgeneigt. Die Wirkung seiner Reden beruht weder auf theatralischer Geste noch auf stilistischer Brillanz. Sie kommt aus moralischem Ernst, gedanklicher Strenge und verständlicher, einfacher Sprache. Den Leuten nach dem Munde zu reden, fällt ihm nicht ein.

Aber solch mangelnder Sinn fürs Populäre bringt auch Gewinn. Mit seiner ganzen Lebensgeschichte, auch noch mit seinen Irrtümern, steht Heinemann dafür ein, daß moralische Überzeugungen und politischer Realismus nicht miteinander in Widerspruch stehen müssen, daß Moral nicht Privatsache ist, die der Politiker schleunigst zu vergessen hätte, wenn er die öffentliche Szene betritt, daß »Realpolitik« kein Synonym sein muß für das gewissenlose Spiel mit der Macht.

Darauf beruht seine Glaubwürdigkeit. Darauf beruht zumal die respektvolle Sympathie, die die junge Generation ihm entgegenbringt. In den aufgeregten Ostertagen des Jahres 1968, als nach dem Attentat auf Rudi Dutschke die rebellierende Jugend auf die Straße ging, als die demokratische Ordnung in Gefahr schien, da hatte allein Heinemann die Autorität, ein vermittelndes, kraftvolles Wort an alle zu sagen. Die Autorität erwuchs nicht aus seinem Amt: er war weder Bundespräsident noch Kanzler, sondern nur ein Mitglied im großen Kabinett der Großen Koalition. Die Autorität kam allein aus der Glaubwürdigkeit des Mannes, der hier sprach. Es lohnt, sich den Wortlaut dieser Rede in Erinnerung zu rufen:

»Diese Tage erschütternder Vorgänge und gesteigerter Unruhe rufen uns alle zu einer Besinnung. Wer mit dem Zeigefinger allgemeiner Vorwürfe auf den oder die vermeintlichen Anstifter oder Drahtzieher zeigt, sollte daran denken, daß in der Hand mit dem ausgestreckten Zeigefinger zugleich drei andere Finger auf ihn selbst zurückweisen. Damit will ich sagen, daß wir alle uns zu fragen haben, was wir selber in der Vergangenheit dazu beigetragen haben könnten, daß ein Antikommunismus sich bis zum Mordanschlag steigerte und daß Demonstranten sich in Gewalttaten der Verwüstung bis zur Brandstiftung verloren haben.

Sowohl der Attentäter, der Rudi Dutschke nach dem Leben trachtete, als auch die 11 000 Studenten, die sich an den Demonstrationen vor Zeitungshäusern beteiligten, sind junge Menschen. Heißt das nicht, daß wir Älteren den Kontakt mit Teilen der Jugend verloren haben, oder ihnen unglaubwürdig wurden? Heißt das nicht, daß wir Kritik ernst nehmen müssen, auch wenn sie aus der jungen Generation laut wird?

Besserungen hier und an anderen Stellen können nur dann gelingen, wenn jetzt von keiner Seite neue Erregung hinzugetragen wird. Gefühlsaufwallungen sind billig, aber nicht hilfreich — ja sie vermehren die Verwirrung. Nichts ist jetzt so sehr geboten wie Selbstbeherrschung, auch an den Stammtischen oder wo immer sonst das Geschehen dieser Tage diskutiert wird.

Das Kleid unserer Freiheit sind die Gesetze, die wir uns selber gegeben haben. Diesen Gesetzen die Achtung und Geltung zu verschaffen, ist Sache von Polizei und Justiz. Es besteht kein Anlaß zu bezweifeln, daß Polizei und Justiz tun, was ihre Aufgabe ist.

Wichtiger aber ist es, uns gegenseitig zu dem demokratischen Verhalten zu verhelfen, das den Einsatz von Polizei und Justiz erübrigt.

Zu den Grundrechten gehört auch das Recht zum Demonstrieren, um öffentliche Meinung zu mobilisieren. Auch die junge Generation hat einen Anspruch darauf, mit ihren Wünschen und Vorschlägen gehört und ernstgenommen zu werden. Gewalttat aber ist gemeines Unrecht und eine Dummheit obendrein. Es ist eine alte Erfahrung, daß Ausschreitungen und Gewalttaten genau die gegenteilige öffentliche Meinung schaffen, als ihre Urheber wünschen. Das sollten, so meine ich, gerade auch politisch bewegte Studenten begreifen und darum zur Selbstbeherrschung zurückfinden.

Unser Grundgesetz ist ein großes Angebot. Zum erstenmal in unserer Geschichte will es in einem freiheitlich-demokratischen und sozialen Rechtsstaat der Würde des Menschen Geltung verschaffen. In ihm ist Platz für eine Vielfalt der Meinungen, die es in offener Diskussion zu klären gilt.

Uns in diesem Grundgesetz zusammenzufinden und seine Aussagen als Lebensform zu verwirklichen, ist die gemeinsame Aufgabe. Die Bewegtheit dieser Tage darf nicht ohne guten Gewinn bleiben.«[43]

Gustav Heinemann hat diese Fernsehansprache rückblickend einmal als seine Kandidatenrede für das Amt des Bundespräsidenten bezeichnet. Als er sie hielt, dachte noch niemand an seine Kandidatur, er selbst am allerwenigsten. Elf Monate später wählte ihn die Bundesversammlung in das höchste Amt, das in der Bundesrepublik zu vergeben ist.

Das machtlose Staatsoberhaupt

In den ersten Maitagen des Jahres 1972 tauchten in einigen Zeitungen Kommentare auf, in denen zu lesen stand, jetzt sei »die Stunde des Bundespräsidenten« gekommen. Oppositionsführer Rainer Barzel hatte in der Woche zuvor das konstruktive Mißtrauensvotum verloren, Kanzler Willy Brandt büßte einen Tag später bei der Abstimmung über den Kanzlerhaushalt seine Mehrheit im Parlament ein. In dieser Situation des parlamentarischen Patts sei es die Aufgabe des Bundespräsidenten, so war zu lesen, den festgefahrenen parlamentarischen Karren wieder flott zu bringen. Der Bundespräsident allein könne handeln, da Regierung wie Opposition handlungsunfähig seien, und, auch dies schrieben die Kommentatoren, das Grundgesetz habe dem Staatsoberhaupt für den Fall der Krise viel mehr Möglichkeiten eingeräumt, als man gemeinhin annehme.

Die Herren irrten. Die Stunde des Bundespräsidenten war noch nicht gekommen. Zwar hatten weder der Kanzler noch der Oppositionsführer im Parlament eine Mehrheit. Zwar wurde allenthalben von Neuwahlen geredet. Der Bundespräsident, so empfahl Entwicklungsminister Erhard Eppler, solle als integrer Makler die Fraktionsführer zu sich rufen und sie vor aller Öffentlichkeit auf Neuwahlen festlegen, dann könne auch Barzel nicht mehr ausweichen. Aber der Vorschlag Epplers zeigte das Dilemma nur auf, ohne es zu lösen. Denn das Grundgesetz kennt keine Abmachung zwischen dem Bundespräsidenten und den Fraktionsführern als Weg zu Neuwahlen. Die Opposition hätte dabei ein Zugeständnis machen müssen, zu dem sie unmittelbar nach dem gescheiterten Mißtrauensvotum schwerlich zu bewegen war.

Neuwahlen läßt das Grundgesetz nur dann zu, wenn zuvor der Kanzler eine Vertrauensfrage verloren hat oder zurückgetreten ist; in beiden

Fällen kann jedoch die Opposition durch die Wahl eines neuen Bundeskanzlers im Bundestag die Neuwahlen verhindern. Und Rainer Barzel war am Ende der Bonner Krisenwoche entschlossen, den Kanzlersturz noch einmal zu versuchen, diesmal mit Hilfe derer, für die ein vorzeitiges Ende der Legislaturperiode den Verlust von Diäten und Pensionsansprüchen bedeutet hätte.

So jedenfalls schätzte Kanzler Willy Brandt die Lage ein, und deshalb nahm er bei der Abstimmung über den Haushalt lieber eine Niederlage hin, als über die Vertrauensfrage zu Neuwahlen zu kommen. Da der Kanzler den Weg nicht freigab, konnte der Bundespräsident nicht handeln. Noch in der Situation des erwiesenen Patts war er aufs Reagieren angewiesen — die Entscheidung lag allein beim Regierungschef.

Für Gustav Heinemann begann jene Bonner Krisenwoche am Sonntagabend, dem 23. April, um 19 Uhr im Präsidentenwohnzimmer von Schloß Bellevue in Berlin. Er hatte das Abendessen etwas früher als gewohnt eingenommen, um am Bildschirm die Ergebnisse der Landtagswahlen von Baden-Württemberg zu sehen. Mit ihm saßen am Fernseher Frau Heinemann, ihre Schwester Gertrud Staewen, Heinemanns jüngste Tochter, Barbara Wichelhaus, sein alter Freund Helmut Gollwitzer und Frau Gollwitzer, der persönliche Referent Popitz und ich. Bereits die ersten Hochrechnungen ließen erkennen, daß die CDU eine sichere absolute Mehrheit erreichen würde. Einige in der Runde reagierten mit Enttäuschung und Resignation. Heinemann hielt sich zurück. Ihn interessierte vor allem das Abschneiden der Freien Demokraten. Konnten sie im Stuttgarter Landtag ihren Stimmenanteil halten, dann waren Rückwirkungen auf die Bonner Koalition nicht zu erwarten. Die Liberalen, das stand gegen 20 Uhr fest, hatten mit 8,9 % ein Ergebnis erreicht, das für Bonn Konsolidierung verhieß. Das war entscheidend; den Rest der Wahlberichterstattung aus Stuttgart sah sich Heinemann nicht mehr an.

In Baden-Württemberg hatte die FDP gewonnen, aber in Bonn verlor sie zur gleichen Zeit einen Abgeordneten. Fünfzig Minuten, bevor die Wahllokale schlossen, kündigte der niedersächsische Bauer Wilhelm Helms aus

Bissenhausen telegrafisch seine Mitgliedschaft in der FDP-Fraktion auf. Willy Brandts Mehrheit im Parlament schmolz weiter zusammen.

Als Gustav Heinemann am Montagmittag wieder in Bonn eintraf, hatte Rainer Barzel den Kanzlersturz bereits beschlossen. Abends um 18.05 Uhr rief Olaf von Wrangel, parlamentarischer Geschäftsführer der CDU/CSU-Fraktion und ihr ständiger Verbindungsmann zum Bundespräsidenten bei Heinemanns Staatssekretär Dietrich Spangenberg an und teilte mit, daß der Fraktionsvorstand Barzels Entschluß zugestimmt habe. Falls Heinemann ein Gespräch mit dem Oppositionsführer für nötig halte, stehe dieser zur Verfügung. Spangenberg unterrichtete den Bundespräsidenten sogleich von Wrangels Anruf. Heinemann beschloß, Barzel am folgenden Tag zu empfangen, wollte aber zusätzlich noch mit Brandt und Scheel sprechen.

Willy Brandt kam noch am Abend, viertel nach neun. Er wirkte erschöpft. Sein enormer Einsatz in Baden-Württemberg hatte sich nicht gelohnt, die erhoffte positive Wirkung der Ostverträge auf die Landtagswahl war ausgeblieben. Die Verträge, Kernstück von Brandts Außenpolitik, schienen nun gefährdet, weil ein Bauer aus Bissenhausen, der früher einmal der konservativen Deutschen Partei angehört hatte, zu spät merkte, daß er zur falschen Partei übergewechselt war. Aber zweifelnd, zergrübelt, resigniert war Willy Brandt an diesem Abend nicht, eher von jenem »positiven Fatalismus« (Conrad Ahlers), der ihm in den kommenden Tagen noch manchmal half, die Nervenanspannung des drohenden Sturzes auszuhalten. Ihm sei zu Ohren gekommen, sagte Brandt dem Bundespräsidenten, daß die Opposition neben Helms noch einige weitere sichere Überläufer aus der FDP gewonnen habe. Er könne das nicht nachprüfen, aber nun müsse eben gekämpft werden.

Am nächsten Morgen um 9 Uhr trifft sich wie an jedem Tag die Runde der engsten Berater des Präsidenten in Heinemanns Amtszimmer: Staatssekretär Spangenberg, sein Vertreter Professor Caspari, Pressereferent Müller-Gerbes und die beiden persönlichen Referenten Markscheffel und Popitz. Heinemann hat zu diesem Zeitpunkt bereits die tägliche Runde im Hallenbad hinter sich, hat die Morgenzeitungen gelesen und am Schreibtisch Akten durchgearbeitet. Von der Erregung, die alle Beteiligten in diesen Stunden spüren, ist ihm nichts anzumerken. Die Mitarbeiter warten stehend an dem runden Konferenztisch, bis Heinemann, von seinem Schreibtisch kommend, sie auffordert, Platz zu nehmen. Die Termine des Tages werden durchgesprochen, an zwei Stellen sind Änderungen notwendig. Für 11.45 Uhr wird ein Gespräch mit Außenminister Scheel eingeschoben, um 15.30 Uhr soll statt eines vorgesehenen Ministerialdirektors, dessen Besuch verschoben wird, Rainer Barzel den Bundespräsidenten aufsuchen.

Dann geht es um Einzelheiten, wie an jedem normalen Tag, z. B. um die Frage, ob und mit welchem Text Heinemann dem Verleger Axel Springer zum 60. Geburtstag gratulieren soll. Alles wird sofort erledigt oder zur Erledigung angewiesen. Die Diskussion ist straff, freundlich, aber bestimmt im Ton. Umständlichkeiten und Vergeßlichkeit kann Heinemann nicht ausstehen. Alles muß gut vorbereitet, entschieden oder entscheidungsreif sein. Heinemanns Bemerkungen sind knapp: »Na ja«, »Ja, das kenn ich«, »Tun Sie das? Weiter! . . .« Dazwischen ist dann wieder Zeit für Lachen, für eine nachdenkliche Frage, sogar für eine lustige Geschichte.

Kurz nach halb zehn kommt Dr. Paul Friedrich Martin vom Bundespresseamt zum Pressevortrag. Normalerweise sind die Themen dieser Kommentarübersicht weit gespannt: vom Bonner Alltag bis zu den herausragenden Ereignissen der internationalen Politik. Heute konzentriert sich das Interesse der Kommentatoren fast ausschließlich auf Barzels Mißtrauensvotum. Während Dr. Martin vorträgt, geht Heinemann seine Rede für den Bundeswehrbesuch in Koblenz am nächsten Tag durch. Die meisten Pressekommentare kennt er bereits.

Staatssekretär Spangenberg hat unterdessen versucht, Außenminister Scheel telefonisch zu erreichen. Im Büro des Ministers erfährt Spangenberg, daß Scheel sich zu diesem Zeitpunkt im Auswärtigen Ausschuß aufhält. Auch dort ist er nicht selbst zu sprechen, bekommt aber die Nachricht übermittelt, daß Heinemann ihn um 11.30 Uhr im Bundespräsidialamt sprechen will. Um 9.50 Uhr ruft er bei Spangenberg zurück und sagt den Termin zu. Zehn

Mit den Kindern Barbara Wichelhaus, Christa Delius,
Uta Ranke-Heinemann und Peter Heinemann

Mit Enkel Oliver Heinemann

Die Morgenkonferenz, v. l. Professor Caspari, Bundespräsident, Staatssekretär Spangenberg, Persönlicher Referent Markscheffel, Persönlicher Referent Popitz und Pressereferent Müller-Gerbes.

Minuten später teilt Spangenberg dem CDU-Abgeordneten von Wrangel mit, daß der Bundespräsident nachmittags um 15.30 Uhr für ein Gespräch mit Barzel zur Verfügung stehe.

Um 11 Uhr empfängt Heinemann den neuen deutschen Botschafter in Tunesien, Dr. Heinz Naupert, der vor seiner Abreise nach Tunis pflichtgemäß den Bundespräsidenten aufsucht. Eine halbe Stunde später kommt Scheel. Wüßte man nicht, daß er Sorgen hat, man könnte glauben, er komme gerade von einer gewonnenen Schlacht. Er wirkt frisch, optimistisch, fast aufgedreht, jedenfalls wie einer, dem nichts passieren kann. Dem Bundespräsidenten versichert er, die FDP-Fraktion werde nicht auseinanderfallen, das konstruktive Mißtrauensvotum sei für Barzel noch keineswegs gewonnen. Zu diesem Zeitpunkt spricht man in Bonn bereits davon, daß außer Helms auch Kienbaum und Kühlmann-Stumm für Barzel stimmen könnten — das wäre der Kanzlersturz, falls die CDU-Fraktion Barzel geschlossen unterstützt. Um 12 Uhr empfängt Heinemann eine Regierungsdelegation aus Haiti — einer jener vielen Höflichkeitsbesuche, die nicht viel Sinn haben und doch sein müssen. Dann ist Mittagspause für den Bundespräsidenten.

Kurz vor 15 Uhr sitzt Heinemann wieder am Schreibtisch: Aktenstudium, Briefe unterzeichnen, einen Redenentwurf lesen — Alltägliches also. Für 15.30 Uhr ist Rainer Barzel angesagt. Neun Minuten zu spät fährt er am Bundespräsidialamt vor. Noch trägt sein schwarzer Mercedes 300 eine private Nummer, noch ziert ihn nicht der Stander des Regierungschefs. Barzel ist braungebrannt wie immer, grüßt freundlich jedermann, der ihm in den Weg kommt, und hat Mühe, seine Siegeszuversicht hinter einer würdevollen Miene zu verbergen. Wie alle Gäste Heinemanns trägt er sich in das Besucherbuch ein, das im ersten Stock des Bundespräsidialamts vor dem Amtszimmer des Bundespräsidenten aufliegt. Auf der Seite, die das Datum dieses 25. Aprils trägt, stehen schon die Namen von Botschafter Naupert (er hat, guter deutscher Beamter, nicht versäumt, seinen Doktortitel anzugeben), von Außenminister Scheel und den Mitgliedern der Delegation aus Haiti. Für zwei weitere Unterschriften wäre noch Platz. Rainer Barzel nützt diesen Platz nicht. Er unterschreibt auf der nebenstehenden rechten Seite, die noch frei ist, und rückt seinen Namen mit langgezogener energischer Schrift so demonstrativ in die Mitte, als wolle er sagen: diese Seite gebührt allein dem neuen Bundeskanzler.

Das Gespräch mit Heinemann dauert genau eine halbe Stunde. Heinemann fragt seinen Gast, ob er sich der Mehrheit für die Abstimmung am Donnerstag sicher sei und ob er es sich zutraue, den Rest der Legislaturperiode mit einer wahrscheinlich doch sehr knappen Mehrheit durchzustehen. Barzel bejaht beide Fragen und begründet, warum er sich zum Griff nach der Macht entschlossen habe: das Wahlergebnis von Baden-Württemberg sei ein klares Votum gegen Willy Brandt und seine Bonner Koalition — für die Ostverträge gebe es im Parlament keine Mehrheit mehr; in dieser Situation dürfe er sich dem Ruf der Wähler nicht entziehen. Um 16.09 Uhr verläßt Barzel den Bundespräsidenten.

Während für die Bonner Spitzenpolitiker an diesem Tag die Termine sich weiterjagen (spät am Abend noch sitzen die führenden Koalitionspolitiker im Palais Schaumburg zusammen und beraten darüber, wie man die schwankenden Abgeordneten Kienbaum und Kühlmann-Stumm bei der Stange halten könne), ist für Heinemann der politische Teil seines Arbeitstages mit dem Besuch von Rainer Barzel beendet. Am frühen Abend nimmt er, zusammen mit seiner Frau, im Bahnhof Rolandseck an einer Preisverleihung teil, bei der die Sieger des Olympia-Malwettbewerbes Deutscher Zeitungen ausgezeichnet werden.

Am nächsten Tag wächst in Bonn die Spannung. Auf dem Programm des Bundestages steht die Debatte über den Einzelplan 04 des Haushalts 1972, den Etat des Bundeskanzlers. Aussprachen über den Kanzlerhaushalt werden traditionell zu Grundsatzdebatten über die Politik der Regierung genutzt. Diesmal geht es für die Regierung ums Überleben, für die Opposition um den Nachweis, daß die Koalition am Ende und die Opposition imstande sei, sie abzulösen. Das Duell zwischen Kanzler und Kanzleraspirant endet mit deutlichen Vorteilen für Willy Brandt. Er geht zum erstenmal in dieser Woche zur Vorwärtsverteidigung über und hält eine Rede, die nicht nur im Plenarsaal Eindruck macht. Millionen von Bundesbürgern verfolgen die aufregenden Bonner Stunden am Bildschirm.

Gustav Heinemann ist nicht unter den Fernsehzuschauern. Er ist an diesem Tag überhaupt nicht in Bonn, sondern in Koblenz, zu Besuch bei der Schule der Bundeswehr für Innere Führung. Seit Wochen steht der Besuch auf dem Programm. Für Heinemann ist die hektische Lage in Bonn kein Grund, ihn abzusagen. An diesem Tag haben ohnehin die Parteipolitiker das Wort. Er könnte in Bonn an den Geschehnissen nur aus der Distanz teilnehmen, die sein Amt ihm vorschreibt. Geändert hat sich an seinem Besuch in Koblenz nur, daß Verteidigungsminister Helmut Schmidt den Bundespräsidenten nicht begleiten kann; er ist bei der Haushaltsdebatte unabkömmlich.

Wie gewohnt kommt Heinemann zu früh zum Hubschrauber der Bundeswehr, der im Park des benachbarten Palais Schaumburg auf ihn wartet. Zehn Minuten vor dem vereinbarten Abflug ist der Hubschrauber schon in der Luft. Pressereferent Müller-Gerbes hätte ihn um ein Haar verpaßt. Während des Fluges ist Heinemann ernst; man sieht ihm an, daß er nachdenkt. Ihn zu fragen, dazu ist es im Hubschrauber zu laut. Gewiß wäre er gerne dabei, wenn es heute im Parlament aufs Ganze geht. Aber seine Pflichten als Staatsoberhaupt halten ihn von dem Ort der politischen Auseinandersetzung fern.

Nur dreimal an diesem Tag wird man in Koblenz daran erinnert, was in Bonn auf dem Spiel steht. Um 11.45 Uhr eilt Heinemanns Pressereferent ans Telefon. In Bonn, so hört man gerüchteweise, sei ein riesiger Demonstrationsmarsch unterwegs zum Parlament, um Willy Brandt Sympathie zu bekunden. Die Meldung erweist sich als verfrüht. Zu Demonstrationen für den Kanzler kommt es erst am Abend. Um 12 Uhr hält Heinemann vor der versammelten Belegschaft der Schule für Innere Führung eine programmatische Rede über die Aufgabe der Bundeswehr. Nur der Eingangssatz weicht vom vorbereiteten Manuskript ab: »In einer aufgeregten Zeit wie dieser sollte jeder seinen Weg in Ruhe weitergehen. So wollen wir es hier halten.«

Das ist alles, was Heinemann zur Bonner Szene sagt, dann kommt er zu seinem Thema. In der Mittagspause versuchen Journalisten, dem Bundespräsidenten eine Äußerung zum konstruktiven Mißtrauensvotum zu entlocken. Die Mühe ist ohne Erfolg, Heinemann ist nicht zu einem Kommentar zu bewegen.

Ansonsten verläuft dieser Tag wie geplant. Um 9.30 Uhr Informationsgespräch über Geschichte und Aufgabe der Schule für Innere Führung, anschließend Besuch bei drei der gerade stattfindenden Lehrgänge, um 12 Uhr die Rede vor dem Plenum, am Nachmittag ist Heinemann Gast des Bundeswehrbeschaffungsamtes.

Kurz vor 18 Uhr trifft der Hubschrauber des Präsidenten wieder in Bonn ein. Noch dauert im Parlament die Redeschlacht zwischen Regierung und Opposition an. Die CDU scheint sicher zu sein, daß ihr der Kanzlersturz gelingen wird. Am Abend wird das Bundespräsidialamt von Parlamentspräsident von Hassel gebeten, Barzels Ernennungsurkunde rechtzeitig für Donnerstag auszufertigen. Der Oppositionsführer hat das Protokoll für seinen Amtsantritt bereits perfekt: um 15 Uhr soll der Bundespräsident der neuen Regierung die Ernennungsurkunden aushändigen, für 16 Uhr ist die Vereidigung im Parlament vorgesehen und um 17 Uhr will Rainer Barzel in das Palais Schaumburg einziehen. Auch die Kabinettsliste ist abgeschlossen, die Mitglieder der Regierung Barzel haben sich bereits bei einem Bonner Hofphotographen vor blauem Hintergrund konterfeien lassen. Die FDP-Spitze versucht an diesem Abend, ihre beiden unsicheren Kantonisten doch noch für ein Nein gegen Barzel zu gewinnen. Scheel und Mischnik kümmern sich um Kienbaum, Ertl und Genscher um Kühlmann-Stumm.

Auf dem Bonner Marktplatz und auf den Straßen anderer Städte begibt sich unterdessen etwas, was in der Bundesrepublik seit den Demonstrationen gegen die Notstandsgesetze nicht mehr vorgekommen ist. Das Volk geht auf die Straße, um gegen eine drohende Entscheidung des Bonner Parlaments zu demonstrieren. 10 000 sind es in Hamburg, 12 000 in Frankfurt, 15 000 in

Bonn. Sie fordern, was die »Hamburger Morgenpost« in Riesenlettern auf ihr Extrablatt gedruckt hat: »Willy Brandt muß Kanzler bleiben.«

Die beiden FDP-Abgeordneten, von denen das Schicksal der sozialliberalen Koalition abzuhängen scheint, lassen sich durch diese Sympathiekundgebungen für den Kanzler nicht beeindrucken. Kienbaum und Kühlmann-Stumm erklären sich am nächsten Morgen in der Fraktionssitzung der FDP endgültig für Barzel. Die SPD-Fraktion erfährt es durch den parlamentarischen Staatssekretär Karl Moersch: »Ihr braucht euch keine Hoffnungen mehr zu machen, die haben sich heute morgen in der Fraktion festgelegt.« Das Rennen scheint gelaufen.

Heinemann weiß davon noch nichts. Zwischen 9 und 10 Uhr hat er wieder den Kreis seiner engsten Mitarbeiter um sich. Auch heute muß das Tagesprogramm umgestellt werden. Ein Sängerchor, der dem Bundespräsidenten ein Ständchen bringen wollte, muß weichen. Aber die Fernsehansprache zur Erinnerung an die Care-Paket-Aktion der Amerikaner, deren Aufzeichnung für 11.30 Uhr vorgesehen ist, bleibt im Programm. Für den Abend ist der Finanzausschuß des Bundestages zu einem Abendessen mit anschließender Diskussion in die Villa Hammerschmidt eingeladen. Der Termin wird noch nicht abgesagt. Erst will man abwarten, wie die Entscheidung im Bundestag ausfällt.

Dann geht es um Einzelheiten, wie gewohnt. Der Pressevortrag von Dr. Martin hebt an diesem Tag besonders den Stimmungsumschwung für Willy Brandt hervor, seine gute Rolle bei der Haushaltsdebatte im Parlament, die abendlichen Demonstrationen. Einige Zeitungen äußern sich auch über die mögliche Rolle des Bundespräsidenten für den Fall, daß Barzel beim Mißtrauensvotum scheitert und Brandt einen Tag später die Abstimmung über den Kanzlerhaushalt mit der Vertrauensfrage verbindet. Neues bringen diese Kommentare für Heinemann nicht. Zwar hält er nicht viel davon, auf lange Zeit im voraus Planspiele anzustellen. Seine Entscheidung wird er treffen, wenn der Zeitpunkt dazu gekommen ist. Aber er erwartet, daß das Bundespräsidialamt die verschiedenen Möglichkeiten rechtzeitig durchgespielt und die für den Bundespräsidenten verfassungsrechtlich wichtigen Fragen geklärt hat.

Kurz vor 10 Uhr löst sich die Runde auf. In wenigen Minuten wird im Parlament die entscheidende Sitzung beginnen. Staatssekretär Spangenberg mahnt: »Auf, auf, zum Fernsehen!« Nur Heinemann scheint nicht geneigt, der Aufforderung zu folgen: »Ich habe keine Lust, mir das anzuhören.«

Fünf Minuten später schaltet er doch den Fernseher ein. Allein in seinem Arbeitszimmer sieht er, wie für die Opposition nicht der Kanzleraspirant Barzel, auch nicht der ursprünglich vorgesehene Walter Hallstein, sondern der frühere Kanzler Kurt Georg Kiesinger das Mißtrauensvotum begründet, wie Willy Brandt eine Rede hält, die wie ein Vermächtnis klingt, wie Walter Scheel, kämpferisch wie nie zuvor, seine abtrünnigen Parteifreunde beschwört, wie Herbert Wehner scharfzüngig Franz Josef Strauß als den heimlichen Regisseur des Kanzlersturzes bloßstellt, wie Richard von Weizsäcker das Parlament über die Kunst des Verlierenkönnens belehrt (seinen Fraktionskollegen mag diese Rede später in den Ohren geklungen haben).

Um 11.30 Uhr hält Heinemann fürs Fernsehen seine Dankrede für die Care-Paket-Aktion. Dann eilt er zurück zum Bildschirm, sein persönlicher Referent und ich leisten ihm Gesellschaft. Im Parlament werden inzwischen die Abgeordneten namentlich zur geheimen Abstimmung aufgerufen, in der Lobby überschlagen sich die Spekulationen. Auch in dieser Phase bleibt Heinemann äußerlich ruhig, er ärgert sich nur über die aufgeblasenen Formulierungen des Fernsehsprechers. Zwischendurch liest er Akten, unterschreibt Briefe. Um 13.16 Uhr fällt die Entscheidung. Die SPD-Abgeordneten liegen sich in den Armen. Noch kennt man nicht die Zahlen. In der Lobby heißt es: 248 zu 248. Das wäre die Niederlage für Barzel, aber auch kein Sieg für Brandt. Zum erstenmal wird Heinemann ungeduldig. Er zündet sich eine Zigarette an, wirkt aber aufgeräumt: »Jetzt nennt doch mal Zahlen.«

Um 13.22 Uhr gibt Parlamentspräsident von Hassel das Abstimmungsergebnis bekannt. Für Rainer Barzel haben nur 247 Abgeordnete gestimmt, zwei weniger, als er gebraucht hätte, um Kanzler zu werden. Die Abgeordneten der Koalition springen von ihren Sitzen auf, klatschen und rufen Beifall. Barzel versucht gar nicht erst, seine Enttäuschung zu verheimlichen. Kopfschüttelnd sitzt er auf seinem Abgeordnetenplatz. Einmal mehr ist er zu früh gestartet. Willy Brandt, der seine Bewegung kaum verbergen konnte, als er in den Plenarsaal zurückkehrte, hat wieder auf dem Stuhl des Bundeskanzlers Platz genommen, den Rainer Barzel ihm nicht hat streitig machen können. Sein Gesicht ist fast maskenhaft erstarrt. Heinemann kommentiert das Ergebnis mit einem knappen Satz, der an seine eigene Wahl zum Bundespräsidenten erinnert: »Es war eben doch ein Machtwechsel.« Dann geht er zum Mittagessen: »Wünsche einen weiteren fröhlichen Verlauf.«

Die Spannung löst sich. Unter Heinemanns Mitarbeitern macht sich Ausgelassenheit breit, Pressereferent Müller-Gerbes stiftet eine Runde Sekt. Nur Staatssekretär Spangenberg, dessen mecklenburgisches Naturell allzu spontane Äußerungen von Jubel ohnehin nicht zuläßt, bleibt zurückhaltend. Er merkt als erster, daß Barzels Niederlage für die Koalition noch nicht das Ende des Kampfes bedeutet. Der Kanzlersturz ist zwar mißlungen, aber ob für die Ostverträge und für den Kanzleramtshaushalt noch eine Mehrheit im Parlament sich wird finden lassen, das weiß in diesem Augenblick niemand. Schon um 14 Uhr muß Spangenberg ins benachbarte Palais Schaumburg, wo das Kabinett die Lage nach der Abstimmung berät. Soll Willy Brandt versuchen, den Rest der Legislaturperiode durchzustehen gegen eine Opposition, der zur Mehrheit nur zwei Stimmen fehlen? Soll er die Sympathiewelle, die ihm nach Barzels Niederlage aus der Bevölkerung entgegenschlägt, zu vorzeitigen Neuwahlen benutzen, indem er die Abstimmung über den Kanzlerhaushalt am nächsten Tag mit der Vertrauensfrage verbindet? Um 15.45 Uhr unterrichtet Spangenberg den Bundespräsidenten über die Kabinettsitzung. Noch sind keine Entscheidungen gefallen.

Für den Bundespräsidenten bedeutet das, daß er an diesem Nachmittag in Bonn nicht mehr gebraucht wird. Den Klärungsprozeß in der Koalition darf er nicht beeinflussen, obgleich es diese Koalition war, die ihn ins Amt gebracht hat. Er fährt zu einem Besuch bei seiner jüngsten Tochter, Barbara Wichelhaus, nach Frechen bei Köln. Für den Abend hat er seinen persönlichen Referenten und mich zum Skatspielen eingeladen.

Kurz nach 16 Uhr empfängt Spangenberg zwei Emissäre der SPD-Bundestagsfraktion zu einem Gespräch über Neuwahlen. Um 18.30 Uhr spricht er über dasselbe Thema mit Kanzleramtsminister Horst Ehmke im Palais Schaumburg. Ehmke bittet Spangenberg, für die Kabinettsitzung um 21 Uhr eine Stellungnahme des Bundespräsidenten einzuholen. Wird Heinemann, das ist die Frage der Bundesregierung, das Parlament sofort auflösen, falls Brandt am nächsten Tage die Vertrauensfrage stellt und verliert, oder wird er der Opposition die Chance geben, vor der Parlamentsauflösung noch einmal ein konstruktives Mißtrauensvotum zu versuchen?

Um 19.45 Uhr unterrichtet Spangenberg den Bundespräsidenten über sein Gespräch mit Ehmke. Er legt Heinemann dabei den Entwurf einer Stellungnahme vor, den er zwei Tage zuvor im Bundespräsidialamt hat ausarbeiten lassen. Verfassungsrechtlich, so argumentiert Spangenberg aufgrund dieser Analyse, sei gegen eine sofortige Auflösung des Parlaments nichts einzuwenden. Die Kommentatoren des Grundgesetzes gingen übereinstimmend von einer Nothelferrolle des Staatsoberhauptes für den Fall der parlamentarischen Krise aus. Daß der Oppositionsführer keine Mehrheit im Parlament habe, sei heute um 13.16 Uhr bewiesen worden. Wenn nun auch der Kanzler seine Mehrheit verlieren sollte, dann sei der Bundespräsident frei, aus seiner politischen Reserve herauszutreten und zu handeln, indem er das Parlament auflöst. Heinemann hört sich diese Argumentation an, behält sich die Entscheidung aber noch vor. Die außerordentliche Verantwortung, die ihm bei der Auflösung des Parlaments zufällt, erlaubt keine Festlegung im vorhinein.

Kurz vor 21 Uhr geht Spangenberg zurück ins Kabinett, Heinemann ruft seine beiden Mitspieler zum Skat in die Villa Hammerschmidt. Er spielt routiniert, überlegt nie lange, und reizt sein Blatt immer bis zum äußersten aus. Lieber verliert er ein teures Kontra als langweilig auf Sicherheit zu spielen.

Am Ende des Abends, kurz vor Mitternacht, ist er doch überlegener Sieger. Zwischendurch, um 22.30 Uhr ist Staatssekretär Spangenberg noch einmal gekommen, um von der Kabinettsitzung zu berichten. Die Regierung hat beschlossen, am kommenden Tag die Vertrauensfrage nicht zu stellen. Kanzler Brandt will keine Neuwahlen, bevor die Ostverträge verabschiedet sind. Insofern ist eine Vorentscheidung gefallen. Aber sie wirkt nicht wie das Ergebnis einer von langer Hand ausgearbeiteten Strategie. Zwar war die Lage, in der man nun steckt, seit Tagen abzusehen, aber eine vorbereitete Strategie gibt es offenbar weder in der Koalitionsspitze noch im Kanzleramt, nicht einmal eine Taktik.

Während einer Skatpause spricht Heinemann von der Einsamkeit seines Amtes. Er tut es ohne Klage. Das Staatsoberhaupt darf sich in dieser gespannten Situation in die Entscheidungen der Parteien nicht einmischen. Aber an diesem Abend wäre er doch lieber dabei, wenn die Führungsgremien beraten oder wenn alte politische Kampfgefährten in der »Rheinlust«, der Stammkneipe der SPD, die Aufregungen dieses Tages noch einmal debattieren. Sein Amt erlaubt ihm solche Freiheiten nicht. Statt dessen muß er in der Villa Hammerschmidt Skat spielen. (Frau Heinemann sieht unterdessen am Bildschirm die Landung von Apollo 15. Die Rückkehr der Astronauten vom Mond, die vor ganz kurzer Zeit noch alle in den Bann geschlagen hätte, ist an diesem Tag höchster politischer Spannung ein Ereignis am Rande.)

Freitag, 28. 4. 72. Um 9 Uhr trifft sich wieder die Runde der engsten Mitarbeiter zur Morgenbesprechung in Heinemanns Amtszimmer. Die SPD-Fraktion hat inzwischen bereits dem Kabinettsbeschluß des vergangenen Abends zugestimmt und sich gegen die Vertrauensfrage ausgesprochen. Die Abstimmung über den Haushalt des Kanzleramts, die an diesem Tag auf dem Programm des Parlaments steht, wird also endgültig nicht zu Neuwahlen führen. Wohl aber hängt von ihr ab, ob Brandt im Parlament noch eine Mehrheit von wenigstens einer Stimme hat, mit der sich notfalls bis zum Ende der Legislaturperiode regieren ließe, oder ob der absolute Stimmengleichstand erreicht wird. Für Barzel wäre damit die Scharte des verlorenen Mißtrauensvotums wenigstens teilweise ausgewetzt, für Brandts Regierung begänne ein längeres Siechtum.

Heinemann hat an diesem Vormittag keine besonderen Termine. Er arbeitet am Schreibtisch, die Entscheidung über den Kanzlerhaushalt sieht er am Bildschirm. 247 zu 247 ist das Ergebnis — das Gleichgewicht der Ohnmacht ist hergestellt.

Am späten Nachmittag treffen sich die Spitzen von Koalition und Opposition im Palais Schaumburg, um über einen Ausweg aus der Krise zu beraten, vor allem im Blick auf die für die kommende Woche anstehende Abstimmung über die Ostverträge. Am Ende der viereinhalbstündigen Sitzung schließt Barzel nicht mehr aus, daß die Opposition einer gemeinsamen Erklärung zustimmen könnte, mit deren Hilfe die Ostverträge im Parlament eine sichere Mehrheit fänden. Gustav Heinemann hat die Bundeshauptstadt schon am frühen Nachmittag verlassen. Um 16 Uhr nimmt er im Sozialamt der Evangelischen Kirche Westfalens in Villigst bei Dortmund an einer Podiumsdiskussion teil.

Die »Stunde des Bundespräsidenten« ist am Ende dieser Bonner Krisenwoche noch nicht gekommen. Solange Willy Brandt nicht die Vertrauensfrage stellt und folglich auch nicht verlieren kann, kann Gustav Heinemann das Parlament nicht auflösen und nicht Neuwahlen ausschreiben. Zwar ist es dem Bundespräsidenten möglich — das hat diese Woche gezeigt —, jederzeit mit den führenden Politikern zu sprechen. Der Oppositionsführer, der den Kanzlersturz wagt, legt zuvor dem Staatsoberhaupt seine Gründe dar. Kanzler und Außenminister, die Führer der beiden Koalitionsparteien, erscheinen beim Bundespräsidenten, wenn er sie ruft. Zwar wird Heinemann über alle wichtigen politischen Vorgänge unverzüglich informiert: sein Staatssekretär nimmt ex officio an den Sitzungen des Kabinetts teil und für die Opposition erscheint deren parlamentarischer Geschäftsführer von Wrangel zu Informationsgesprächen im Bundespräsidialamt. Zwar muß Heinemann sich rechtzeitig darüber klar werden, wie er sich im Falle eines abgelehnten Vertrauensvotums verhalten wird. Aber die Entscheidung, ob es zu Neuwahlen kommt oder nicht, liegt nicht beim Staatsoberhaupt, sondern beim Regierungschef. Noch in der Situation des erwiesenen Patts, da weder der Kanzler noch der Oppositionsführer im Parlament über eine Mehrheit verfügen, darf der Bundespräsident nicht aus eigener Vollmacht handeln.

Über die Frage, wie Heinemann sich im Falle eines abgelehnten Vertrauensvotums verhalten wird, entstand in den folgenden Monaten eine öffentliche Diskussion. Dann nämlich, nach der Ablehnung des Vertrauensvotums, wird der Bundespräsident zur zentralen Figur, dann hängt es von ihm ab, wie es weitergeht. Nach Artikel 68 des Grundgesetzes, der die Vertrauensfrage regelt, hat Heinemann drei Möglichkeiten. Er kann das Ersuchen des Kanzlers, das Parlament aufzulösen, ablehnen. Er kann zweitens das Gesuch annehmen. In diesem Fall muß er entscheiden, ob er die von der Verfassung eingeräumte Frist von 21 Tagen zur Auflösung des Bundestages ausschöpft oder nicht. Diese Entscheidung ist aber von enormer politischer Tragweite. Wartet Heinemann die 21 Tage ab, dann hat die Opposition die Möglichkeit, durch ein erneutes konstruktives Mißtrauensvotum noch einmal den Kanzlersturz zu versuchen. Löst Heinemann dagegen unmittelbar nach der Ablehnung der Vertrauensfrage das Parlament auf, dann nimmt er der Opposition diese Möglichkeit.

Franz Josef Strauß, der ohnehin jede Gelegenheit nutzt, Heinemann öffentlich anzugreifen, polterte schon Ende Juni vorsorglich, ein solches Verhalten des Bundespräsidenten käme einem »Staatsstreich von oben« gleich. Am 4. Juli empfing Heinemann den Oppositionsführer Rainer Barzel und legte ihm seine Haltung dar. Die gegenwärtige Pattsituation im Bundestag mache es notwendig, die Entscheidung an den Wähler zurückzugeben. Alle im Bundestag vertretenen Parteien hätten sich für Neuwahlen ausgesprochen. Es gebe daher keinen Grund mehr, die nach einem abgelehnten Vertrauensvotum allseits angestrebte Auflösung weiter hinauszuzögern. Am 6. Juli erklärte Heinemann in einem Fernsehinterview, was er zwei Tage zuvor dem Oppositionsführer gesagt hatte: »Wenn die Verfassung eine Auflösung binnen 21 Tagen ermöglicht, dann kann der Zeitpunkt der Auflösung ebenso gut am Ende der 21 Tage liegen wie am Anfang der 21 Tage. Hier ist doch die Sache so, daß nun seit Wochen bekannt ist, es soll auf eine Auflösung des Bundestages hingezielt werden, alle Parteien bejahen eine Neuwahl. Ich sehe also im Augenblick nicht so recht ein, wieso nach abgelehnter Vertrauensfrage nun noch größere Verzögerungen eintreten.«[1]

Mit Bedacht formulierte Heinemann vorsichtig: er sehe »im Augenblick« nicht so recht ein, daß die Parlamentsauflösung unnötig verzögert werden müsse; eine abschließende Meinung, so sagte er weiter, habe er sich noch nicht gebildet, und überdies würde er an Stelle der Opposition auch nicht im voraus auf das von der Verfassung eingeräumte Recht zu einem zweiten Mißtrauensvotum verzichten. Diese Vorsicht war wohl begründet. Schlägt nämlich die Stunde des Bundespräsidenten, dann muß Heinemann sich davor hüten, mit seiner Handlungsweise in den Verdacht parteipolitischer Einseitigkeit zu geraten. Wenn er durch die sofortige Auflösung des Parlaments der Opposition die Möglichkeit zu einem zweiten Mißtrauensvotum nimmt, dann muß über allen Zweifel erhaben sein, daß sein Handeln allein an der Arbeitsfähigkeit des parlamentarischen Systems orientiert war, nicht an der Sympathie für eine Partei oder eine Koalition.

Aber daß es erst im Herbst 1972 zur Parlamentsauflösung kam, ein halbes Jahr nachdem im Parlament die Pattsituation eingetreten war, darin lag das eigentlich Problematische dieses Krisensommers. Insofern hat die Woche Ende April, in der das Patt sich einstellte, ein Versäumnis des Grundgesetzes zutage gebracht. Bisher schien die Aufgabenverteilung zwischen Staatsoberhaupt, Regierung und Parlament klar zu sein. Solange die Regierung eine Mehrheit im Bundestag hat, mit der sie regieren kann, steht der Bundespräsident außerhalb der politischen Entscheidungen. Aber im Falle von Regierungskrisen tritt er aus seiner Reserve heraus. Regierungskrisen beizulegen, ist die wichtigste politische Aufgabe des Staatsoberhauptes. Zu ihrer Lösung verfügt der Bundespräsident über eine gewisse Reservemacht. Damit aus dieser Reservemacht keine Einwirkungsmöglichkeit auf Dauer wird, hat der parlamentarische Rat ihre Anwendung auf drei klar definierte Fälle beschränkt. Der Bundespräsident soll zur zentralen Figur werden, wenn bei der Kanzlerwahl im dritten Wahlgang ein Kandidat nur mit relativer Mehrheit gewählt ist, wenn ein Kanzler die Vertrauensfrage verloren hat und um die Auflösung des Parlaments ersucht, und wenn — dieser dritte Fall ist etwas kompliziert — ein Kanzler trotz abgelehntem Vertrauensvotum im Amt geblieben ist und das Parlament eine von der Regierung als dringlich erklärte Gesetzesvorlage abgelehnt hat (das ist der sogenannte Gesetzgebungsnotstand).

Keiner dieser drei Fälle, für die das Grundgesetz Vorsorge getragen hat, ist in der Geschichte der Bundesrepublik bisher eingetreten. Den vierten Fall, der tatsächlich eingetreten ist, haben die Mitglieder des Parlamentarischen Rates nicht vorausgesehen: das Patt im Bundestag. Nach der Anlage unserer Verfassung müßte in diesem Fall der Bundespräsident die Entscheidung an den Wähler zurückgeben können, indem er das Parlament auflöst — wenn nicht aus eigener Vollmacht, dann auf Antrag des Kanzlers oder auf Beschluß einer qualifizierten Parlamentsmehrheit. Statt dessen ist die Auflösung des Parlaments nur über eine Vertrauensfrage zu erreichen, von der sogar die Antragsteller wünschen, daß sie abgelehnt werde — eine schiefe Situation. Heinemann wies deshalb in dem erwähnten Fernsehinterview am 6. Juli darauf hin, daß der Gesetzgeber bei späterer, ruhigerer Überlegung noch einmal darüber nachdenken sollte, ob die Auflösung des Parlaments nicht erleichtert werden könnte.

Am Grundsatz freilich würde auch diese Korrektur nichts ändern: in der Bundesrepublik ist das höchste Staatsamt nicht zugleich das Zentrum der Macht. Mächtig ist nicht der Bundespräsident, sondern der Kanzler.

Daß das Grundgesetz es so und nicht anders will, darüber gibt es keinen Streit mehr, seitdem Konrad Adenauer im Frühjahr 1959 für kurze Zeit mit dem Gedanken spielte, das Amt des Kanzlers mit dem des Bundespräsidenten zu vertauschen, und diesen Gedanken alsbald wieder verwarf. Er hatte gehofft, auch als Bundespräsident die Fäden der politischen Entscheidung in der Hand behalten zu können. Aber er mußte sich davon überzeugen lassen, daß die Verfassung dem Staatsoberhaupt nicht den politischen Spielraum zuerkennt, den er in diesem Amt zu nutzen gedachte. Wollte er weiter den politischen Kurs bestimmen, dann mußte er Kanzler bleiben.

Es hat historische Gründe, daß die Väter des Grundgesetzes keinen mächtigen Präsidenten wollten. Die 65 Männer, die im Parlamentarischen Rat vom Herbst 1948 bis zum Frühjahr 1949 eine Verfassung für die Bundesrepublik ausarbeiteten, hatten ihre politischen Erfahrungen in der Weimarer Republik gesammelt. Unter ihnen galt als ausgemacht, daß am Scheitern der Weimarer Demokratie die zu große Machtfülle des Reichspräsidenten einen beträchtlichen Anteil hatte. Das sollte sich nicht wiederholen.

Der Präsident der Republik von Weimar war in der Tat ein mächtiger Mann. Er war unmittelbar vom Volk gewählt und verfügte damit über eine stärkere demokratische Legitimation als die Parteiführer. Der Reichspräsident konnte einen Kanzler seiner Wahl ernennen (der allerdings in normalen Zeiten des Vertrauens der Reichstagsmehrheit bedurfte) und ihn auch wieder entlassen. Er konnte einen Volksentscheid herbeiführen, wenn ihm ein vom Parlament beschlossenes Gesetz nicht paßte, und er konnte den Reichstag auflösen. Er führte den Oberbefehl über die Streitkräfte und war Herr des Notstandes. Mit Hilfe des berüchtigten Artikels 48 der Weimarer Verfassung konnte er Grundrechte außer Kraft setzen, Notverordnungen ohne parlamentarische Zustimmung erlassen und bewaffnete Macht zur Wiederherstellung der öffentlichen Sicherheit einsetzen.

Trotz dieser Machtfülle war er praktisch unabsetzbar. Zwar hatte der Reichstag das Recht, mit Zweidrittelmehrheit eine Volksabstimmung zur Absetzung des Reichspräsidenten zu beantragen. Aber angesichts der Weimarer Parteiensituation war das gleichbedeutend mit seiner Unabsetzbarkeit. Ein Vielparteienparlament, das beständig Mühe hatte, für die laufenden Entscheidungen der Tagespolitik einfache Mehrheiten zustandezubringen, war zur Zweidrittelmehrheit von vorneherein nicht fähig. Tatsächlich ist eine solche Abwahl auch niemals ernsthaft erwogen worden.

Die Weimarer Republik ist gewiß nicht allein an den Schwächen ihrer Verfassung zugrundegegangen. Im Parlamentarischen Rat war man aber davon überzeugt, daß diese Verfassung zum Scheitern der Republik erheblich beigetragen hatte — und man wollte es besser machen.

Die Väter des Grundgesetzes waren von einem doppelten Pessimismus erfüllt: vom Mißtrauen gegen die Verführbarkeit der demokratischen Massen und von der Angst vor der Krise. Demokratisch sollte der neue Staat schon sein, aber streng repräsentativ. Alle plebiszitären Elemente der Weimarer Verfassung wurden deshalb abgeschafft. Vor allem aber sollte die Bundesrepublik stabil werden, nicht mehr von Krisen geschüttelt wie die Republik von Weimar. Deshalb wurde der Dualismus zwischen präsidialem und parlamentarischem System im Grundgesetz beseitigt, der sich in Weimar so unheilvoll ausgewirkt hatte. Das Zentrum der Macht sollte allein beim Bundeskanzler liegen, der die Richtlinien der Politik bestimmt. Um den Sturz des Kanzlers zu erschweren, erfand Carlo Schmid das konstruktive Mißtrauensvotum. Gegen die Zersplitterung des Parteiwesens führte man die 5 %-Klausel ein. Verfassungswidrige Parteien sollten verboten werden.

Das Staatsoberhaupt wurde entmachtet. Anders als in Weimar wird der Präsident der Bonner Republik nicht mehr direkt vom Volk gewählt, und er kann sich auch nicht mehr in der Gesetzgebung am Parlament vorbei unmittelbar an das Volk wenden. Der Bundespräsident ist nicht mehr Herr des Notstandes. Der Oberbefehl über die Streitkräfte ist ihm entzogen. Er darf nicht einen Kanzler seines Vertrauens auswählen, und er kann den Kanzler auch nicht aus eigener Vollmacht abberufen. Die Auflösung des Parlaments ist an zwei streng definierte Ausnahmesituationen gebunden. Die Amtszeit des Bundespräsidenten beträgt nicht mehr sieben, sondern fünf Jahre, und er kann auch nur einmal in direkter Folge wiedergewählt werden. An den Sitzungen des Kabinetts nimmt er nicht teil und führt schon gar nicht ihren Vorsitz. Das Parlament, aus dessen Mitte er in aller Regel hervorgegangen ist, betritt er zum letztenmal bei seiner Amtseinführung und dann erst wieder bei seiner Verabschiedung, dazwischen nur zu Anlässen, die außerhalb der parlamentarischen Arbeit liegen, etwa zur Trauerfeier für einen verstorbenen Vorgänger.

Wo der Bundespräsident staatliche Akte ausführt, da trägt nicht er die politische Verantwortung, sondern der Kanzler oder der zuständige Minister. Der Bundespräsident vertritt die Bundesrepublik völkerrechtlich, er schließt im Namen des Bundes die Verträge mit fremden Staaten, er empfängt und beglaubigt die Botschafter. Aber die politische Verantwortung für die Verträge liegt bei der Bundesregierung, sie befindet auch über das Agrément und über die Entsendung der Botschafter. Der Bundespräsident fertigt die Gesetze aus, die das Parlament beschlossen hat, und er verfügt zu diesem Zweck auch über ein begrenztes Prüfungsrecht. Aber er ist nicht Hüter der Verfassung — das ist die Aufgabe des Bundesverfassungsgerichtes. Der Bundespräsident ernennt und entläßt Minister, Beamte, Richter und Soldaten des Bundes, aber er braucht dazu die Gegenzeichnung des politisch verantwortlichen Kanzlers oder Ministers. Der Bundespräsident übt für den Bund das Begnadigungsrecht aus, aber die Zuständigkeit für die Strafjustiz liegt zum größten Teil bei den Ländern, nicht beim Bund, und die Todesstrafe ist abgeschafft. Der Bundespräsident verleiht die staatlichen Orden, aber die Vorschläge dazu kommen überwiegend von den Behörden des Bundes, der Länder und Gemeinden.

Johannes Groß hat angesichts dieser Machtlosigkeit geschrieben, der Bundespräsident sei »eine Spitze, auf die nichts zuläuft«[2]. Er äußerte es ungnädig, mit dem Unterton der Mißbilligung: ein Staat, der etwas auf sich hält, leistet sich kein machtloses Staatsoberhaupt.

Die Väter des Grundgesetzes haben es sich geleistet, und sie hatten nicht nur gute Gründe, die politische Verantwortung allein beim Kanzler anzusiedeln und nicht beim Staatsoberhaupt, sondern sie orientierten sich auch an einem bedeutenden Vorbild: am Regierungssystem der britischen Monarchie.

Mit Altbundespräsident Dr. h. c. Heinrich Lübke

Mit Willy Brandt und Walter Scheel: Verkündung der Sozialliberalen Koalition

Mit Leo Bauer

◁ Mit Professor Helmut Gollwitzer

Mit Bundeskanzler Willy Brandt (Neujahrsempfang)

Mit Staatssekretär Egon Bahr

Hilda Heinemann

Dort unterscheidet man zwischen »dignified and efficient parts of the constitution«, zwischen würdigen und wirksamen Teilen der Verfassung. Zu den würdigen Verfassungsteilen gehört der Monarch, mit dem die höchste Stelle im Staat ein für allemal vergeben ist. Wirken die Institutionen des parlamentarischen Regierungssystems störungsfrei zusammen, dann hat der Monarch nur eine symbolische Funktion. Er verkörpert die Einheit der Nation. Er hat keine Entscheidungsgewalt und trägt auch nicht die politische Verantwortung. Ihm steht allein zu, »to be consulted, to encourage and to warn«: er kann seinen Rat geben, ermutigen und warnen.

Eigentlich politische Funktionen wachsen ihm erst zu, wenn die Mehrheitsverhältnisse im Unterhaus die Regierung handlungsunfähig machen. In dieser Lage verfügt der Monarch über eine gewisse Reservemacht. Er wird für die Zeit der Krise zu einem wirksamen Teil der Verfassung. Er soll die Krise beilegen, indem er sich um die Bildung einer neuen Mehrheitsregierung bemüht. Parteipolitische Neutralität ist dabei die Bedingung für seine Autorität. Die Stärke des Monarchen liegt nicht in der Macht, sondern in dem Respekt, der seinem Amt entgegengebracht wird.

Das Amt des Bundespräsidenten ist nach diesem Vorbild geschaffen. Wie der Monarch in England gehört auch der Bundespräsident zu den würdigen, nicht zu den wirksamen Verfassungsteilen. Nur für den Fall von Regierungskrisen verfügt er, auch darin dem britischen Monarchen vergleichbar, über eine genau umrissene Reservemacht. Der Bundespräsident ist das lebendige Symbol des Ganzen, der Einheit des Staates, der Geltung seiner Grundwerte und der Verbindlichkeit seiner Spielregeln für die Austragung von politischen Konflikten.

Indem er die Verträge unterzeichnet, welche die Bundesrepublik mit anderen Staaten schließt, verkörpert er die Staatsgewalt der Bundesrepublik gegenüber dem Ausland. Indem er die Gesetze ausfertigt, die der Bundestag beschlossen hat, dokumentiert er ihre Geltung für alle, auch für die, die diese Gesetze vor ihrer Verabschiedung bekämpft haben. Indem er die Personen ernennt, denen politische Führungsaufgaben oder hohe staatliche Ämter anvertraut werden, symbolisiert er die Würde der demokratischen Ordnung.

Die Einheit des Ganzen kann nur darstellen, wer nicht einem Teil allein verpflichtet ist. Der Bundespräsident ist, nach einem Wort von Dolf Sternberger, zugleich auch der »Präsident der Opposition«. Folglich muß er zu allen Parteien Distanz halten, vor allem zu der, aus der er kommt. Es versteht sich von selbst, daß er nach seiner Wahl alle Parteifunktionen niederlegt. Er darf auch weder der Regierung noch dem Parlament des Bundes oder eines Bundeslandes angehören. Desgleichen ist es ihm untersagt, neben dem Präsidentenamt eine andere besoldete Funktion, ein Gewerbe oder einen Beruf auszuüben. Ferner darf er nicht den Leitungsgremien eines Wirtschaftsunternehmens angehören. Seine materielle Unabhängigkeit ist durch ein ansehnliches Gehalt gesichert.

Die Verpflichtung zur Neutralität verwehrt es dem Bundespräsidenten, zu politischen Tagesfragen in der Öffentlichkeit Stellung zu nehmen. Wo er doch politisch redet — etwa bei Weihnachtsansprachen über Funk und Fernsehen, beim Neujahrsempfang oder bei Staatsbesuchen — da muß seine Aussage außerhalb des aktuellen parteipolitischen Streites bleiben. Nur wenn seine Autorität gegenüber allen Parteien nicht im Tageskampf verbraucht wird, kann er notfalls schlichtend eingreifen.

Das Amt des Bundespräsidenten verlangt von seinem Träger also die Kunst der Zurückhaltung und der Diskretion, aber es beschränkt sich auch in normalen Zeiten nicht auf repräsentative und symbolische Akte. Es ist also keineswegs bloß dekorativer Natur. Der Bundespräsident nimmt am politischen Alltag durch gewisse Kontrollbefugnisse teil, die er bei der Ernennung der hohen Beamten, Offiziere und Richter des Bundes und bei der Ausfertigung der Gesetze ausübt. Dazu kommt ein begrenztes Mitwirkungsrecht bei der Regierungsbildung.

Über seine Rolle bei der Ausfertigung der Gesetze äußert sich das Grundgesetz in lakonischer Kürze: »Die nach den Vorschriften dieses Grundgesetzes zustandegekommenen Gesetze werden vom Bundespräsidenten nach

Gegenzeichnung ausgefertigt und im Bundesgesetzblatt verkündet.« (Artikel 82.) Von Kontrollbefugnissen ist nicht eigens die Rede. Aber der Bundespräsident muß sich davon überzeugen, daß die Gesetze tatsächlich »nach den Vorschriften dieses Grundgesetzes« zustandegekommen sind. Daraus folgt seine Kontrollbefugnis.

Ist ein Gesetz sowohl nach der Art des Zustandekommens (formell) als auch nach seinem Inhalt (materiell) verfassungsgemäß, dann muß der Bundespräsident es unterzeichnen. Er kann also die Unterzeichnung nicht aus sachlichen oder politischen Erwägungen verweigern. Wo aber begründete verfassungsrechtliche Bedenken vorliegen, kann er die Unterschrift ablehnen.

Konfliktfälle dieser Art hat es bisher bei jedem Bundespräsidenten gegeben. Auch Gustav Heinemann hat in einem Fall seine Unterschrift unter ein Gesetz verweigert.

Es ging dabei um ein Gesetz zum Schutz der Berufsbezeichnung »Architekt«. Bundestag und Bundesrat hatten dieses Gesetz im Juli 1969, also noch zur Zeit der Großen Koalition, beschlossen. Bundeskanzler Brandt übersandte am 19. 12. 1969 das Gesetz, das er bereits gegengezeichnet hatte, dem Bundespräsidenten zur Ausfertigung. In einem Begleitschreiben verwies er darauf, daß der Innen- und der Justizminister gewisse verfassungsrechtliche Bedenken hätten. Heinemann ließ daraufhin im Bundespräsidialamt ein juristisches Gutachten anfertigen und bestellte zwei weitere Gutachten im Justiz- und im Innenministerium. Aufgrund dieser Stellungnahmen traf er eine ablehnende Entscheidung, von der er die Präsidenten des Bundestages und des Bundesrates sowie den Bundeskanzler am 23. 4. 1970 unterrichtete: »nach eingehender Prüfung der Verfassungsrechtslage sehe ich mich außerstande, das ... Architektengesetz auszufertigen und zu verkünden [3].« Das Bundesverfassungsgericht habe in seinem Beschluß zum Ingenieurgesetz im Juni 1969 entschieden, daß der Bund keine Gesetzgebungszuständigkeit für die bloße Regelung der Befugnis zum Führen einer Berufsbezeichnung habe. Die Entscheidungsgründe, die den Beschluß des Bundesverfassungsgerichtes zum Ingenieurgesetz trügen, träfen sinngemäß auch für das Architektengesetz zu und ergäben dessen Verfassungswidrigkeit. Heinemann verwies noch darauf, daß der Gesetzgeber die Möglichkeit habe, seine ablehnende Entscheidung im Wege eines Organstreitverfahrens beim Bundesverfassungsgericht anzufechten. Da der Bundestag von dieser Möglichkeit nicht Gebrauch machte, trat das Architektengesetz nicht in Kraft.

Ein vergleichbares Prüfungsrecht hat der Bundespräsident bei der Ernennung der Minister, der höheren Beamten, Richter und Soldaten des Bundes. Auch hier liegt die politische Verantwortung beim Bundeskanzler oder dem zuständigen Minister, auch hier darf der Bundespräsident sein Prüfungsrecht nicht zu eigenen politischen Ambitionen mißbrauchen. Personalentscheidungen erzwingen kann er ohnehin nicht, er kann sie allenfalls verhindern, indem er seine Unterschrift unter eine Ernennungsurkunde verweigert.

Hat der Bundespräsident schwerwiegende Einwände gegen die sachliche oder persönliche Qualifikation eines Kandidaten, dann wird er versuchen, die Bundesregierung von ihrem Vorschlag abzubringen. Es kommt dabei auf eine diskrete Behandlung der Sache an, damit sie weder für die Bundesregierung noch für den Präsidenten zu einer öffentlichen Prestigefrage wird.

In einem Falle hat die Ernennung eines hohen Bundesbeamten durch Heinemann eine öffentliche Debatte ausgelöst. Karl Schiller hatte seinem Schwager, Professor Machens, im Frühjahr 1972 das Amt des Präsidenten der Bundesanstalt für Bodenforschung in Hannover zugedacht. Obwohl das Kabinett über die verwandtschaftliche Beziehung zwischen dem Minister und seinem Kandidaten informiert war, erhob es Schillers Vorschlag zum Beschluß. Als Heinemann die Ernennungsurkunde unterschreiben sollte, meldete er Bedenken an. Zuerst fragte er bei der Regierung zurück, ob sie an ihrer Entscheidung festhalte. Dann rief er Minister Schiller zu sich und versuchte, ihm die Kandidatur seines Schwagers auszureden. Schiller erbat sich 24 Stunden Bedenkzeit und schickte am folgenden Tag seinen Staatssekretär Schöllhorn zum Bundespräsidenten. Schöllhorn versicherte noch einmal, was Schiller bereits gesagt hatte: daß nämlich gegen die fachliche Qualifikation des Bewerbers im Kabinett keine Bedenken bestünden und daß ein brillanter Fachmann in seinen beruflichen Aufstiegsmöglichkeiten schließlich nicht dadurch benachteiligt werden dürfe, daß er mit einem Minister verschwägert sei. Daraufhin unterschrieb Heinemann. Erst danach begann in Hannover bei der Bundesanstalt der Boykott gegen Machens, der die Öffentlichkeit alarmierte. Heinemann hatte zwar korrekt gehandelt, seine Bedenken angemeldet und sich am Ende auf das Votum der Regierung verlassen. Aber die öffentliche Diskussion um Machens belastete auch den Bundespräsidenten: er war unverschuldet in den Verdacht geraten, dem Nepotismus Vorschub geleistet zu haben.

Über das Prüfungsrecht des Bundespräsidenten bei der Ernennung von Ministern des Bundes hat es in der Geschichte der Bundesrepublik gelegentlich Auseinandersetzungen gegeben. Theodor Heuss soll es 1953 abgelehnt haben, Thomas Dehler als Justizminister zu ernennen. Adenauer zog daraufhin den Vorschlag zurück. Auch Heinrich Lübke sprach sich wiederholt gegen bestimmte Kandidaten aus, hat es aber nie zu einer Kraftprobe mit der Regierung kommen lassen. Für Gustav Heinemann hat sich dieses Problem bisher nicht gestellt. An der Regierungsbildung 1969 wirkte er beratend mit. Konflikte traten nicht auf.

Bei der Wahl des Bundeskanzlers hat der Bundespräsident nach dem Wortlaut des Artikels 63 des Grundgesetzes ein Vorschlagsrecht: »Der Bundeskanzler wird auf Vorschlag des Bundespräsidenten vom Bundestage ohne Aussprache gewählt.« Der Sinn dieses Artikels ist aber nicht, daß der Bundespräsident einen Kandidaten seines Vertrauens dem Parlament empfiehlt. Er hat vielmehr durch Gespräche mit den Parteispitzen zu ermitteln, welcher Kandidat die besten Chancen hat, im ersten Wahlgang die erforderliche absolute Mehrheit zu erreichen. Sind die Mehrheitsverhältnisse auf Grund des Wahlergebnisses eindeutig, dann beschränkt sich die Mitwirkung des Bundespräsidenten darauf, daß er den Willen dieser Mehrheit vollzieht.

Bei der Regierungsbildung 1969 war dies der Fall. Nachdem die Freien Demokraten erklärten, sie würden zusammen mit den Sozialdemokraten die Regierung bilden, war die Mehrheit für den Kanzlerkandidaten Willy Brandt gesichert. Gustav Heinemann schlug ihn dem Bundestag zur Wahl vor.

Wäre Willy Brandt damals nicht gewählt worden, hätte in den nächsten 14 Tagen auch kein anderer Kandidat die absolute Mehrheit im Bundestag gefunden, und wäre im dritten Wahlgang ein Kandidat nur mit einfacher Mehrheit gewählt worden, dann allerdings wäre Heinemann zur entscheidenden Figur geworden. Er hätte dann entscheiden müssen, ob er eine Minderheitsregierung akzeptiert oder ob er den Wähler um ein neues Votum ersucht, indem er das Parlament auflöst.

Weil der Bundespräsident in Krisenzeiten eine so schwere Verantwortung übernehmen muß, ist es ausgeschlossen, daß der Träger dieses Amtes ein populärer Außenseiter ohne Erfahrung im politischen Tagesgeschäft ist. In den Sechzigerjahren sind derartige Vorstellungen gelegentlich in der Öffentlichkeit geäußert worden. Man glaubte, das Amt des Staatsoberhauptes sei rein dekorativer Art und könne deshalb gut von einem Repräsentanten ohne parteipolitische Bindung ausgeübt werden, von einem »Professor Hindenburg«, wie Herbert Wehner diese unpolitische Wunschvorstellung kennzeichnete.

Dabei wurde nicht nur übersehen, daß das Staatsoberhaupt in Krisenfällen zur zentralen Figur werden kann. Auch die tägliche Arbeit des Bundespräsidenten in normalen Zeiten kann nur von einem erfahrenen Politiker geleistet werden. Der Umgang mit den Botschaftern auswärtiger Staaten, die vielfältigen Kontakte mit Politikern aller Parteien, die Prüfung der Gesetze und der Ernennungsvorschläge für die Besetzung hoher staatlichen Ämter — alle diese Aufgaben könnte ein unpolitischer Außenseiter nur schwer erfüllen. Je gründlicher ein Bundespräsident die Arbeit des Parlamentes und der Exekutive aus eigener Praxis kennt, desto besser ist er für sein hohes Amt gerüstet.

Der Bundespräsident führt sein Amt mit Hilfe einer Behörde, des Bundespräsidialamtes. Aufgabe dieses Amtes ist es, den Bundespräsidenten über alle außen- und innenpolitischen, ökonomischen, sozialen und kulturellen Vorgänge zu informieren, ihn bei seiner Amtsführung zu beraten, seine Reisen und alle öffentlichen Auftritte vorzubereiten und seine Aufträge auszuführen oder weiterzuleiten. Verglichen mit anderen Bundesbehörden ist der Mitarbeiterstab des Bundespräsidialamtes klein. Er umfaßte im Jahre 1972 101 Personen, darunter 20 Mitarbeiter des höheren Dienstes.

An der Spitze des Bundespräsidialamtes steht ein Staatssekretär, den der Bundespräsident selbst auswählt und ernennt. Der Bundespräsident ist also nicht selbst Chef des Bundespräsidialamtes. Sein Staatssekretär ist zugleich Behördenleiter und der engste Berater des Bundespräsidenten. Seine Beraterfunktion kann der Chef des Bundespräsidialamtes nur ausüben, wenn er seinerseits unmittelbaren Einblick in die Arbeit und die Entscheidungen der Bundesregierung nehmen kann. Er hat deshalb das Recht, an allen Kabinettssitzungen und Kabinettsausschußsitzungen teilzunehmen. Dieses Recht ist in der Geschäftsordnung der Bundesregierung niedergelegt. Selbst in einem Konfliktfall zwischen Regierung und Bundespräsident könnte also der Chef des Bundespräsidialamtes nicht von den Kabinettssitzungen ausgeschlossen werden.

Die Geschäftsordnung bestimmt ferner, daß dem Chef des Bundespräsidialamtes die von den Bundesministerien für eine Kabinettsitzung vorgelegten Entwürfe zuzuleiten sind. Er kann also in den Kabinettsitzungen nicht mit Vorschlägen oder Anträgen konfrontiert werden, über die er nicht informiert ist und die er nicht zuvor dem Bundespräsidenten hat vortragen können. Auf diese Weise wirkt der Bundespräsident zwar nicht beim Zustandekommen der Kabinettsbeschlüsse mit, wohl aber hat er die Möglichkeit, seine Auffassungen durch den Chef des Bundespräsidialamtes darlegen zu lassen.

Gustav Heinemann hatte zunächst versucht, einen Staatssekretär aus den Reihen der Union zu gewinnen. Er wollte damit die Überparteilichkeit des höchsten Staatsamtes unterstreichen. Aber die beiden aufgeforderten Kandidaten, Paul Mikat und Heinrich Köppler, sagten ab. Darauf berief Heinemann den bisherigen Westberliner Senator beim Bund, Dietrich Spangenberg. Der gebürtige Mecklenburger ist überzeugter Sozialdemokrat aus der Schule Willy Brandts und hat in der Berliner Verwaltung eine steile Karriere hinter sich gebracht. Seine heimliche Liebe gilt der Bundeswehr, bei der er als Staatssekretär mehrfach Truppenbesuche gemacht hat. Spangenberg ist ein energischer Behördenchef, dabei weit mehr Politiker als Bürokrat. Sein Verhältnis zu Heinemann ist von freundschaftlicher Loyalität. Die Jahre gemeinsamer Arbeit haben ein Einverständnis zwischen den beiden Männern entstehen lassen, das ausführlicher Diskussionen nur selten bedarf. Gleich Heinemann ist Spangenberg ein wortkarger Mann, sein Vokabular ist allerdings gelegentlich robuster als das seines Dienstherrn.

Daß Heinemann im Unterschied zu seinen Amtsvorgängern sich seinen Staatssekretär nicht aus dem Auswärtigen Amt, sondern aus dem Bereich der Innenpolitik geholt hat, zeigt an, wo er den Schwerpunkt seiner Arbeit sieht. Zwar haben zu Beginn seiner Amtszeit die Staatsbesuche bei den Nachbarländern Deutschlands die öffentliche Aufmerksamkeit vorwiegend auf seine außenpolitische Tätigkeit gelenkt, aber sein besonderes Interesse gilt doch den innenpolitischen Wirkungsmöglichkeiten seines Amtes. Das Verhältnis des Bürgers zu seinem Staat zu entkrampfen, ihn zur aktiven Mitarbeit zu ermutigen, sein Bewußtsein für notwendige gesellschaftspolitische Veränderungen zu wecken, darin sieht Heinemann die vornehmste Aufgabe des Staatsoberhauptes.

Die Machtmittel, die ihm das Grundgesetz zuweist, sind bescheiden, gewiß. Aber Machtlosigkeit muß nicht Ohnmacht sein. Ein Bundespräsident, der das Vertrauen der führenden Politiker aller Parteien genießt, hat beträchtliche Möglichkeiten, auf den politischen Entscheidungsprozeß Einfluß zu nehmen. Ein Bundespräsident, dem es gelingt, Respekt und Zustimmung der Bevölkerung zu gewinnen, kann im öffentlichen Bewußtsein eine bedeutende Rolle spielen. Weiß er diese Möglichkeiten zu nutzen, dann vermag von seinem hohen Amt auszugehen, was keine Machtbefugnis erzwingen kann: Autorität.

»Rauhfaser wie bei uns zu Hause«

In königlichen Palästen residieren die Staatsoberhäupter anderer europäischer Länder, auch wo längst kein Monarch mehr an der Spitze des Staates steht, sondern ein bürgerlicher Präsident: im Pariser Elysée-Palast der französische Staatspräsident, im Palazzo Quirinale in Rom der italienische, in der Wiener Hofburg, dem ehemaligen kaiserlichen Palast, der österreichische Bundespräsident. Der Amtssitz des deutschen Staatsoberhauptes ist eine ehemalige Industriellen-Villa.

Wer von der Bonner Universität aus die Adenauerallee zum Regierungsviertel hinuntergeht, kommt kurz vor dem Bundeskanzlerplatz an einem parkähnlichen Grundstück vorbei, in dem, weit zurückliegend, ein weißes, etwas altmodisches Gebäude, steht, halb Schlößchen, halb Wohnhaus begüteter Bürger. Wehte nicht die Bundesflagge vom Dach dieses Hauses und stünde nicht ein Posten des Bundesgrenzschutzes am eisernen Gartentor, man käme schwerlich auf die Idee, daß dies der Amtssitz des deutschen Staatsoberhauptes ist.

Früher wohnten hier reiche Industrielle wie der Geheime Kommerzienrat Rudolf Hammerschmidt, von dem die Villa ihren Namen hat. Er war der dritte Besitzer und wählte Bonn zu seinem Alterssitz, nachdem er, wie sein Vorgänger Leopold König, im zaristischen Rußland zu beträchtlichem Vermögen gelangt war. Im ausgehenden 19. Jahrhundert galt die aufstrebende Universitätsstadt Bonn mit ihrer landschaftlich reizvollen Lage unterhalb des Siebengebirges, wo das Rheintal sich zur Ebene weitet, als beliebtes Refugium für wohlhabende Ruheständler. An den einstmals rebenbewachsenen Rheinuferhängen im Süden der Stadt entstanden großzügige Villengrundstücke. Auch das der Villa Hammerschmidt benachbarte Palais Schaumburg, das heute dem Bundeskanzler als Amtssitz dient, war früher Privatbesitz eines Industriellen. Von Hammerschmidts Erben erwarb die Bundesrepublik Deutschland im Jahre 1950 das Anwesen für den heute unglaublich anmutenden Preis von 750 000,— DM. Die Villa wurde zum Amtssitz des Bundespräsidenten bestimmt.

Theodor Heuss ließ das Gebäude von dem zuckerbäckerartigen Zierrat der Gründerzeit befreien und das Innere für Repräsentationszwecke umbauen. Die Raumaufteilung ist seither im wesentlichen unverändert. Der Besucher betritt die Villa vom Park aus. Über ein paar Stufen, auf denen ein roter Läufer ausgelegt ist, gelangt er in die Eingangshalle. Es ist ein quadratischer Raum, sparsam möbliert: ein prächtiger Barock-Schreibtisch, auf dem das Gästebuch des Bundespräsidenten ausliegt, zwei antike Kommoden, das ist alles. Daran schließt sich das Terrassenzimmer an, dessen wichtigster Einrichtungsgegenstand ein selten gespielter Bechstein-Flügel ist. Von diesem Zimmer aus betritt man die überdachte Terrasse und gelangt über eine Freitreppe in den rückwärtigen, zum Rheinufer hin gelegenen Teil des Parkes. Zu beiden Seiten des Terrassenzimmers befinden sich zwei langgestreckte, schlauchartige Räume: der Speisesaal, in dem 36 Gäste bewirtet werden können, auf der linken Seite; rechts die Galerie, in der die Botschafter auswärtiger Staaten ihr Beglaubigungsschreiben überreichen. Das Säulenzimmer, so genannt nach zwei ziemlich unschönen Säulen, die aus Gründen der Statik nicht entfernt werden können, ist der einzige Raum, in dem für eine größere Anzahl von Menschen Sitzmöbel zur Verfügung stehen. In diesem Raum führt der Bundespräsident Gespräche mit seinen Gästen, mit Staatsoberhäuptern und Botschaftern, mit Politikern und Besuchergruppen. Zu viele Gäste dürfen es freilich nicht sein: für mehr als zwanzig ist kein Platz. Das Mobiliar ist ein bißchen bunt zusammengewürfelt; gemäßigt moderne Sitzmöbel stehen neben mehreren Einzelstücken aus Barockzeit, Empire und Biedermeier. Eine kleine Kostbarkeit ist das »Damenzimmer«. Die Frau des ersten Bundespräsidenten hat dieses kleine Zimmer mit Louis-XVI-Möbeln eingerichtet, die zwar schon einige Gebrauchsspuren zeigen, aber es ist der einzige stilreine Raum der Villa Hammerschmidt. Hier werden bei Staatsbesuchen die Gastgeschenke ausgetauscht; in diesen Raum hat sich zum Beispiel die englische Königin während arbeitsfreier Stunden ihres Staatsbesuches in Bonn zurückgezogen.

In den Repräsentationsräumen liegen Teppiche aus nahezu allen klassischen Teppichländern des Orients. Die wertvollsten sind Geschenke des Schahs von Persien. Kostbar sind einige der Möbelstücke, teils im Besitz des Bundes, zum Teil auch Leihgaben der Bundesländer wie der Barock-Schreibtisch in der Eingangshalle, der aus dem Schloß Augustusburg in Brühl stammt.

Das Wertvollste an der Ausstattung der Villa Hammerschmidt sind die Gemälde: aus dem 18. Jahrhundert Canalettos »Zwingergraben in Dresden« und ein Werk des Kölner Barockmalers Anton de Peters; aus dem 19. Jahrhundert fünf Bilder von Carl Spitzweg und eines von Hans Thoma. Die Klassiker des 20. Jahrhunderts sind mit einigen berühmten Namen vertreten. Im Speisesaal hängt, als das teuerste aller Bilder, »Die Kuh« von Kandinsky aus dem Jahre 1910 (Schätzwert 1,5 Millionen DM), dazu Werke von Alexey von Jawlensky, Paul Klee, Ernst-Wilhelm Nay, Willy Baumeister und Fritz Winter. Das schönste Stück im Säulenzimmer ist Emil Noldes »Hohe See — bewegte Wolken« aus dem Jahre 1948. In der Galerie ist eine herrliche Grieshaber-Wand zu bewundern: sechs große Farbholzschnitte »Baumblüte«.

Die meisten dieser Bilder hat die Frau des Bundespräsidenten, Hilda Heinemann, als Leihgabe von Künstlern und Sammlern gewinnen können. Sie sorgt auch dafür, daß in der Villa Hammerschmidt zeitgenössische Kunst zu bewundern ist. In zweimonatlichem Turnus veranstaltet sie Ausstellungen von Arbeiten junger Bildhauer und Maler, die sie selbst auswählt. Mehr als zwanzig Künstler haben mittlerweile ihre Werke im Haus des Bundespräsidenten gezeigt, mehr als 40 000 Besucher haben sie gesehen.

Im ersten Stock der Villa befinden sich die Dienstwohnung des Ehepaares Heinemann und das persönliche Büro der Frau des Bundespräsidenten. Heinemanns Amtszimmer liegt nicht in der Villa, sondern fünfzig Meter entfernt im ersten Stockwerk des Bundespräsidialamtes, eines schlichten zweigeschossigen Gebäudes am Rande des herrlichen Parks. Es ist 1950 gebaut worden und heute viel zu klein. Ein großer Teil der Mitarbeiter des Amtes ist in ehemaligen Wohnhäusern in der Nähe des Bundespräsidialamtes untergebracht. Für einen Neubau gibt es Pläne, aber derzeit kein Geld.

Als Alterswohnung eines Industriellen war die Villa Hammerschmidt gewiß ein stattlicher Besitz. Als Amtssitz für das Staatsoberhaupt eines der reichsten Länder der Welt wirkt sie bescheiden. Ganze sechs Räume für Repräsentation, keiner größer als die Gesellschaftsräume eines mittleren Hotels — das ist nicht gerade üppig. Als Gustav Heinemann die Villa von Heinrich Lübke übernahm, funktionierte die Heizung nur bedingt, die gastronomischen Möglichkeiten des Hauses waren überaus beschränkt, sein äußerer Zustand erneuerungsbedürftig. Drei Monate lang wurde gründlich renoviert, Küche und Nebenräume erhielten eine moderne Ausstattung, das erste Stockwerk wurde als Dienstwohnung eingerichtet. Im Palmenhaus, einem Anbau der Villa, in dem früher einmal tropische Pflanzen versammelt waren, entstanden moderne Appartements für Gäste des Bundespräsidenten.

Aber nach wie vor kann der Bundespräsident das Oberhaupt eines fremden Landes nicht in seinem eigenen Hause beherbergen. Bisher mußte er sich behelfen, indem er entweder den ehemaligen Kanzlerbungalow im Park des Palais Schaumburg oder die Präsidenten-Suite eines Bonner Hotels anmietete. Neuerdings steht für diesen Zweck das Barockschloß Gymnich in der Nähe von Bonn zur Verfügung. Nach wie vor kann er in seinem Hause nicht mehr als 36 Gäste bewirten (es ist schon vorgekommen, daß die doppelte Anzahl beköstigt wurde; aber dann muß in der Galerie eine zweite Speisetafel aufgestellt werden, und es kommt zu protokollarischen Schwierigkeiten: wer darf in dem Raum sitzen, in dem der Bundespräsident speist, wen setzt man in den zweiten Speisesaal?). Und nach wie vor ist für eine Diskussionsrunde von mehr als zwanzig Personen in der Villa Hammerschmidt kein Platz.

Immer dann, wenn der Bundespräsident mehr Gäste hat, als in sein Haus passen, muß er anderwärts zur Miete gehen. Für kleinere Empfänge genügt die Godesberger Redoute. Bei größeren Anlässen benötigt man die Bonner Beethovenhalle. Staatsempfänge finden im Schloß Augustusburg in Brühl statt, zwanzig Kilometer von Bonn entfernt. Das Schloß ist zwar eine großartige barocke Anlage, aber es ist nicht heizbar und deshalb nur im Sommer zu benutzen. Das deutsche Staatsoberhaupt kann also nur in der warmen Jahreszeit einen Staatsbesuch empfangen.

In Berlin hätte der Bundespräsident günstigere Voraussetzungen, um seine repräsentativen Aufgaben zu erfüllen. Dort steht ihm als zweiter Amtssitz das Schloß Bellevue zur Verfügung. Im Bezirk Tiergarten, am Ufer der Spree gelegen, war es ursprünglich ein Prinzenlandsitz, westlich der befestigten Stadt. Prinz August Ferdinand von Preußen, der jüngste Bruder Friedrichs des Großen, ließ sich das Schloß 1784 von dem Architekten Johann Michael Philip Daniel Boumann errichten. Es ist ein frühklassizistischer Bau von jener herb-rustikalen Strenge, die die meisten preußischen Schlösser um Berlin auszeichnen. Das Schloß wird umgeben von einem weitläufigen Park, dessen Anlage den Übergang vom französischen zum englischen Gartenstil verrät.

Im Zweiten Weltkrieg wurde das Schloß schwer zerstört. Beim Wiederaufbau in den Fünfzigerjahren stellte man die Außenfront nach den Boumannschen Plänen wieder her, die Raumaufteilung im Inneren wurde dem neuen Zweck entsprechend vorgenommen. Nur der sogenannte »Langhans-Saal« im Obergeschoß des Hauptgebäudes entstand auf Wunsch von Theodor Heuss wieder in seiner ursprünglichen Form. Es ist ein eigentlich rechteckiger Raum, der durch die geschickte Anordnung von acht blau marmorierten Säulen zu einer Ellipse verändert wird. Seine Wände sind mit Bildern und Reliefs reich geschmückt. Neben dem Langhans-Saal dienen vier Salons, ein großer und ein kleiner Speisesaal der Repräsentation. In dem großen Speisesaal können bis zu 200 Gäste bewirtet werden, die leistungsfähige Großküche in einem Seitenflügel des Schlosses bietet dazu die technischen Voraussetzungen. Im Erdgeschoß des Hauptgebäudes befinden sich das Amtszimmer des Bundespräsidenten und eine größere Anzahl von Büroräumen für die Beamten des Bundespräsidialamtes.

Theodor Heuss hat das Schloß Bellevue kurz vor Ablauf seiner Amtszeit noch symbolisch in Besitz nehmen können. Bezogen wurde es erst von Heinrich Lübke. »Bezogen« ist freilich schon zuviel gesagt. Vier- bis sechsmal im Jahr weilt der Bundespräsident für ein paar Tage in Berlin; Heuss hat das ebenso gehalten wie Lübke und nun Heinemann. Jährlich einmal füllen sich Schloß und Park mit Menschen, wenn der Bundespräsident zu seinem Sommerfest einlädt. Aber rund elf Monate im Jahr steht das Schloß leer, stummer Hinweis darauf, daß nicht Berlin die Hauptstadt der Bundesrepublik ist, sondern Bonn.

Berlin stand nicht zur Wahl, als die Bundesrepublik sich eine Hauptstadt suchte. Die einzige Metropole, die Deutschland je gehabt hat (wenn auch nur für die kurzen 75 Jahre zwischen Bismarcks Reichsgründung und Hitlers Katastrophe) war aufgeteilt unter die vier Besatzungsmächte. Aber eine der alten Landeshauptstädte wäre wohl in Frage gekommen, Frankfurt zumal, die Stadt Goethes, deren Geschichte und geographische Lage sie als Hauptstadt der neuen Republik würdig erscheinen ließ, auch Stuttgart oder Köln. Man entschied sich für Bonn. Genauer: Konrad Adenauer entschied sich für Bonn. Sein persönlicher Wunsch verband sich damals mit der verbreiteten Überzeugung, Bonn werde genauso Provisorium sein wie der Staat, dessen Hauptstadt es wurde.

Die Bundesrepublik ist längst kein Provisorium mehr, auch nicht die Hauptstadt Bonn. Aber zum Zentrum will Bonn nicht werden. Diese Stadt, deren kulturelles Leben die Ansprüche einer normalen Provinzstadt nicht übersteigt, in der keine überregionale Zeitung erscheint und keine Rundfunkanstalt ihren Sitz hat, unterscheidet sich von Städten vergleichbarer Größe vor allem durch höhere Grundstückspreise und durch einen unverhältnismäßig hohen Anteil der Beamten an der Einwohnerstatistik. Zwar ist die Einwohnerzahl auf über 300 000 angestiegen, seitdem einige umliegende Städte und Dörfer eingemeindet wurden, aber großstädtisch ist Bonn dadurch nicht geworden. Die Zentren der Wirtschaft liegen in Düsseldorf, Frankfurt und Hamburg. Die großen Bühnen und Orchester findet man in den Hauptstädten der Bundesländer, aber nicht in Bonn.

Die Anwesenheit der internationalen Diplomatie ist für den Stil der Bundeshauptstadt ohne erkennbaren Einfluß. Das gesellschaftliche Leben findet in der Regel hinter verschlossenen Türen statt, und wenn einmal der Kanzler oder die Bundespressekonferenz zu einem größeren Fest einladen, dann muß die »Prominenz« aus Kultur und Schaugeschäft eingeflogen werden.

Eine militärische Parade hat es in Bonn bisher nicht gegeben. Käme jemand auf die Idee, eine Parade zu veranstalten, dann fehlte dazu der Platz. Der hübsche Bonner Marktplatz eignet sich besser für den Gemüsemarkt als für militärische Demonstrationen, und der Bundeskanzlerplatz, der vom benachbarten Kanzleramt seinen Namen hat, ist kein Platz, sondern ein neuralgischer Punkt für den Durchgangsverkehr.

Nirgendwo in der Welt gibt es etwas Vergleichbares: daß ein Land von beträchtlicher wirtschaftlicher Kraft und nicht unerheblichem politischem Gewicht eine verträumte Universitätsstadt zur Metropole hat.

Gewiß, Bonn war einst als provisorische Hauptstadt gedacht. Aber nicht nur die Politiker haben sich längst darauf eingestellt, daß das Provisorium zum Dauerzustand wurde, sondern auch das Publikum. Der Vorgang war lautlos und ohne Leidenschaft, kein Sichabfinden mit dem Unvermeidlichen, kein Fertigwerden mit einem unerfüllbaren Traum. Es gibt unter den Deutschen keinen Traum von der Hauptstadt, auch Berlin spielt diese Rolle nicht mehr.

In Wirklichkeit ist Bonn das heimliche Symbol für das Verhältnis der Nachkriegsdeutschen zu Politik und Staat. Daß ein Staat sich in seiner Hauptstadt darstelle, daß am Zentrum der politischen Macht auch die Spitzen von Kultur und Wissenschaft, von Wirtschaft und Gesellschaft ihren Sitz hätten, das hat sich in der Bundesrepublik eben nicht ergeben, und es wird auch kaum vermißt. Die Deutschen sind es zufrieden, daß in Bonn Politik gemacht wird. An staatlichem Glanz besteht kein Bedarf, man hat keine guten Erinnerungen daran.

Zwar wurde in der Bundeshauptstadt inzwischen für die Abgeordneten ein großes, wenngleich wenig funktionsgerechtes Abgeordnetenhochhaus gebaut, und auf dem freien Felde zwischen Bonn und Bad Godesberg entsteht ein neues Regierungsviertel. Aber eine veränderte Einstellung zum Staat kündigt sich in diesen Investitionen nicht an. Die Gebäude werden gebraucht, weil die alten zu klein geworden sind. Nüchterne Zweckbauten werden hier entstehen, keine von Staats wegen geförderte Architektur von beispielgebendem Rang.

Als das Abgeordnetenhochhaus gebaut wurde, verbot der damalige Bundestagspräsident Eugen Gerstenmeier, die Waschbecken in den Büros der Parlamentarier mit einer Warmwasserleitung auszustatten: der Steuerzahler werde solchen Aufwand für seine Volksvertreter nicht billigen. Die Episode ist beispielhaft. Der Staat soll zwar nicht schlapp sein, aber auch nicht aufwendig, sondern effektiv und unauffällig. Vor allem hat er sparsam zu sein, wenn es um Repräsentation geht. In dieser Überzeugung sind sich die Politiker mit ihren Wählern einig.

Insofern ist Bonn als Bundeshauptstadt keine Verlegenheitslösung und die Villa Hammerschmidt als Sitz des Staatsoberhaupts kein understatement.

---

1. Die Unterschrift von Bundespräsident Gustav W. Heinemann unter das Zustimmungsgesetz zu dem Vertrag mit der Sowjetunion.

2./3. Der Bundespräsident empfängt die ausländischen und entsendet die deutschen Botschafter: Das Beglaubigungsschreiben für den neuen deutschen Botschafter in Swasiland.

4. Mehr als 50 größere und kleinere Ansprachen hält der Bundespräsident im Jahr: Ein handschriftlich korrigiertes Redemanuskript.

Gesetz
zu dem Vertrag vom 12. August 1970 zwischen der Bundesrepublik Deutschland und der Union der Sozialistischen Sowjetrepubliken

Vom 23. Mai 1972

Der Bundestag hat das folgende Gesetz beschlossen:

Artikel 1

Dem in Moskau am 12. August 1970 unterzeichneten Vertrag zwischen der Bundesrepublik Deutschland und der Union der Sozialistischen Sowjetrepubliken mit dem dazugehörigen Brief der Regierung der Bundesrepublik Deutschland zur deutschen Einheit an die Regierung der Union der Sozialistischen Sowjetrepubliken vom 12. August 1970 sowie dem Notenwechsel zwischen der Regierung der Bundesrepublik Deutschland und den Regierungen Frankreichs, des Vereinigten Königreichs und der Vereinigten Staaten vom 7. und 11. August 1970 wird zugestimmt. Der Vertrag, der Brief und der Notenwechsel werden nachstehend veröffentlicht.

Artikel 2

(1) Dieses Gesetz tritt am Tage nach seiner Verkündung in Kraft.

(2) Der Tag, an dem der Vertrag nach seinem Artikel 5 in Kraft tritt, ist im Bundesgesetzblatt bekanntzugeben.

Die verfassungsmäßigen Rechte des Bundesrates sind gewahrt.

Das vorstehende Gesetz wird hiermit verkündet.

Bonn, den 23. Mai 1972

Der Bundespräsident

Heinemann

Der Bundeskanzler

Brandt

Der Bundesminister des Auswärtigen

Scheel

Gustav W. Heinemann
Präsident der Bundesrepublik Deutschland
an
Seine Majestät
Sobhuza II.
König von Swasiland

Eure Majestät, Grosser und Guter Freund!

Von dem Wunsch geleitet, das durch die Abberufung des Herrn Bernhard Heibach erledigte Amt des Botschafters der Bundesrepublik Deutschland in Mbabane wieder zu besetzen, habe ich beschlossen, dieses Amt Herrn

Alexander Graf Yorck von Wartenburg

zu übertragen.

Seine bewährten Eigenschaften berechtigen mich zu der Erwartung, daß er in der ihm übertragenen ehrenvollen Stellung bestrebt sein wird, sich Eurer Majestät Anerkennung zu erwerben.

Graf Yorck von Wartenburg wird die Ehre haben, Eurer Majestät dieses Schreiben, das ihn in der Eigenschaft eines außerordentlichen und bevollmächtigten Botschafters der Bundesrepublik Deutschland beglaubigen soll, zu überreichen.

Ich bitte, ihn mit Wohlwollen zu empfangen und ihm in allem, was er in meinem Namen oder im Auftrage der Regierung der Bundesrepublik Deutschland vorzutragen berufen sein wird, vollen Glauben beizumessen.

Zugleich benutze ich diesen Anlaß, um meine besten Wünsche für Eurer Majestät persönliches Wohlergehen und das Blühen und Gedeihen des Königreiches Swasiland zum Ausdruck zu bringen. Ich verbinde hiermit die Versicherung meiner vollkommenen Hochachtung.

Ihr guter Freund

Der Bundesminister
des Auswärtigen
Scheel

Haus des Bundespräsidenten

Bonn, den 10. August 1972

Herr Präsident,

meine sehr geehrten Damen und Herren!

Wenn ich Ihnen den Terminkalender des Bundespräsidenten in seiner manchmal erstaunlichen Vielfalt vorblättern würde, könnten Sie mit Recht sagen, daß der Bundespräsident entweder ein Spezialist auf allen Gebieten zu sein habe oder aber ein Hochstapler. Wenn Sie mich fragen: Ich halte beides für Übertreibungen.

Zwar bin ich nicht Physiker, auch nicht Naturwissenschaftler. Dies könnte ich zum Anlaß nehmen, darauf hinzuweisen, daß ich eigentlich gar nicht geeignet bin, hier vor Ihnen heute eine Rede zu halten. Das wäre ein relativ billiger Versuch, mich aus der Verantwortung zu ziehen. Die Probleme, um die es bei aller Diskussion über die gesellschaftspolitische Verantwortung des Naturwissenschaftlers geht, sind zu umfassend und berühren uns alle unmittelbar zu sehr, als daß hier ein rethorisch-eleganter Trick am Platze wäre.

Es müßte jedem Politiker auffallen, daß man die Naturwissenschaftler unter den Bundestagsabgeordneten praktisch an zwei Händen abzählen kann. Es müßte auch zu denken geben, daß im Bundeskabinett nur ein

Was von außen gesehen als provinziell erscheinen mag, gilt im Lande als Bescheidenheit *).

Das Staatsoberhaupt ist von den Grundsätzen sparsamer Repräsentanz nicht ausgenommen. Der Bundespräsident ist zwar der erste Bürger im Staate, aber vor allem eben Bürger. Er soll nicht dürftig leben, aber auch nicht zu anspruchsvoll. Die Villa Hammerschmidt erfüllt diese Bedingungen. Von einem der vielen Besucher, die das Haus des Bundespräsidenten besichtigen, wird der erstaunte Ausruf berichtet: »Der hat hier ja Rauhfaser wie bei uns zu Hause.« Ob mehr Befremden oder mehr Beifall in diesem Ausruf lag, ist nicht bekannt. Man darf wohl annehmen, daß der Beifall überwog: das Staatsoberhaupt bewohnt keinen Palast, sondern ein nobles Bürgerhaus.

Gustav Heinemann ist solche Übereinstimmung zwischen Bürger und Präsident nur recht.

Er selbst hat sein Leben lang bescheiden gelebt. Zwar verdiente er als Industrieller an der Ruhr viel Geld, aber er gab es nicht aus. Ein eigenes Auto hatten Heinemanns nicht, Gustav Heinemann besitzt nicht einmal den Führerschein. Als er 1964 von einem Auslandsaufenthalt zurückkehrte, überraschte ihn seine Frau mit der Nachricht, daß sie die Fahrprüfung bestanden habe. Aber ein Auto wurde deshalb nicht angeschafft.

Auch den deutschen Traum vom Eigenheim hat Heinemann offenbar nie geträumt. Seit 36 Jahren wohnen Heinemanns in demselben Haus in der Essener Schinkelstraße zu Miete. Die Schinkelstraße ist eine ruhige, baumbewachsene Seitenstraße, nicht weit von der Essener Altstadt, mit geräumi-

---

*) Zuweilen halten die Deutschen auch diesen geringen Aufwand für übertrieben. Als für Heinemann im Park der Villa Hammerschmidt ein überdachtes Schwimmbecken gebaut wurde, gab es vereinzelte Unmutsäußerungen. Der Justizminister Heinemann konnte noch jeden Morgen in einem öffentlichen Hallenbad seinen Ausgleichssport betreiben. Den Bundespräsidenten hindern seine Rolle und die Sicherheitsbestimmungen an solchem Tun.

gen, nicht eben eleganten Wohnhäusern aus den Zwanzigerjahren. Das Haus Nummer 34 unterscheidet sich von den umliegenden allenfalls dadurch, daß der graue Putz noch etwas dunkler ist. Nur ein neuerdings angebautes Vorhäuschen für den Kriminalbeamten deutet darauf hin, daß hier der Präsident der Bundesrepublik Deutschland wohnt.

Von innen ist das Haus allerdings freundlich und hell, seine Einrichtung von behaglicher, gediegener Eleganz. Auf die künstlerischen Neigungen der Hausfrau verweisen die Bilder an den Wänden, darunter Lithographien von Chagall und Picasso. Sehenswert ist Heinemanns Bibliothek. Sie enthält politische Literatur von Tocqueville bis zu Willy Brandt und Rainer Barzel, auch eine wertvolle Sammlung von Originalschriften aus der Frühzeit der Sozialdemokratie, ferner viel Historisch-Biographisches und eine umfangreiche theologische Abteilung. Bibliophile Neigungen des Hausherrn verraten die vielen alten Ausgaben, darunter Erstdrucke von Melanchthon und Erasmus von Rotterdam, von J. J. Moser, Schiller und Jean Paul, die vierbändige Originalausgabe des Preußischen Landrechts von 1794, und als Kuriosum, das Heinemann mit Stolz seinen Gästen zeigt, »Die Chur-Brandenburgische Hoff-Wehe-Mutter, das ist: ein höchst nöthiger Unterricht von schweren und unrecht-stehenden Geburten, von Justinen Sigmundin, geborenen Dittrichin, erschienen zu Cölln an der Spree 1690«, ein reich bebildertes Dokument praktischer Vernunft aus der Frühzeit der Gynäkologie.

Besonders liebt Heinemann seinen Garten, der nicht übermäßig groß ist, aber gepflegt und ruhig. So oft die Bonner Termine es erlauben, verbringen Heinemanns in ihrem alten Haus in Essen das Wochenende. Zwar hat das Bundeskriminalamt inzwischen umfangreiche Sicherheitsvorkehrungen in der Wohnung eingebaut, aber die sind diskret versteckt und sonst ist alles wie früher. Hier sind die vier Kinder aufgewachsen, die, inzwischen selbst verheiratet, mit den Enkeln die Großeltern besuchen, hier hat Frau Heinemann den größten Teil ihres Lebens zugebracht. In all den Jahren, in denen Gustav Heinemann als Abgeordneter und Minister in Bonn ein einfaches

Ein-Zimmer-Appartement bewohnte, war sie in Essen geblieben. Erst nach der Wahl ihres Mannes zum Bundespräsidenten zog sie mit nach Bonn.

Wem bescheidene Lebensführung so selbstverständlich ist, der wird auch als Staatsoberhaupt nicht zum Verschwender. Heinemann hat seinen Stil nicht geändert. Zwar macht sein Amt ihn gelegentlich zum Mittelpunkt illustrer Gesellschaften, und er muß nun öfter den Frack anziehen, den er früher gern vermied. Aber Übertriebenheiten akzeptiert er nicht. Ihm stünde zum Beispiel als Dienstwagen ein Mercedes 600 zu, aber er findet das überflüssig und begnügt sich, darin seinen Vorgängern folgend, mit einem 300er-Modell. Wird ein 600er gebraucht, etwa für auswärtige Staatsgäste, dann bestellt man beim Mercedes-Werk in Sindelfingen einen Leihwagen mit Chauffeur.

»Rauhfaser wie bei uns zu Hause» — das Einverständnis, das in diesem Ausruf liegt, trifft bei Heinemann auf bereitwillige Resonanz. Denn wenn der Verzicht auf unnötige Exklusivität, wenn sparsamer Aufwand die Distanz zwischen Staat und Bürger verringert, dann wird eine Aufgabe erfüllt, die sich Heinemann für seine gesamte Amtsführung gestellt hat. Den Staat dem Bürger näherzubringen, das betrachtet er als eines der vornehmsten Ziele seines Amtes.

Die Änderungen, die er am staatlichen Protokoll vorgenommen hat, gehören in diesen Zusammenhang. Um sie zu bewerkstelligen, führte er einen langen, schwierigen Kampf mit den zuständigen Instanzen, einen Kampf mit halben Siegen und halben Niederlagen. »Wir brauchen Menschen mit Selbstbewußtsein, mit bürgerlichem Handeln und Verhalten. Ich jedenfalls werde in meinem neuen Amt versuchen, so viel ich kann zu diesem Prozeß beizutragen«,[1] hatte Heinemann nach seiner Wahl gesagt. Um selbstbewußtes, bürgerliches Verhalten geht es ihm auch beim Protokoll. Einer Republik steht es nach seiner Überzeugung wohl an, die Eitelkeiten einer aus monarchischer Zeit stammenden Tradition zurückzudrängen.

Bei den zuständigen Instanzen stoßen derlei Absichten auf geringe Gegenliebe. Sie verteidigen die Gepflogenheiten des Protokolls nicht nur, weil diese sich seit dem Wiener Kongreß als hilfreiche Spielregeln für den Verkehr der Staaten untereinander eingespielt haben, sondern auch, weil das Protokoll dazu beiträgt, dem Staat im Bewußtsein der Bürger ein wenig von dem sichtbaren Glanz zu verleihen, an dem Republiken ohnehin nicht Überfluß haben.

Daß protokollarisch geregelte Formen notwendig sind, um den diplomatischen Verkehr der Staaten untereinander zu erleichtern und eine würdige Darstellung staatlicher Akte zu ermöglichen, dem stimmt auch Heinemann zu. Aber es fällt ihm schwer, sich dem Übermaß an Vorschriften und Festlegungen zu beugen, die das Protokoll für das Staatsoberhaupt bereithält. Was den Umgang mit auswärtigen Staatsmännern und Potentaten betrifft, so hat er sich mehr oder minder willig in das Unvermeidliche gefügt. Militärisches Zeremoniell beim Empfang und bei der Verabschiedung fremder Staatsoberhäupter, Frack und Orden bei Galadiners, umfangreiche Sicherheitsvorkehrungen und eine minutiöse Vorplanung der Abläufe: dergleichen muß eben sein. Aber wenn es nach ihm ginge, könnte bei Staatsbesuchen eines von zwei großen Abendessen ruhig gestrichen werden; zweimal mit denselben Leuten in derselben Umgebung über dieselben Themen zu sprechen, das findet er im Grunde überflüssig. Auch auf die traditionelle Vorstellung des Diplomatischen Corps bei Staatsbesuchen würde er gerne verzichten. Die Diplomaten aber verzichten nicht auf geheiligte Privilegien, und so ließ Heinemann bald von dem Versuch ab, solche Wünsche durchzusetzen.

Geändert hat er allerdings die Zeremonie der Botschafterbeglaubigung. Früher hielt der Botschafter, der seinen Antrittsbesuch beim Staatsoberhaupt machte, eine Rede, deren Wortlaut dem Bundespräsidenten im vorhinein mitzuteilen war. Der Bundespräsident antwortete mit einer gleichfalls vorbereiteten Rede. Diese Ansprachen gibt es jetzt nicht mehr. Statt dessen überreicht der Botschafter in einer knappen Zeremonie in der Galerie der Villa Hammerschmidt sein Beglaubigungsschreiben. Anschließend begibt sich Heinemann mit seinem Gast zu einer freien Unterhaltung ins Säulenzimmer.

Auf diese Weise lernt er den neuen Geschäftsträger persönlich kennen, die Zeit ist sinnvoller genutzt. Geblieben ist die kleine militärische Formation des Bonner Wachbataillons, die zu Ehren des Botschafters aufmarschiert. Sie abzuschaffen, hätte gegen internationale Gepflogenheiten verstoßen.

Leichter ließen sich Änderungen durchsetzen, wo es um die protokollarische Regelung von Anlässen mit ausschließlich deutscher Beteiligung ging. Früher marschierten zum Beispiel auch Militärposten auf, wenn der Ministerpräsident eines Bundeslandes oder ein Mitglied der Bundesregierung das Staatsoberhaupt aufsuchte. Heinemann leuchtete dieser Aufwand nicht ein, folglich hat er ihn abgeschafft. Reduziert wurden auch die Vorschriften der Kleiderordnung. Bei den Neujahrsempfängen in der Villa Hammerschmidt war unter seinen Vorgängern der Cutaway mit schwarzer Weste vorgeschrieben, Heinemann begnügt sich mit dem dunklen Straßenanzug. Zu Staatsempfängen im Schloß Brühl war früher allein der Frack zugelassen, heute darf, wer keinen Frack besitzt, auch den Smoking tragen. Kleiderordnungen sind für Heinemann eben pure Äußerlichkeiten. Natürlich sollen die Dinge ihre Ordnung haben, aber was Heinemann für überzogen hält, das schafft er ab. »Auf meinen Einladungskarten« versprach er scherzhaft nach seiner Wahl, »steht künftig: Anzug beliebig, aber erwünscht.«[2]

Die augenfälligste Änderung im Protokoll hat Heinemann bei den Neujahrsempfängen vorgenommen. Für diese Empfänge gab es eingespielte Regeln. Heinemanns Vorgänger empfingen in der über zweieinhalb Stunden sich hinziehenden Zeremonie nacheinander: die Angehörigen des Bundespräsidialamtes, Bonner Kommunalpolitiker, Vertreter der Presse, die Länderbevollmächtigten beim Bund, den Kanzler des Ordens Pour le Mérite, die Präsidenten des Bundesfinanzhofes und der fünf obersten Bundesgerichte, die Regierungschefs der Bundesländer, das Präsidium des Bundestages und schließlich den Kanzler mit den Mitgliedern seines Kabinetts. (Das Diplomatische Corps wird traditionell nicht in der Villa Hammerschmidt empfangen, sondern in der Beethovenhalle).

Heinemann fand, daß in dieser Liste der öffentliche Dienst zu stark vertreten sei. Er vermißte die Repräsentanten der organisierten gesellschaftlichen Gruppen. Überdies wollte er bei dem Neujahrsempfang auch einfache Bürger in seinem Hause begrüßen. Deshalb wurde die Zahl der staatlichen Würdenträger vermindert. Die Bundesländer sind bei Heinemanns Neujahrsempfängen nicht mehr doppelt repräsentiert, sondern nur noch entweder durch den Regierungschef oder durch den Vertreter des Landes beim Bund. Statt der Präsidenten aller fünf Bundesgerichte werden nur noch die Spitzen des Bundesverfassungsgerichts und eines weiteren Gerichtes eingeladen. Dafür nehmen Vertreter der Gewerkschaften, der Arbeitgeberverbände, des Bauernverbandes und der Kirchen an dem Empfang teil. Vor allem aber liegt Heinemann daran, unter seinen Neujahrsgästen auch eine Gruppe von Bürgern zu begrüßen, die einen kleinen Querschnitt der Bevölkerung darstellen sollen. Auf der Gästeliste des Neujahrsempfanges von 1971 standen zum Beispiel sieben Bauleute, zwei davon Gastarbeiter, fünf Krankenschwestern, vier ehemalige Entwicklungshelfer, zwei junge Wissenschaftler, eine Apothekerin und die Inhaberin eines Hutsalons als Vertreter freier Berufe, ein Bankmanager und ein Gewerkschaftssekretär, ein Strafvollzugsbeamter und ein Bewährungshelfer sowie zwei Vertreter caritativer Organisationen.

Der Vergleich dieser beiden Listen macht deutlich, was Heinemann will. Der Staat, das sind eben nicht allein die Beamten, die Richter, die Militärs und die Politiker. Der Staat sind wir, die Bürger. Und da der Neujahrsempfang für den Bundespräsidenten die einzige große Gelegenheit im Jahre ist, Vertreter des gesamten Staates in seinem Hause zu empfangen, besteht er darauf, daß nicht nur Mandatsträger sich um ihn scharen, sondern auch die Bürger, von denen das Mandat verliehen worden ist. Natürlich kann er nur wenige einladen, auch ist die Auswahl keineswegs repräsentativ. Aber es kommt ihm auf die Geste an: der Souverän in unserem Staat ist der Bürger.

Angehörige aller Volksschichten immer wieder zu sich einzuladen, darauf legt Heinemann größten Wert. Die Absicht dieser Einladungen ist nur in Ausnahmefällen gesellschaftlicher Art, etwa, wenn er die Ministerpräsidenten der Bundesländer mit ihren Ehefrauen zu sich bittet oder die deutschen Nobelpreisträger. Auch hat er einmal die Kriminalbeamten, die für seine Sicherheit sorgen, zu einem gemütlichen Abend eingeladen. Aber die Regel ist das nicht. An unverbindlicher Geselligkeit von Staats wegen, die ohnehin nur den Privilegierten zugänglich wäre, hat er wenig Interesse. Statt dessen lädt er ein zu politischen Gesprächen.

Diese Gesprächsabende haben einen doppelten Sinn. Einmal geben sie den Teilnehmern die Möglichkeit, einen zwanglosen Gedankenaustausch gewissermaßen auf neutralem Boden zu führen. Deshalb ist auch die Presse zu diesen Abenden nicht zugelassen. Die Teilnehmer sollen die Gewißheit haben, daß nichts an die Öffentlichkeit dringt. Andererseits nutzt Heinemann die abendlichen Diskussionen, um sich selbst aus erster Hand zu informieren. Er nennt sie seinen »dauernden Fortbildungskurs«. Manchmal kann Heinemann auf Grund solcher Informationen eine Anregung an den zuständigen Bundestagsausschuß, an ein Ministerium oder an eine andere Behörde weitergeben. In einem Falle hatte ein Abendgespräch im Hause des Bundespräsidenten unmittelbar politische Folgen. Der Rechtsausschuß des Bundestages, der bei Heinemann zu Gast war, verständigte sich während der Diskussion darauf, bei der Reform des Pornographie-Paragraphen eine eigene Strafbestimmung für die publizistische Darstellung von Brutalität einzuführen.

Die Teilnehmerkreise bei diesen Abendeinladungen sind so vielfältig wie die besprochenen Themen. Es waren Richter und Staatsanwält bei Heinemann, Unternehmer und Vertreter der freien Berufe, Hochschulprofessoren und Jugendvertreter, der Presserat, Schriftsteller und Karikaturisten, ferner die Ausschüsse des Deutschen Bundestages. Es gab Gespräche über besonders schwierige Themen der öffentlichen Auseinandersetzung: über die Strafrechtsreform, die freiwillige Selbstkontrolle, das Rauschgiftproblem, die Lage der unverheirateten Mütter in unserer Gesellschaft.

Bei der Auswahl der Teilnehmer nimmt das Bundespräsidialamt die Hilfe der zuständigen Ministerien in Anspruch. Der Vorschlag für die Zusammensetzung des Kreises über das Rauschmittelproblem kam zum Beispiel vom Ministerium für Jugend, Familie und Gesundheit. Es war eine bunt gemischte Runde: die Minister Strobel, Jahn und Genscher nahmen teil, der Präsident des Bundeskriminalamtes, Ministerialbeamte, Universitätsprofessoren, Psychiater und Toxikologen, Stadtjugendpfleger und Studienräte, auch Jugendliche, die am Kampf gegen die Drogensucht beteiligt sind.

Die Gäste dieser Abende, zumeist etwa dreißig an derZahl, treffen zwischen 19 Uhr und 19.30 Uhr in der Villa ein. Sie werden vom Bundespräsidenten und von Frau Heinemann in der Eingangshalle begrüßt, in der Galerie wird ein Drink serviert. Pünktlich um 19.30 Uhr bittet der Bundespräsident zum Essen in den Speisesaal. Die Sitzordnung ist auf einem kleinen Schaubild angegeben, so kann jeder seinen Platz leicht finden. Das Essen besteht in der Regel aus drei Gängen, dazu wird Weißwein und Rotwein gereicht, später Sekt. Nach dem zweiten Gang begrüßt der Bundespräsident seine Gäste mit einer kurzen Rede, zumeist vom vorbereiteten Manuskript abweichend. Es geht recht unbefangen zu bei solchen Abendessen, ohne Steifheit und das ängstliche Gefühl, beim ersten Mann des Staates zu Tische zu sitzen. Dafür aber geht es rasch: Heinemann ist ein schneller Esser, die kulinarischen Freuden sind ihm weniger wichtig als das nachfolgende Gespräch. Es soll vorgekommen sein, daß Heinemann die Tafel aufhob, bevor der letzte Gast mit der Nachspeise fertig war.

Nach dem Essen begibt sich die Runde in den ehemaligen Kanzler-Bungalow, der im Park des angrenzenden Palais Schaumburg liegt. Nur dort ist ein ausreichend großer Raum für eine Diskussionsrunde von dreißig bis vierzig Teilnehmern vorhanden. Bevor man sich niederläßt, wird Mokka serviert, später gibt es alkoholische Getränke nach freier Wahl. Die Diskussion wird nicht von Heinemann geleitet, sondern von einem der Gäste, der dazu vorher gebeten worden ist. Heinemann selbst spricht zumeist nicht viel, ihm liegt mehr daran zuzuhören. Gelegentlich gibt er eine Anregung, stellt etwas zurecht oder beantwortet eine Frage. Verläuft die Diskussion interessant,

Der Bundespräsident empfängt eine Jugendgruppe

Gründungsversammlung der Deutschen Gesellschaft für Friedens- und Konfliktforschung im Hause des Bundespräsidenten

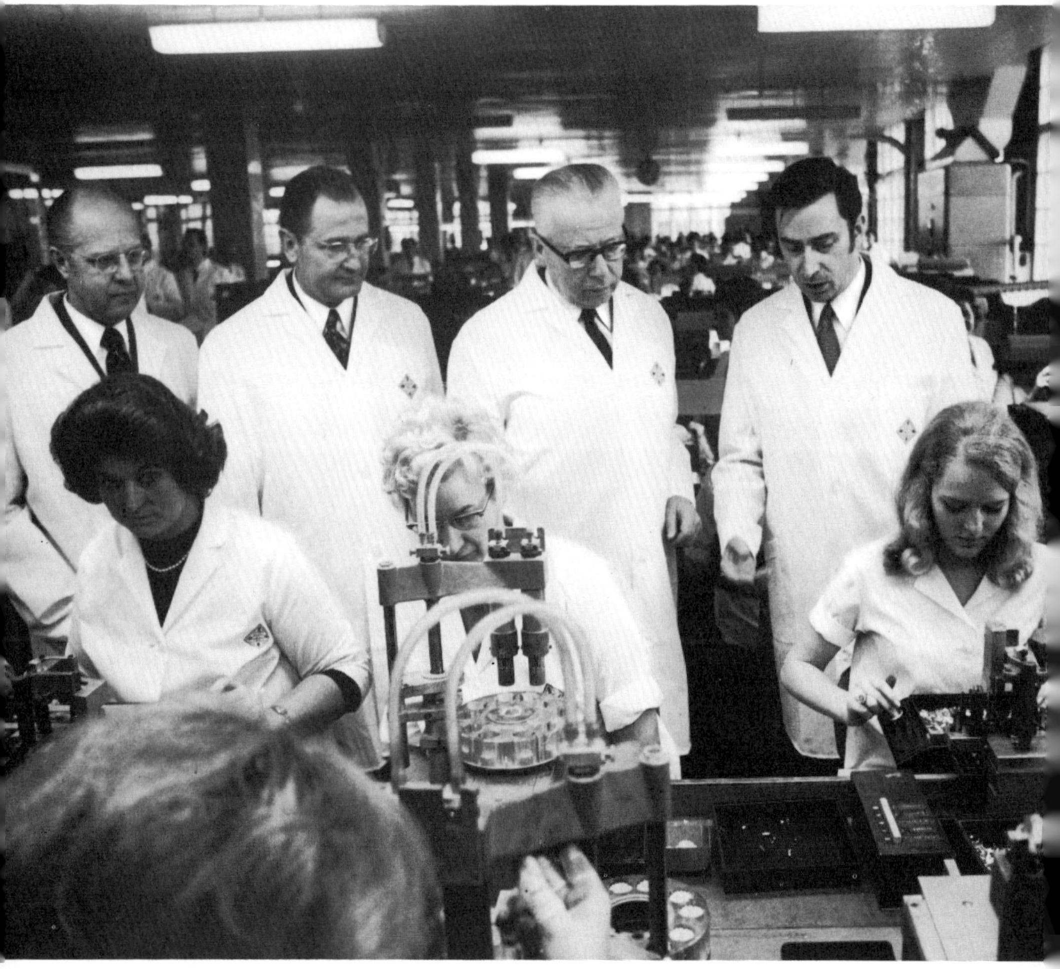

Betriebsbesichtigung bei AEG-Telefunken in Berlin

dann dauert sie lange, manchmal bis nach Mitternacht. Findet Heinemann sie langweilig, dann kann es vorkommen, daß er um 10.00 Uhr das Schlußwort spricht.

Die Teilnehmer dieser Abendveranstaltungen sind nicht die einzigen Gäste der Villa Hammerschmidt. Zwar kann nicht jedermann ungehindert das Haus des Staatsoberhauptes betreten. Dafür sorgen der Bundesgrenzschutz, der das Grundstück bewacht, und die Sicherungsgruppe Bonn des Bundeskriminalamtes, die für den persönlichen Schutz des Bundespräsidenten verantwortlich ist. Aber die Kontrollen sind auf das unvermeidliche Mindestmaß reduziert. Soweit die Sicherheitsbestimmungen es zulassen, führt der Bundespräsident ein offenes Haus.

Die Bürger machen davon Gebrauch. Rund 20 000 besichtigen jährlich die Villa Hammerschmidt, Schulklassen und Betriebe, Bewohner eines Wahlkreises, die von ihrem Abgeordneten nach Bonn eingeladen worden sind, Vertreter von Städten und Gemeinden, in denen der Bundespräsident gewesen ist und nun einen Gegenbesuch machen. Diese Besuchergruppen werden von einem Referenten des Bundespräsidialamtes durch die Villa Hammerschmidt geführt.

Soweit Heinemanns Terminkalender es erlaubt, begrüßt er die Gäste selber, beispielsweise eine Gruppe aus Oberviechtach, die ihn an einem Tag im März 1972 besuchte. Er hatte sich im Sommer 1970 für drei Tage in dem Städtchen im Bayerischen Wald aufgehalten. Es waren Ehrentage für den kleinen Ort im wirtschaftlich schwachen Gebiet an der Grenze zur Tschechoslowakei. Und da der Bundespräsident auf seinen Reisen von Journalisten begleitet wird, gewann Oberviechtach publizistische Aufmerksamkeit, die für den Fremdenverkehr erfreuliche Folgen hatte.

Zum Dank dafür ist nun eine Delegation der Stadt nach Bonn gekommen, mit trachtengeschmückter Blaskapelle, Bürgermeister und dem lokalen Bundestagsabgeordneten. Die Blaskapelle bringt dem Bundespräsidenten auf der Gartenterrasse ein Ständchen. Heinemann dankt in launigen Sätzen für den

Gegenbesuch. Der Bürgermeister erwidert respektvoll, kommt aber schnell zur Sache: die Reise der Oberviechtacher Abordnung nach Bonn, so versichert er treuherzig, gelte weniger der Person des Bundespräsidenten als der Fremdenverkehrsbilanz. Seit Heinemanns Aufenthalt in Oberviechtach habe sich die Zahl der auswärtigen Gäste verdoppelt, 1971 habe man erstmals mehr als 100 000 Übernachtungen gezählt. Hinter diese Grenze wolle man nicht mehr zurückfallen und deshalb hätte man für Werbezwecke gern ein paar Bilder vom Besuch der Oberviechtacher im Haus des Bundespräsidenten. Heinemann ficht solche Direktheit nicht an, im Gegenteil. Er ermuntert seine Gäste, auf die 200 000 Übernachtungen loszusteuern. Den Fotografen stellt er sich im Kreise der Stadtkapelle so willig, als hätte es Schwierigkeiten mit den Bildreportern nie gegeben. Den Bläser der Baßtuba fordert er zu solistischen Kunststücken auf. Der Bürgermeister überreicht dem Staatsoberhaupt eine Erinnerungsmedaille, er hat dafür seine Werbefotos bekommen, und alle sind zufrieden.

Heinemann freut sich über solche Gelegenheiten zu unmittelbarem Kontakt mit dem Bürger. Kein auf die Minute geplantes Programm behindert die Unterhaltung, kein Pulk von Presseleuten macht die Szene zum Staatsakt, keine wartende Menge erheischt von ihm die Geste obrigkeitlicher Huld, die er bis heute nicht erlernt hat. In diesem Rahmen, in seinem eigenen Hause, wirkt er gelöst, findet er schnell den Zugang zu einfachen Menschen, der ihm draußen im Lande oftmals mißrät.

Draußen, wenn er offiziell als Staatsoberhaupt einen Betrieb besichtigt oder eine Schule besucht, fällt ihm der direkte Kontakt zu den Bürgern ungleich schwerer. Da kann es vorkommen, daß er an einer Gruppe von Kindern, für die sein Besuch der große Augenblick ist, auf den sie sich wochenlang gefreut haben, fast achtlos vorübergeht, daß das vorgesehene Gespräch mit einer Gruppe von Arbeitern gar nicht erst in Gang kommt, weil Heinemann ungeduldig weitergeht.

Der Grund dafür ist nicht, daß ihm die »kleinen Leute« nicht wichtig wären. Sie sind ihm wichtiger als die Haupt- und Staatsakteure; kein Präsident hat sich bisher so wie er der Sorgen des kleinen Mannes angenommen. Aber bei öffentlichen Aktionen siegt leicht seine Sprödigkeit über den guten Willen, sich auch als Landesvater zu präsentieren. Zumal wenn eine größere Anzahl von Menschen zusammengekommen ist, um das Staatsoberhaupt zu erleben, versagt sich ihm die Gestik demonstrativer Liebenswürdigkeit.

In Paderborn zum Beispiel, wo er im Frühjahr 1972 einen offiziellen Besuch machte, warteten ein paar hundert Menschen auf dem kleinen Marktplatz hinter einer Seilabsperrung geduldig auf den Bundespräsidenten, den sie bisher nur im Fernsehen hatten sehen können. Seit einer guten Stunde war er im Rathaus zum offiziellen Empfang der Stadt mit den Ratsherren und den örtlichen Honoratioren. Dann kam er endlich, begleitet vom Bürgermeister und seinen Bonner Mitarbeitern. Beifall wurde hörbar, Händeklatschen, ein paar freundliche Zurufe. Heinemann schien das kaum zu bemerken. Erst auf der untersten Stufe der Freitreppe entschloß er sich, den Gruß der Bürger zu erwidern. Aber er blieb nicht etwa stehen, um die Wartenden mit freundlichem Winken zu belohnen. Schon gar nicht wäre er auf den Gedanken gekommen, den Halbkreis, zu dem sich die Menge geformt hatte, abzuschreiten, Hände zu schütteln und sich ein wenig feiern zu lassen. Statt dessen hebt er die rechte Hand, fast zögernd, nicht höher als bis zur Schulter, läßt sie sogleich wieder sinken und verschwindet in seinem Dienstwagen.

Heinemann möchte dem Amt des Bundespräsidenten das Steif-Zeremonielle nehmen, das nach seiner Überzeugung eine unnötige Entfernung zwischen Staat und Bürger schafft. Aber die gute Absicht gerät zuweilen in Konflikt mit der Sprödigkeit seines öffentlichen Auftretens, die ihrerseits Distanz bewirkt. »Nur in geschlossenen Räumen kann man Herr der Situation bleiben«,[3] hat er vor 20 Jahren einmal gesagt. Um wirklich populär zu sein, wie der erste Bundespräsident es war, mangelt es ihm an Ausstrahlung. Aber es käme ihm auch nicht in den Sinn, seine öffentliche Wirkung absichtsvoll zu stilisieren, was Theodor Heuss sehr bewußt getan hat. Er könnte es gar nicht. Zum Feierlichen ist er ziemlich unbegabt, Jubel erträgt er nur schwer und für die landesväterliche Pose fehlt ihm die Eitelkeit.

Der Zustimmung bei den Bürgern scheint diese Gestenarmut nicht viel anzuhaben. Achtzig Prozent der Bevölkerung, so ermittelten Demoskopen im Mai 1972, sind mit seiner Amtsführung einverstanden — eine Beifallsquote, die kein anderer Politiker in Bonn von ferne erreicht. Das herausgehobene, dem Parteienstreit entzogene Amt mag Heinemann dabei zugute kommen, aber es erklärt nicht das Ausmaß der Zustimmung. Respekt und Beifall gelten der Glaubwürdigkeit dieses Mannes, der die Menschen überzeugt, obwohl er ihnen nicht nach dem Munde redet.

Für die Regenbogenpresse, die ihre Leser mit Hofberichten von gekrönten und ungekrönten Häuptern unterhält, ist Heinemann ein undankbares Objekt. Er will weder Staatsschauspieler sein noch Ersatzmonarch, den Niederungen des gemeinen Volkes entzogen, sondern für eine befristete Zeit der erste Bürger seines Landes.

Die »Bundesklagemauer«

Am 2. Dezember 1968 schrieb der doppelt Oberschenkelamputierte Georg Schirling einen Brief an die Verwaltung seiner Heimatstadt Essen. Er bat darum, vor seinem Wohnhaus eine Parkfläche für sein Auto reserviert zu bekommen. Da der Straßenrand vor seinem Haus in der Regel voll geparkt sei, wenn er abends von der Arbeit komme, müsse er oft lange Wege mit den Krücken zurücklegen. Vor allem bei Nässe und Glätte habe er große Mühe, sein Haus sicher zu erreichen.

Drei Monate später erhielt er von der Stadt Essen eine Antwort. Es sei, so hieß es in dem Schreiben, »in verkehrsrechtlicher Hinsicht leider nicht möglich, die beantragte Fahrbahnmarkierung auftragen zu lassen«. Von der Stadtverwaltung dürften »Verkehrsbeschränkungen nach der Straßenverkehrsordnung nur angeordnet werden, wenn diese aus allgemeinen Sicherheitsgründen oder zum Zweck der Flüssigkeit des Verkehrs notwendig sind. Persönliche Wünsche«, so schrieb der Beamte weiter, »auch wenn sie wie von Ihnen mit schwerer Krankheit oder Behinderung begründet werden, können daher zu meinem Bedauern nicht berücksichtigt werden«.

Georg Schirling wiederholte seinen Antrag mehrfach, aber ohne Erfolg. Am 14. Oktober 1970 schrieb er an den Bundespräsidenten und bat um Hilfe. Heinemann rief daraufhin den Oberstadtdirektor von Essen an. Der gab ihm die Auskunft, daß das Straßenverkehrsgesetz nur Sonderregelungen erlaube, für die ein öffentliches Interesse bestehe. Die private Notlage eines einzelnen Bürgers sei nicht von öffentlichem Interesse. Heinemann gab sich damit nicht zufrieden. Er bestand darauf, daß sich die Stadtverwaltung etwas einfallen lassen müsse, um dem Mann zu helfen. Das wirkte: vor dem Hause wurde ein Schild angebracht, auf dem die Stadtverwaltung bittet, den Parkplatz für einen Schwerbeschädigten freizuhalten.

Georg Schirling war also geholfen, einem von vielen hundert Behinderten. Ähnliche Fälle folgten, in Braunschweig, in München und anderswo. Heinemann wandte sich an die betroffenen Stadtverwaltungen, plädierte für eine unbürokratische Handhabung der Gesuche und hatte damit Erfolg. Im April 1971 schrieb ein Schwerstbeschädigter aus Nürnberg, der sich jahrelang vergeblich bei den Behörden um eine Parkgenehmigung bemüht hatte, dem Bundespräsidenten einen Dankesbrief: »Sie haben nicht wie andere nach Vorschriften und Gesetz gefragt, sondern dort geholfen, wo Hilfe wirklich nötig war. Ich werde mein Leben lang nicht vergessen, wem ich Dankbarkeit schulde.«

Heinemann ließ es bei der Hilfe in Einzelfällen nicht bewenden. Ende 1970 schrieb er einen Brief an Bundesverkehrsminister Georg Leber. Er schilderte zunächst den Essener Fall und fuhr dann fort: »Ich möchte diesen Vorgang zum Anlaß nehmen, Sie dringlich zu bitten, zu prüfen, ob durch eine Änderung der Straßenverkehrsordnung eine allgemeine Lösung gefunden werden kann. Ich bin der Meinung, daß die Behinderten in unserer Leistungsgesellschaft oft nicht zu ihrem Recht kommen und daß in einem sozialen Rechtsstaat gerade ihnen gegenüber eine besondere Verpflichtung besteht.«

Leber nahm die Anregung auf, stieß aber zunächst auf Schwierigkeiten. Ein Jahr lang wurde das Problem unter den Experten des Verkehrsministeriums und mit den Bundesländern erörtert. Das Ergebnis war, daß die Rechtslage eine Änderung zugunsten der Behinderten nicht zuließ. Heinemann empfing daraufhin den Bundesverkehrsminister zu einem persönlichen Gespräch und drang darauf, daß Leber sich um eine Verbesserung der Rechtslage bemühe. Leber gab am Ende des Gespräches zu verstehen, daß er eine Lösung finden werde.

Anfang Februar 1972 schickte das Bundesverkehrsministerium den Referentenentwurf eines Gesetzes zur Änderung des Straßenverkehrsgesetzes an das Bundespräsidialamt. In diesem Entwurf hieß es unter dem Punkt »Zielsetzung«: »Es sollen die rechtlichen Möglichkeiten geschaffen werden, stark gehbehinderten Schwerbeschädigten Parkplätze in der Nähe ihrer Wohnung im öffentlichen Verkehrsraum zur Verfügung zu stellen.« Der Begleitbrief zu dem Referentenentwurf teilte mit: »Der Gesetzentwurf wird in Kürze mit den Bundesressorts, den Ländern und den Verbänden erörtert. Über den weiteren Gang des Verfahrens werde ich Sie gerne unterrichten.« Heinemanns Beharrlichkeit hatte sich gelohnt.

Ein anderes Beispiel. In dem kleinen Ort Hessisch-Lichtenau, zwischen Kassel und Eschwege, unterhält die Innere Mission der Ev. Kirche eine orthopädische Klinik, der ein Rehabilitationszentrum für körperbehinderte Oberschüler angeschlossen ist. 62 % der Schüler können sich nur mit Hilfe des Rollstuhls fortbewegen. Im Herbst 1970 hörte der Direktor dieser Anstalt, Pfarrer Hartmann, daß die Deutsche Bundespost plane, in Hessisch-Lichtenau ein neues Postamt zu bauen. Er schrieb einen Brief an die Oberpostdirektion in Frankfurt und bat darum, bei der Planung des neuen Gebäudes auf die Bedürfnisse der Behinderten Rücksicht zu nehmen. Vor allem müßten enge Türen vermieden werden. Außerdem möge man einen ebenerdigen Eingang vorsehen, weil die Behinderten mit dem Rollstuhl Treppen nicht überwinden können. An der Planung, schrieb Pfarrer Hartmann, werde er sich gerne beratend beteiligen.

Ein paar Wochen später wurde im Hause des Bundespräsidenten ein »Ideenwettbewerb des guten Willens zur Verbesserung der Hilfe für Behinderte« eröffnet, den Bundesarbeitsminister Walter Arendt ins Leben gerufen hatte. Pfarrer Hartmann, der zu der Feier nach Bonn eingeladen war, nutzte die Gelegenheit, um sein Problem dem Bundespräsidenten vorzutragen. Er hatte von der Oberpostdirektion noch keine Antwort erhalten. Heinemann beauftragte den zuständigen Referenten in seinem Amt, Ministerialrat Ottinger, die Sache zu verfolgen. Ottinger schrieb nach Frankfurt, betonte Heinemanns Interesse an der Planung für Hessisch-Lichtenau und bat darum, zur Unterrichtung des Bundespräsidenten über den weiteren Gang der Dinge informiert zu werden. Bereits nach 14 Tagen erhielt er von der Oberpostdirektion die Kopie eines Briefes an Pfarrer Hartmann, in dem die Post versicherte, sie werde von Hartmanns angebotener Beratung für das neue Postamt gerne Gebrauch machen.

Der Pfarrer bedankte sich in einem Brief an den Bundespräsidenten: »Ich hatte noch nie Veranlassung, sehr geehrter Herr Bundespräsident, einen solchen Dankesbrief zu schreiben. Es hat aber auch noch nie ein Staatsoberhaupt gegeben, das sich mit so viel Engagement denjenigen in unserer Mitte zugewendet hat, die weithin im Schatten stehen.«

Engagement für die, die im Schatten stehen — das ist ein wichtiges Stichwort für die Amtsführung Gustav Heinemanns. Bereits in seiner Antrittsrede vor dem Deutschen Bundestag sprach er davon: »Anläßlich meiner Wahl sind mir aus allen Schichten und Berufen, zumal aus der jungen Generation, in großer Fülle Briefe zugegangen, die mit meinem Amtsantritt hohe, viel zu hohe Erwartungen verbinden. Ich nehme die Erwartungen ernst. Soweit sie sich auf persönliche Anliegen beziehen, sind es Hilferufe aus vielfältigen Bedrängnissen des täglichen Lebens, aus Not und Krankheit, Wohnungssorge, Strafhaft, aus Einsamkeit und Unrechtserleben. Solche Nöte sind offensichtlich größer als unsere Wohlstandsgesellschaft gemeinhin annimmt.«[1]

Was Heinemann bei seinem Amtsantritt noch vorsichtig als Vermutung geäußert hatte, ist für ihn inzwischen zur alltäglichen Erfahrung geworden. Die Nöte sind vielfältig und groß, und der Bundespräsident wird täglich mit neuen konfrontiert. Er komme sich manchmal vor wie eine »Bundesklagemauer«, hat Gustav Heinemann über diesen Teil seines Amtes gesagt. Rund 100 Briefe pro Tag, von der üblichen Amtspost abgesehen, erhält der Bundespräsident, in denen es um individuelle Notlagen geht, aus denen die Betroffenen keinen Ausweg wissen: um Wohnungssorgen, Stipendienwünsche, Ausbildungsfragen, Rentenprobleme, Rechtsangelegenheiten, um Stellungsgesuche oder um die Bitte um ein Darlehen. Mitunter meldet sich auch ein Erfinder, der hofft, seinem Produkt mit Hilfe des Bundespräsidenten den gewünschten Erfolg zu verschaffen. Manche der Briefschreiber sehen in Gustav Heinemann eine Art Ersatzkaiser, der durch einfache Anordnung gegenüber staatlichen Instanzen alles bewirken kann: Entscheidungen der Behörden aufheben, Gerichtsurteile korrigieren, Gnadenerweise aussprechen, Wohnung oder Arbeit beschaffen, finanzielle Unterstützung gewähren. Das meiste davon kann der Bundespräsident nicht. Das Begnadigungsrecht liegt in der Regel nicht bei ihm, sondern bei den Landesregierungen. Gerichtsurteile kann nur eine höhere Instanz aufheben, und die Geldmittel, die dem Bundespräsidenten für individuelle Hilfe zur Verfügung stehen, sind äußerst begrenzt.

Dabei beschränken sich die Sorgen, die dem Staatsoberhaupt vorgetragen werden, nicht auf die Not einzelner. Kaum ein offizielles Gespräch im Büro des Bundespräsidenten, bei dem nicht irgendeine Klage vorgebracht wird, ob nun das Präsidium des Bundes der Steuerzahler bei Heinemann zu Besuch ist oder eine Vertretung der Unternehmerschaft, Hochschullehrer oder eine kleine informelle Gruppe, die sich um Drogenabhängige kümmert. Keine Reise des Bundespräsidenten, bei der sich Heinemanns Notizbuch nicht mit Anlässen füllt, in denen er helfen soll.

Manchmal genügt es, daß der Bundespräsident einfach zuhört, wenn Dampf abgelassen wird. Heinemann ist ein guter Zuhörer. Er konzentriert sich ganz auf seine Gesprächspartner, stellt knappe Zwischenfragen, relativiert gelegentlich die Sorgen seines Gegenübers; er weiß aber auch zu ermutigen. In Berlin zum Beispiel empfing er das »Kuratorium darstellendes Spiel«, den Dachverband von vier Organisationen, die sich mit Laienspiel befassen. Sie klagen über die Professionalisierung des Schauspielerberufes, über den Mangel an hauptberuflichen Kräften für ihre Arbeit, über fehlendes Geld und mangelndes Interesse der Behörden, über das Zuständigkeitsdickicht der Ministerien und über das Fehlen einer Bundesakademie für das Amateurtheater. Heinemann erklärt sich bereit, ihnen Türen zu öffnen, sich dafür einzusetzen, daß sie von den zuständigen Behörden empfangen werden. Mehr Hilfe kann er ihnen nicht bieten. Die Hauptsache ist ohnehin, daß die Laienschauspieler vom Bundespräsidenten empfangen wurden. Daß das Staatsoberhaupt ihrer Sache Interesse entgegenbringt, darin liegt die moralische Unterstützung, um die sie gebeten haben.

Während desselben Berlinaufenthaltes empfängt Heinemann die Bezirksverordnetenversammlung des Stadtteils Wilmersdorf, den Landesvorstand des Freiheitsbundes »Reichsbanner Schwarz-Rot-Gold«, wackere alte Männer, die vor vierzig Jahren die Weimarer Republik gegen ihre radikalen Feinde von rechts und links zu verteidigen suchten und heute über Nachwuchsmangel klagen, und schließlich eine Gruppe von jungen Helfern und Helferinnen des Sozialen Jahres. Recht unterschiedliche Gesprächspartner also, aber immer kommt die Unterhaltung nach wenigen Minuten auf Sorgen und Wünsche, die man dem Staatsoberhaupt vortragen will.

An jedem dieser Gespräche nimmt ein Referent des Bundespräsidialamtes teil, der die Klagen von Heinemanns Gästen notiert und dafür sorgt, daß die Probleme, die dem Bundespräsidenten vorgetragen wurden, weiter verfolgt werden. Es kommt vor, daß einzelne oder Organisationen versuchen, mit Hilfe des Bundespräsidenten die rechtmäßigen Entscheidungen einer zuständigen Instanz zu unterlaufen. Derlei Ansinnen werden zurückgewiesen. Aber sie sind selten. Wo etwas getan werden kann, da versucht Heinemann es zu tun.

Paderborn wäre ein Beispiel. Dort war während des eintägigen Besuches am späten Nachmittag des 9. März 1972 ein Gespräch mit Politikern, Vertretern der Wirtschaft und anderen Repräsentanten der Stadt und der umliegenden Gebiete angesetzt. Das Hauptproblem des ost-westfälischen Raumes, so erfuhr Heinemann, sind die mangelnden Verkehrsverbindungen.

Paderborn ist an das Intercitynetz der Bundesbahn nicht angeschlossen, die Autobahnverbindungen reichen nicht aus, vor allem liegt der nächste Verkehrsflughafen zu weit entfernt. Ein eigener Flughafen für Ost-Westfalen kann aber nicht gebaut werden, weil der Luftraum in diesem Gebiet für militärische Zwecke reserviert ist. Heinemann schreibt in dieser Sache später an die Minister Leber und Schmidt. Weitergegeben wird auch eine Bitte, die das Innerdeutsche Ministerium betrifft: in der Weser sind in den letzten Jahren die Fische fast ausgerottet worden, weil die DDR giftige Kaliabwässer in den Fluß leitet. Dieses Problem, so läßt das Ministerium wissen, ist als Thema für künftige Verhandlungen mit der DDR bereits vorgemerkt. Schließlich wird Heinemann in Paderborn von einem Vertreter des Roten Kreuzes auf Beispiele aufmerksam gemacht, daß Deutsche, die aus Polen auswandern wollen, ihren Arbeitsplatz verlieren, wenn westdeutsche Verwandte die Ausreise beantragen. Heinemann möge darauf hinwirken, daß die polnischen Behörden aufhören, in dieser Weise Druck auszuüben. Die Bitte führt zu einem Briefwechsel zwischen dem Bundespräsidialamt und dem Deutschen Roten Kreuz.

»Sie sind bekannt dafür, daß Sie ein Herz für die Sorgen der kleinen Leute haben und daß Sie unorthodox handeln«, sagte in Paderborn einer der Bittsteller. Offenbar ist Gustav Heinemann dafür bekannt. Im ersten halben Jahr seiner Amtszeit erhielt er bereits mehr Briefe mit der Bitte um Hilfe, als unter seinen Vorgängern je in einem ganzen Jahr eingegangen waren. Die Zahl hat seither nicht abgenommen. Sie schwillt vor allem dann rapide an, wenn Heinemann in öffentlicher Rede zur Lage von benachteiligten Gruppen der Gesellschaft Stellung genommen hat. Dem Referenten im Bundespräsidialamt, der diese Eingaben behandelt, ist aufgefallen, daß seit Heinemanns Amtsantritt die Mitglieder von Randgruppen mehr Mut als früher haben, ihre Not dem Bundespräsidenten zu schreiben: Gastarbeiter und Obdachlose, Drogenabhängige und Straffällige, vor allem aber die Angehörigen körperlich oder geistig behinderter Menschen.

Heinemann legt großen Wert darauf, über diese Eingaben informiert zu werden. In vielen Fällen entscheidet er selber. Vor allem kommt es ihm darauf an, daß jeder Einzelfall individuell behandelt wird. Auch wo keine Hilfe möglich ist, erhält der Betroffene vom Bundespräsidialamt einen persönlichen, seine besondere Lage berücksichtigenden Brief. Schematische Behandlung individueller Notlagen läßt Heinemann nicht zu.

Die Hilfe des Bundespräsidenten besteht vor allem darin, daß er Türen öffnen kann. Ein Brief des Bundespräsidialamtes an eine Behörde, ein Anruf bei einem Bürgermeister, eine Unterhaltung mit einem Minister: in der Regel bewirken solche Initiativen, daß ein in Not geratener Bürger leichter zu einer Hilfeleistung kommt, als wenn er allein auf sich gestellt bei den Behörden anklopft. Dabei wird zumeist die zuständige Gemeindeverwaltung angeschrieben, die dem konkreten Problem am nächsten ist, also nicht eine oberste Landesbehörde, bei der die Sache auf einen umständlichen Dienstweg geriete. Dieser verkürzte Weg ist allerdings nur in Fällen möglich, wo es um schnelle direkte Hilfe geht, nicht bei Grundsatzentscheidungen, die von höherer Stelle zu treffen sind. Ohnehin kann der Bundespräsident keine Weisungen geben. Er ist auf die Kooperationsbereitschaft der Behörden angewiesen und findet sie. Mag den angeschriebenen Instanzen die Einmischung von oben manchmal auch lästig sein, so reagieren sie doch in der Regel schnell und freundlich. Leichter kommt das Bundespräsidialamt zum Erfolg, wenn es sich an anfallenden Kosten beteiligt.

Für diese Zwecke steht dem Bundespräsidenten ein amtlicher Sozialfonds zur Verfügung, der mit jährlich 400 000 DM ausgestattet ist. Das ist nicht viel Geld angesichts der großen Zahl unterstützungswürdiger Fälle. Die Beträge, die das Bundespräsidialamt als Beihilfe zahlen kann, liegen deshalb nur zwischen 100,— DM und 300,— DM. Zudem müssen alle Leistungen aus diesem Fonds, der aus Steuermitteln gespeist wird, nach den Vorschriften des Bundesrechnungshofes abgerechnet werden.

Um auch in Fällen helfen zu können, in denen die haushaltsrechtlichen Vorschriften eine Unterstützung aus öffentlichen Mitteln nicht oder nur unzureichend erlauben, hat Gustav Heinemann, darin dem Beispiel seines Vorgängers Heinrich Lübke folgend, zu seinem 70. Geburtstag am 23. 7. 1969, einen privaten Sozialfonds gegründet. In diesen Fonds fließt z. B. die monatliche Pension ein, die er von seiner alten Firma Rheinstahl absprachegemäß als zweckgebundene Spende weiterhin erhält, ferner seine Honorare aus Aufnahmen für Funk und Fernsehen. Einige Firmen haben für Heinemanns privaten Sozialfonds zum Teil ansehnliche Summen gestiftet, dazu kommen größere und kleinere Spenden von Privatpersonen (Postscheckkonto Köln 650, Sozialfonds des Bundespräsidenten Gustav W. Heinemann). Ein Vorteil des privaten Sozialfonds besteht darin, daß im Einzelfall größere Summen gezahlt werden können, als aus dem amtlichen Sozialfonds des Bundespräsidenten. Die Entscheidung trifft Heinemann in jedem Falle selber.

Wichtiger als die unmittelbare materielle Unterstützung ist die indirekte Hilfe, die das Bundespräsidialamt leisten kann. Ein Beispiel: Für die Ehrenpatenschaft, die der Bundespräsident einer alten Gepflogenheit entsprechend für das siebte Kind einer Familie übernimmt, gibt es neben einer Ehrenurkunde eine Geldspende von DM 100,—. Das Bundespräsidialamt nimmt diese Gelegenheit zum Anlaß, um bei der zuständigen Einwohnerbehörde nach den Wohn- und Einkommensverhältnissen der betreffenden Familie zu fragen. Sind die Wohnbedingungen mangelhaft, dann versucht man zu helfen, entweder durch ein zusätzliches Darlehen von DM 6 000,— zum Erwerb eines Eigenheims oder dadurch, daß die Gemeinde, in der die Familie lebt, ein Baugrundstück zur Verfügung stellt.

Heinemann hat die Bedingungen für die Ehrenpatenschaft von überholten Moralvorstellungen befreit. Früher mußten alle sieben Kinder von denselben Eltern stammen und die Familie hatte in einwandfreiem Ruf zu stehen. Mit beiden Voraussetzungen hat Heinemann aufgeräumt. Wenn beispielsweise der verwitwete Vater von vier Kindern erneut heiratet und aus der zweiten Ehe drei weitere Kinder hervorgehen, dann kommt die Familie jetzt ebenfalls in den Genuß der Ehrenpatenschaft. Wichtiger noch ist, daß nichteheliche Kinder nicht länger diskriminiert werden. Sie können jetzt ebenfalls Ehrenpatenkinder des Bundespräsidenten werden. Denn Heinemann geht es bei der Ehrenpatenschaft in erster Linie um das Kind, nicht um die Eltern.

Nimmt man alle diese Hilfeleistungen zusammen, so ergibt sich ein stattliches Bild. Gemessen an der wirklichen sozialen Not sind die Hilfsmöglichkeiten des Bundespräsidenten dennoch bescheiden. Zudem geschieht diese Hilfe, ohne daß die Öffentlichkeit allzuviel davon bemerkt. Auf Öffentlichkeit aber kommt es Heinemann an. Sein Amt ist darauf angelegt. »Bundesklagemauer« zu sein, das heißt für Heinemann deshalb auch, daß er die Not von Minderheiten ins öffentliche Bewußtsein ruft. Das geschieht teils durch seine Reden, teils dadurch, daß er die Stätten der Not aufsucht. Er nennt das gelegentlich seine »Scheinwerferfunktion«.

Als Justizminister konnte Gustav Heinemann eine Änderung des Strafvollzugs einleiten. Als Staatsoberhaupt muß er sich darauf beschränken, dem Problem des Strafvollzugs öffentliche Aufmerksamkeit zu verschaffen, indem er eine Strafanstalt besucht. Solche Besuche bleiben nicht privater Natur. Die Journalisten, die den Bundespräsidenten begleiten, verschaffen ihnen öffentliche Resonanz. Heinemann nutzt diese Möglichkeit, so oft er kann. Er besucht Behindertenheime und Rehabilitationszentren, Strafanstalten und Gastarbeiterunterkünfte, Obdachlosenstätten und Altersheime. Gelegentlich kann es auch sein, daß er unangemeldet und ohne große Begleitung auftaucht. Auf der Fahrt von Bonn zum Wochenende nach Essen besuchte er einmal ohne Vorwarnung eine Kölner Gastarbeiterunterkunft. Die Gastarbeiter, über deren Wohnverhältnisse er sich ein ungeschminktes Bild verschaffen wollte, hielten den fremden Herrn für den Hausbesitzer. Heinemanns Blitzaktion sprach sich schnell herum. Aus Briefen erfuhr er später, daß Gastarbeiter aufgrund seines Kölner Besuches bei den Stadtverwaltungen für ihre Anliegen eine spürbar gewachsene Hilfsbereitschaft gefunden hatten.

Mehr noch als die Besuche bei den Unterprivilegierten sind es die öffentlichen Reden, mit denen Heinemann auf die Lage von Minderheiten aufmerksam macht. Zur Woche der Brüderlichkeit 1970 hatte man ihn gebeten, bei einer Feierstunde in Köln eine Ansprache zu halten. Feierlich wurde seine Rede nicht, sondern ungemütlich, herausfordernd konkret. Er sprach davon, daß seit der Französischen Revolution Freiheit und Gleichheit der Menschen sich weit stärker hätten durchsetzen können, als die Gesinnung der Brüderlichkeit, weil Brüderlichkeit nicht durch Gesetz befohlen werden könne. Auch die Garantie der Grundrechte in unserer Verfassung könne nicht verhindern, daß gesellschaftliche Minderheiten zu Parias der öffentlichen und nichtöffentlichen Meinung würden. Um so dringlicher sei die Aufgabe, einem größeren Maß von Solidarität für andersdenkende und andersgeartete Mitbürger den Boden zu bereiten. Und dann wurde Heinemann direkt:

»Wie wird bei uns z. B. über Gastarbeiter gesprochen? Sind wir bereit, sie auch gesellschaftlich und menschlich als gleichberechtigte Partner anzusehen, die mit ihrer Arbeit zu unserem Wohlstand beitragen? Wie steht es mit den unehelich geborenen Kindern, und wie werden die Mütter, die sie geboren haben, eingeschätzt? Wer setzt sich dafür ein und geht mit gutem Beispiel voran, daß entlassene Strafgefangene sich wieder in die Gesellschaft eingliedern können? Wie hartnäckig erweisen sich Vorurteile gegenüber Menschen anderer Hautfarbe, anderen Glaubens, anderer Überzeugung?

Daran ist zu denken, wenn nach dem Sinn der Woche der Brüderlichkeit gefragt wird. Es geht nicht um Deklamationen. Wir sind nach unserem persönlichen Verhalten gefragt. Wir sollen Rechenschaft darüber ablegen, was wir tun, um Vorurteile aufzubrechen und Ressentiments zu entlarven. Lassen wir uns bequemlich treiben im Strom der öffentlichen und nichtöffentlichen Meinung, oder haben wir den Mut zu widersprechen, wo geistige Trägheit und Überheblichkeit sich in unserer Umgebung ausbreiten?«[2]

Auch Weihnachtsansprachen sind bei Heinemann nicht Anlässe zu unverbindlicher Feierlichkeit. Schon im ersten Absatz seiner Weihnachtsansprache 1970, die wie üblich über alle Rundfunk- und Fernsehstationen ausgestrahlt wurde, lenkte er den Blick auf Minderheiten: »Längst nicht alle Gastarbeiter konnten in ihre Heimat, zu ihren Familien reisen. Manchen Strafgefangenen wird es in der Zelle schwerer ums Herz.« Dann sprach er vom Sinn der Weihnachtsgeschichte und davon, daß »Gottes Gaben immer auch Fragen an uns« sind. Es gebe vieles, an das zu denken wir an Weihnachten aufgerufen seien, wo es dem einzelnen unter uns besser geht als anderen. Um an einem Beispiel zu zeigen, wie gedankenlos in unserer Gesellschaft an dem Schlechtergestellten vorübergegangen wird, griff Heinemann die Gruppe der Behinderten heraus.

»Es gibt sehr viel mehr behinderte Menschen, als wir gemeinhin wissen. Jährlich werden 60 000 Kinder geboren, die den Anforderungen unserer Leistungsgesellschaft nicht gewachsen sind. Insgesamt sind es fast eine halbe Million volksschulpflichtige Kinder, die behindert sind, benachteiligt gegenüber anderen Kindern. Davon kann jede Familie betroffen werden ... Alles in allem leiden 4 Millionen Mitbürger an schwerwiegenden körperlichen, geistigen und seelischen Behinderungen.

Da hat eine Umfrage in letzter Zeit ergeben, daß neun Zehntel der Bürger nicht wissen, wie sie sich gegenüber Behinderten verhalten sollen. Die Hälfte von uns möchte mit Behinderten nicht unter einem Dach leben. Vor einiger Zeit erregte es Aufsehen, wie eine Gemeinde in der Bundesrepublik heftigen Widerstand leistete, als in ihrer Mitte ein Heim für geistig behinderte Kinder errichtet werden sollte *). Dieser Fall ist leider nicht vereinzelt. Da will man nicht nur das Denken an behinderte Menschen, sondern sogar ihren Anblick verdrängen.

Hier gilt es, unser Bewußtsein von Grund auf zu überprüfen und zu verändern. Unsere so sehr auf Leistung und Wettbewerb ausgerichtete Gesellschaft ist nur dann eine menschliche Ordnung, wenn sie behinderten Minderheiten volle Achtung, volle Gemeinschaft und ein Höchstmaß an Eingliederung gewährt.«[3]

Das sind unbequeme Mahnungen aus dem Munde des Staatsoberhauptes. Unnachgiebig richtet er den Blick auf die, vor denen die Mehrheit lieber die Augen verschließt. Er kämpft dagegen an, die Gesellschaft in Gerechte und Gerichtete aufzuteilen. Er nennt Vorurteile und Ressentiments beim Namen, spricht von der Trägheit der Herzen und vom Mut zum Widerspruch. Manche Bürger hören das nicht gerne, schon gar nicht an Weihnachten. Sie hätten vom Staatsoberhaupt lieber Zuspruch als Mahnung, lieber Bestätigung als

---

*) Im niederbayerischen Dorf Aumühle setzten am 17. Oktober 1970 Bewohner die Nebengebäude einer kirchlichen Anstalt in Brand, um gegen die geplante Errichtung eines Heimes für geistig behinderte Kinder zu protestieren.

Mit Staatssekretär Dietrich Spangenberg, Chef des Bundespräsidialamtes

Am Schreibtisch in der Essener Wohnung ▷

Auf Reisen in der Bundesrepublik: Der Bundespräsident besucht Bayern

bohrende Fragen. Die Leserbriefspalten der Zeitungen sind für diese Stimmung aufschlußreicher als die Kommentare. Der Bundespräsident, so kann man dort gelegentlich lesen, sei schließlich für alle da. Mit seinem Amt vertrage es sich schlecht, daß er immer wieder die Minderheiten herausstelle und die Anschauungen der Mehrheit kritisiere. Vom Staatsoberhaupt wird erwartet, daß es über dem Streit der Parteien integrierend wirkt.

Für diese integrierende Wirkung des Bundespräsidenten hat einst Theodor Heuss ein großes Beispiel gegeben. Er erleichterte durch seine kluge, väterlich-humorvolle Art den Deutschen die Zustimmung zu der neuen Republik, die er repräsentierte. Daß die Aufgabe der Integration zu den wesentlichen Pflichten des Bundespräsidenten gehört, dem würde Gustav Heinemann nicht widersprechen. Aber er versteht sie anders als Theodor Heuss. Für ihn ist diese Demokratie nach zwanzig Jahren mündig geworden. Integration heißt für ihn deshalb nicht, daß das Staatsoberhaupt der Mehrheit durch gönnerhaften Zuspruch politisches Wohlbehagen vermittelt. Heinemann würde einer Aufgabenteilung nicht zustimmen, nach der es den Parteien zufiele, Konflikte auszutragen, und dem Staatsoberhaupt, eine heile Welt zu beschwören. Integrieren heißt für ihn, die Mehrheit auf die nichtintegrierten, auf die an den Rand gedrängten Minderheiten der Gesellschaft hinzuweisen, auf Behinderte, auf Straffällige, auf Gastarbeiter. Er macht sich zum Anwalt der Benachteiligten, zum Sprecher derer, die sich aus eigener Kraft öffentliches Gehör nicht verschaffen können.

Kein Artikel des Grundgesetzes spricht von dieser Aufgabe des Bundespräsidenten, keine Tradition liefert dafür ein Vorbild. Und noch weniger sind die Pflichten derjenigen Person geregelt, die Heinemann bei diesem Teil seiner Amtsführung am meisten unterstützt und die er gelegentlich als seinen »Staatssekretär ehrenhalber« bezeichnet: seiner Frau, Hilda Heinemann.

Ihr Leben lang hatte sie keinen anderen Beruf ausgeübt, als den der Hausfrau und Mutter. Nun, als die erste Dame im Staat, entwickelte sie eine enorme Aktivität. Sie kam ganz ohne Programm in die Villa Hammerschmidt. Nur, was sie nicht wollte in dem neuen Amt, wußte sie: sie wollte keine Ersatzmonarchin sein. Die Aufgaben stellten sich rasch von selber ein. Hilda Heinemann ist die erste Frau eines Bundespräsidenten, die eine eigene Referentin und zwei Sekretärinnen hat. Die Damen klagen nicht über Mangel an Beschäftigung.

Zunächst setzte Frau Heinemann fort, was ihre Vorgängerinnen begonnen hatten, vor allem das Müttergenesungswerk, das auf Elly Heuss-Knapp zurückgeht. Aber sie ließ es nicht dabei bewenden, das Bestehende einfach fortzuführen. Sie förderte Sonderkuren für Mütter, die in einer ähnlich schwierigen Lebenssituation sind, also für Mütter von geistig oder körperlich behinderten Kindern, für Mütter zusammen mit ihren blinden Kindern, für blinde und gehörlose Mütter, für psychisch kranke Mütter, für alleinstehende berufstätige Mütter, für studierende Mütter und für Ehefrauen von Studenten. Diese Frauen sollten durch die Sonderkuren Gelegenheit finden, ihre Einsamkeit zu überwinden und ihre Erfahrungen mit Leidensgenossinnen auszutauschen. Erstaunlich ist an diesen Sonderkuren vor allem, daß es sie nicht längst gab. Es fehlte offenbar entweder an Phantasie oder an Initiative.

Hilda Heinemann hat beides, Phantasie und Initiative. Sie braucht diese Eigenschaften in einem Amt, das keines ist. Das Grundgesetz kennt keine erste Frau im Staate. Die Frau des Bundespräsidenten könnte, wenn sie wollte, fast ganz das zurückgezogene Leben einer Ehefrau führen oder sich mit Teekränzchen und Modeschauen vergnügen. Nur bei gesellschaftlichen Anlässen wird von ihr erwartet, daß sie sich an der Seite ihres Mannes zeigt. (Bei Staatsbanketten, wenn die Titel gekrönter und ungekrönter Würdenträger die Tafel zieren, steht auf der Tischkarte der Frau des Bundespräsidenten »Hausfrau«.) Sie kann aber auch, wenn sie will, die vielfältigen Möglichkeiten öffentlicher Wirksamkeit nutzen, die ihre Stellung bietet. Frau Heinemann hat sich für öffentliche Wirksamkeit entschieden. Die Aktenordner im Büro der Persönlichen Referentin Ruth Bahn-Flessburg geben einen Eindruck davon: soziale Fragen, Gefangenenbetreuung, Jugendfürsorge, Erziehungsfragen, Frauenarbeit, Weltkinderhilfswerk (für dessen deutsches Komitee sie die Schirmherrschaft übernommen hat), Amnesty International — die Liste ließe sich fortsetzen.

Als Frau des Bundespräsidenten kann sie Türen öffnen, wie ihr Mann: eine Bitte, die sie an eine Behörde weitergibt, muß bearbeitet werden; einen Brief, den sie schreibt, muß man beantworten. (Hilda Heinemann hat allerdings auch die Erfahrung machen müssen, daß nicht einmal dieses minimale Gebot der Höflichkeit in jedem Falle befolgt wird.) Und sie kann, wie ihr Mann, die Öffentlichkeit auf menschliche Not aufmerksam machen. Das vor allem ist der Zweck ihrer vielen Besuche an Stätten, wo leidende, behinderte oder einsame Menschen gepflegt werden.

Bei jeder Reise, die der Bundespräsident unternimmt, macht sie nur einen Teil der offiziellen Termine mit. Für die restliche Zeit ist ein Sonderprogramm vorbereitet. In Paderborn zum Beispiel führte Hilda Heinemann ein Gespräch mit Aussiedlern aus Polen und mit Sozialbedürftigen der Stadt, während ihr Mann eine Computerfirma besichtigte. In Berlin stand ein Besuch beim Bundesversicherungsamt auf dem Programm des Bundespräsidenten, Frau Heinemann ließ sich zur selben Zeit die Tagespflegestelle des Vereins zur Betreuung und Förderung ausländischer Kinder zeigen. Tags darauf war er Gast des Bundeskartellamts, sie eröffnete ein neues Spastikerzentrum.

Eine Scheu vor der Presse kennt sie bei diesen öffentlichen Auftritten nicht, im Gegenteil. Während ihr Mann bis heute sich nur schwer mit der Vorstellung abfinden mag, daß jede seiner öffentlichen Handlungen von einer Meute von Bildreportern begleitet wird, macht sie die Arbeit der Pressefotografen ihren eigenen Zwecken bewußt zunutze. Ein Besuch in einer Behinderten-Werkstatt oder bei Taubblinden, so gibt sie unbefangen zu, ist für sie nichts wert, wenn nicht Journalisten darüber berichten. Denn die Behinderten und die Taubblinden haben ja nicht viel davon, daß die Frau des Bundespräsidenten bei ihnen Hände schüttelt. Für sie ist wichtiger, daß die Öffentlichkeit an ihre Lage erinnert wird.

Hilda Heinemann beschränkt sich nicht auf die Arten der Not, die von der Gesellschaft mehr oder minder akzeptiert sind. Sie hat Häuser für »gefallene Mädchen« besucht, sie war in einer Berliner Mutter-Kind-Kommune, in der sich ledige Mütter zusammengetan haben, sie hält Kontakt zu freiwilligen Gruppen, die sich um Drogenabhängige kümmern. Sie war auch die erste Frau eines Bundespräsidenten, die eine Frauenhaftanstalt besuchte.

Im Frauengefängnis von Frankfurt-Preungesheim entsteht ein Projekt, das in der Bundesrepublik seinesgleichen sucht. Dort wird ein Kinderheim gebaut, in dem 25 Kinder von inhaftierten Frauen bei ihren Müttern aufwachsen sollen. Die Leiterin des Gefängnisses, Frau Dr. Einsele, und die Frankfurter Humanistische Union, die dieses Projekt gemeinsam auf den Weg gebracht haben, hoffen mit dem Kinderheim ein doppeltes Ziel zu erreichen. Einmal soll das Verantwortungsbewußtsein der straffälligen Frauen gegenüber ihren zumeist nicht ehelich geborenen Kindern gestärkt werden; zugleich möchte man die Kinder vor dem Teufelskreis ihrer Mütter bewahren, der von einer lieblosen Kindheit über Waisenhaus, Jugendfürsorge und Kriminalität wieder ins Gefängnis führt. Man baut das Kinderheim auf der der Strafanstalt abgewandten Seite, so daß diese Kinder dort mit Gleichaltrigen aus der Nachbarschaft spielen können. Für dieses Haus hat Hilda Heinemann 1971 symbolisch den Grundstein gelegt, 1972 wurde mit dem Bau begonnen.

Wer so vorurteilsfrei handelt, der braucht nicht nur Phantasie und Initiative, sondern auch Unabhängigkeit von gesellschaftlichen Konventionen. »Was angeblich üblich ist«, sagte Hilda Heinemann zu einer Journalistin, »das ist mir ganz egal.« Manchmal ist sogar ihr Mann davon überrascht, wie unkonventionell sie handelt. In Hamburg besuchte sie im Frühjahr 1972 ein Heim für »gefallene Mädchen«. Beim Rundgang durch das Haus stellte sie fest, daß an den Zimmertüren der Damen Spione angebracht waren. Sie fand das diffamierend und schlug vor, die Spione durch Posters an der Innenseite der Türen zu verdecken. Ein solches Haus sei schließlich kein Gefängnis, die hier wohnenden Frauen seien keine Sträflinge, sie hätten ein Recht darauf, in ihren Zimmern unbeobachtet Gäste empfangen zu können. Als die Heimleiterin einwandte, Posters seien in ihrem Hause aus bestimmten Gründen unerwünscht, regte Frau Heinemann an, daß die Spione dann eben durch Namensschilder verdeckt werden müßten. Daheim in Essen erzählte sie von ihrem Hamburger Erlebnis. Gustav Heinemann hörte den Bericht halb amüsiert, halb stolz und wunderte sich: »So hast du früher aber auch nicht gedacht.« Darauf Hilda Heinemann: »Ja, du hast recht, Gustav, aber heute weiß ich auch besser Bescheid.«

Vielleicht ist es das Erstaunlichste an dieser erstaunlichen Frau, wie leicht sie sich in ihrem hohen Alter auf Situationen einstellt, die ihrem eigenen Leben bisher gänzlich fremd waren. Die Fähigkeit, spontan zu reagieren, und das Interesse für andere Menschen helfen ihr dabei. Mit Frauen am Rande der Gesellschaft zu sprechen macht ihr ebensowenig aus, wie der Umgang mit gekrönten Häuptern. Unter körperlich oder geistig behinderten Menschen bewegt sie sich, als sei ihr diese Umgebung selbstverständlich. Überall stehen ihr Wort und Geste zu Gebote, die gesellschaftliche Barrieren überwinden. Dabei ist sie keineswegs leutselig, eher von zurückhaltender, herber Freundlichkeit. An gluckenhaftem Überschwang, an zudringlicher Mütterlichkeit hindert sie ihre Bremer Herkunft. Zwar ist sie leicht betroffen zu machen. Auch schämt sie sich nicht der Tränen der Erschütterung, wenn sie mit menschlichem Leid konfrontiert wird. Aber sie kann sich von solchen Stimmungen wieder lösen. »In Bremen trägt man sich«, sagt sie zuweilen.

Ihr Engagement für die sozial Benachteiligten hat nichts zu tun mit der herablassenden Wohltätigkeit amerikanischer Millionärsgattinnen, die irgendeinem Welfare Committee angehören und sich mit ihrer Freizeitbeschäftigung auf wohltuende Weise bestätigen, daß ihre Privilegien unangetastet bleiben. Nicht Herablassung treibt Hilda Heinemann, sondern das Bewußtsein, daß allzu viele von der Bevölkerung einfach abgeschrieben sind und daß ihnen geholfen werden muß. Auf die Frage, ob es überhaupt Sinn habe, den einzelnen zu helfen, bevor die Gesellschaft verändert ist, auf diese Frage läßt sie sich gar nicht erst ein. »Die Verheißung«, sagt sie, »daß wir die Erde zum Paradies machen können, haben wir doch nicht. Nein, nein, man darf nicht warten. Man muß tun, helfen, wo man kann, jetzt sofort.« Das könnte ihr Mann mit denselben Worten gesagt haben. Es gibt da keine Differenz zwischen Gustav und Hilda Heinemann. Ein langes, gemeinsames Leben in christlicher Überzeugung hat dazu geführt, daß Hilda Heinemann wie von selbst sich in dem neuen Amt an der Aufgabe beteiligt, die ihr Mann die »Bundesklagemauer« nennt.

Was ihr Sorge macht, ist die Befürchtung, daß ihre Arbeit für die Hilflosen in der Anregung und im Aufruf steckenbleibt. Werden sich andere durch ihr Beispiel zu eigenem Tun ermutigen lassen? Wird eine Sache, die sie angestoßen hat, von anderen weitergeführt werden? Die Sorge betrifft vor allem diejenige Unternehmung, die ihren eigenen Namen trägt, die »Hilda-Heinemann-Stiftung — Wohnstättenwerk für geistig Behinderte«.

Zur Gründung dieses Werkes kam Hilda Heinemann durch einen Zufall. Es war so üblich, daß die Frau des Bundespräsidenten an Weihnachten die Kinder der in Bonn akkreditierten Diplomaten ins Theater einlud und ihnen anschließend Süßigkeiten schenkte. Frau Heinemann fand, daß Diplomatenkinder an Süßigkeiten keinen Mangel leiden, und brach mit dieser Tradition. Sie schrieb den Kindern einen freundlichen Brief und bat um Verständnis darum, daß das bislang für Schleckereien ausgegebene Geld künftig Kindern zugute kommen sollte, die in Heimen leben: Behinderten, Blutern, Spastikern, Tauben und Blinden. Aber diese Kinder wurden nun nicht mit den üblichen Spielsachen oder Süßigkeiten beschenkt. Statt dessen ließ Frau Heinemann Erkundungen darüber einholen, welche therapeutischen Hilfsmittel erwünscht wären. Und so gab es als Weihnachtsgeschenk für ein Kinderheim eine Kletterwand, für ein anderes einen Zuschuß zum Schwimmbad, für ein drittes Hörgeräte.

Als sie eines dieser Geschenke in einem Heim für geistig Behinderte überreichte, sagte man ihr, daß die meisten dieser Jugendlichen nur bis zu ihrem 18. Lebensjahr in einem solchen Heim leben können. Danach bleibt ihnen, falls ihre Familie sie nicht wieder aufnimmt, nur die Wahl zwischen der Nervenheilanstalt und dem Siechenheim. Für geistig behinderte Kinder Geld locker zu machen ist einigermaßen möglich, denn Kinder erwecken Hilfsbereitschaft. Aber für geistig behinderte Erwachsene Spenden einzuholen, ist außerordentlich schwer. Daher sind die Hilfsmöglichkeiten trotz des Einsatzes der Wohlfahrtsverbände, der Kirchen und Gemeinden sehr begrenzt.

Diese sozialpolitische Lücke versucht die Hilda-Heinemann-Stiftung zu füllen. Sie fördert den Bau von Wohnstätten für geistig behinderte Erwachsene, möglichst in Ballungsräumen und in der Nähe ihrer Arbeitsplätze. Sie unterstützt die Einrichtung von Werkstätten und bemüht sich darum, diese Werkstätten in Industriebetriebe einzugliedern. Und sie fördert wissenschaftliche Untersuchungen, die zur Verbesserung der Lebens- und Arbeitsbedingungen geistig Behinderter beitragen. Keine Randgruppe wird stärker aus dem Bewußtsein der Gesellschaft verdrängt als diese. Kein anderer als der geistig Behinderte wird vom »Normalen« so stark als eine Provokation empfunden, der er sich zu entziehen sucht. »Aufklärung über die Mängel in der Betreuung der geistig Behinderten; über die Vorurteile; über die Möglichkeiten einer freien Entfaltung der Betroffenen« gehört deshalb zu den wichtigsten Zielen der Stiftung.

Die Zahlen, die die Stiftung nennt, lassen die Größe der Aufgabe ahnen. Etwa jedes 150ste Kind, das geboren wird, ist geistig behindert. Das sind rund 10 000 Kinder pro Jahr allein in der Bundesrepublik. Einige 100 000 geistig behinderter Erwachsener leben unter uns. Bis zum Jahre 1975 werden etwa 10 000 neue Wohnplätze gebraucht, von denen jeder einzelne 45 000 DM kostet. Aus den öffentlichen Haushalten sind diese Aufgaben nicht zu finanzieren, und die Fernsehlotterien wollen ihre Zuschauer nicht mit dem Anblick geistig behinderter Menschen verprellen. Dort hält man sich lieber an Populäres: »Ein Platz an der Sonne«, »Aktion Sorgenkind« — für dergleichen ist beim Fernsehzuschauer leichter Geld zu holen.

Und so geht Frau Heinemann für die geistig behinderten Erwachsenen betteln. »Mit der Bitte um Hilfe, um Zuschüsse und Spenden«, so heißt es in der Satzung, »wendet sich die Stiftung an die öffentliche Hand, die Bundesanstalt für Arbeit und die Versicherungsträger; an die Wirtschaft, an die großen Verbände; schließlich an die gesamte Bevölkerung.« Und weiter: »Die Geldmittel sollen vorwiegend regional und projektbezogen beschafft werden, damit die Spender auch sehen können, was mit ihren Zuschüssen geschieht, und der Kontakt mit der entstehenden Einrichtung ermöglicht wird.«

Hätten wir schon einen wirklich sozialen Rechtsstaat, dann müßte für behinderte Mitbürger nicht gebettelt werden. Einstweilen aber ist anders das Geld nicht zu beschaffen. Und deshalb ist auf der Rückseite jedes Autogrammfotos von Hilda Heinemann ein Stempel mit dem Konto ihrer Stiftung aufgedruckt: Postscheckkonto Köln Nr. 24 24.

»Ich liebe nicht den Staat, ich liebe meine Frau«

Von Theodor Heuss wird berichtet, daß er sich nach einem Manöverbesuch von den Soldaten mit den Worten verabschiedete: »Nun siegt mal schön!« Der Satz wurde zu Recht berühmt. Zu einer Zeit, als die Notwendigkeit der Bundeswehr noch heftig umstritten war, als der alte deutsche Respekt vor militärischer Gewalt mit der neuen »Ohne-mich-Haltung« in bitterer Fehde lag, sprach Heuss vom Militärischen mit der listigen Ironie des Zivilisten.

Gustav Heinemanns Ausspruch »Ich liebe nicht den Staat, ich liebe meine Frau« hat ähnlichen Rang. Er ist zunächst eine ganz schlichte Auskunft über eine gelungene Ehe (Wer Heinemann kennt, weiß, daß er seine Frau wirklich liebt). Aber dieser Satz kennzeichnet vor allem Heinemanns Verhältnis zum Staat.

Man konnte ihn so verstehen, wie er gemeint war, so wie viele Bürger, die Heinemann deswegen einen zustimmenden Brief schrieben, Beamte darunter und Offiziere; oder wie Willy Brandt, der auf einem SPD-Parteitag sagte, dieser Satz habe das oft verkrampfte Verhältnis zum Staat in unserem Lande auf wohltuende Weise gelockert. Man konnte ihn aber auch mißverstehen, und auch dies ist offenbar gründlich geschehen. Dem Bundespräsidenten wurde vorgeworfen, er habe ein gestörtes Verhältnis zu diesem Staat. Noch schlimmer: man dürfe sich über mangelnde Staatsgesinnung im Volk nicht wundern, wenn das Staatsoberhaupt selbst mit so schlechtem Beispiel vorangehe, wenn es staatliche Macht in Frage stelle und nichts mehr davon wisse, daß nicht nur der Staat um der Bürger willen da sei, sondern auch die Bürger um des Staates willen.

Aber diese Vorwürfe beruhen auf einem Staatsverständnis, das Heinemann gerade zu überwinden sucht, weil er es für vordemokratisch hält. Für ihn ist der Staat keine abstrakte Autorität, die an sich Verehrung verdiente.

Ein Staat ist so wenig etwas Liebenswertes wie politische Parteien, Ministerien, Gerichte, Finanzämter oder Verkehrsampeln. »Der Staat«, sagt Heinemann, »ist kein höheres Wesen. Vielmehr ist er eine notwendige, mit Herrschaftsgewalt ausgestattete Ordnung zur Verwirklichung sozialer Gerechtigkeit und zur Wahrung des Rechtsfriedens. Er ist die Ordnung, die sich die Gesellschaft gibt, damit jeder Bürger das ihm Zukommende erhält und in Frieden leben kann.«[1] Wenn das gelingt, wenn also ein Staat seinen Bürgern menschenwürdige Bedingungen sichert, dann verdient er Zustimmung, aktive Mitarbeit, sogar entschlossene Verteidigung gegen seine Feinde.

Aber Liebe? »Natürlich ist mir bewußt, daß man nicht nur Menschen, die einem nahestehen, lieben kann, sondern auch anderes: die Heimat, die Natur, ein Kunstwerk oder Erinnerungsstücke. Ich meine aber, das Verhältnis des Bürgers zum Staat sollte nicht von solchen irrationalen Gefühlen geprägt sein. Nicht das Gefühl, sondern die Vernunft sollte unsere Bindung an den Staat bestimmen.«[2]

Von »Bindung an den Staat« redet Heinemann also durchaus. Nur soll diese Bindung nicht unkritisch emotional sein, sondern auf Einsicht, auf rationaler Prüfung beruhen. Das gefühlsbestimmte Verhältnis zum Staat hat gerade in der jüngeren deutschen Geschichte zu viel Schlimmes angerichtet. In der Weimarer Republik verhinderte es die Zustimmung zu einem Staat, der diese verdient hätte. Das Dritte Reich hätte andererseits seinen verhängnisvollen Weg nicht so ungehindert gehen können, wenn es der irrationalen Begeisterung der Mehrheit seiner Bürger nicht so sicher gewesen wäre.

Daß nach diesen geschichtlichen Erfahrungen ein nüchternes Staatsverständnis von der Spitze des Staates selbst her empfohlen wird, hätte eigentlich keinen Stoff für Kontroversen liefern müssen. Dennoch blieb Heinemanns Verhältnis zum Staat ein umstrittenes Thema. Das mag zum Teil daran liegen, daß der heutige Bundespräsident in den Fünfzigerjahren um so mehr zum Außenseiter geworden war, je stärker die damals regierende CDU ihre Herrschaft mit dem Staat gleichsetzte. Es hat aber wohl noch einen anderen Grund. Heinemann pflegt sein Staatsverständnis mit einer Vokabel zu erklären, die für den theologisch nicht vorgebildeten Hörer mißverständlich ist: der Staat sei »Gottes Notordnung«. Notordnung — das klingt wie Notruf, Notbremse, Notausstieg, jedenfalls wie etwas, was man nur in Katastrophenfällen benutzt, normalerweise aber nicht benötigt. Der Staat als »Gottes Notordnung« meint etwas anderes: daß nämlich Staaten notwendig sind, weil die Menschen von sich aus zu friedlichem Zusammenleben nicht fähig sind, weil Freiheit nur möglich ist in einer festen, organisierten Rechtsordnung, an die sich alle binden müssen.

Einen machtlosen Staat will auch Heinemann nicht. Nur ist staatliche Macht an sich noch nichts Gutes. Es kommt darauf an, welche Ordnung sie schützt, welches Leben sie dem Bürger ermöglicht und wie die Kontrolle gegen ihren Mißbrauch funktioniert. Weil Heinemann die Verfassungsordnung der Bundesrepublik für die beste hält, die es in der deutschen Geschichte bisher gegeben hat, und für eine der besten, die es gegenwärtig in der Welt gibt, tritt er auch dafür ein, daß dieser Staat über genügend Machtmittel verfügt, um seine Ordnung zu verteidigen, nach innen wie nach außen.

Auch nach außen. Heinemann bestreitet die Notwendigkeit der Bundeswehr unter den gegebenen politischen Bedingungen nicht, sondern er betont sie — allen anderslautenden Gerüchten zum Trotz. Dennoch hat gerade Heinemanns Verhältnis zur Bundeswehr die öffentliche Diskussion intensiv beschäftigt. Ihm wurde vorgeworfen, er habe seine neutralistischen Illusionen aus den Fünfzigerjahren bis heute nicht überwunden, er stelle die Bundeswehr öffentlich in Frage, er habe einfach kein Verständnis für die militärischen Erfordernisse, die für die Bundesrepublik nun einmal unabweisbar gegeben seien. In diesen Vorwürfen mischt sich Richtiges mit Unrichtigem zu einem Klischee, das insgesamt falsch ist.

Es ist ein historischer Tatbestand, daß Heinemann die von Konrad Adenauer 1950 eingeleitete Wiederbewaffnung der Bundesrepublik aus politischen Gründen für eine Fehlentscheidung hielt und deshalb sein Ministeramt zurückgab. Aber es ist Unsinn zu behaupten, daß er noch heute in den politischen Alternativen denke, die sich ihm vor zwanzig Jahren stellten.

Heinemann ist Realist genug, um zu wissen, daß es müßig ist, heute darüber zu streiten, ob damals ein Verzicht auf die Wiederaufrüstung die Spaltung Deutschlands abgewendet hätte. Die politische Entwicklung in Europa ist über die Alternativen von einst hinweggegangen. Sie hat Tatsachen geschaffen, von denen jeder Politiker ausgehen muß.

Heinemann stellte es in seiner Rede vor der Schule für Innere Führung in Koblenz ausdrücklich fest: »Die Bundeswehr ist unser heute notwendiger Beitrag im Verteidigungssystem der NATO ... Unter diesen Gegebenheiten ist die Bundeswehr nicht in Frage gestellt. Vollends hat sie sich nicht selber in Frage zu stellen, wie ich angeblich einmal gesagt haben soll und wie mir zuweilen trotz aller Berichtigungen bis heute vorgeworfen wird.«[3] Er bezog sich dabei auf ein Interview, das er drei Tage nach seiner Wahl zum Bundespräsidenten der »Stuttgarter Zeitung« gegeben hatte und das damals beträchtliches Aufsehen erregte.

In diesem Interview hatte Heinemann erklärt: »Ich kann doch nur sagen, daß alles Rüsten einen politischen Sinn haben muß. Rüstung kann doch nicht an sich etwas Gutes sein. Wenn es aber so ist, daß alle Rüstung, daß alles Soldatentum einen politischen Dienst zu erfüllen hat, dann müssen sich alle Soldaten jederzeit mit vor die Frage gestellt sehen: ist diese politische Aufgabe heute noch so, wie sie etwa anzusehen war, als man mit der Rüstung begann? Das heißt, jede Bundeswehr muß grundsätzlich bereit sein, sich um einer besseren politischen Lösung willen in Frage stellen zu lassen.«[4] Wie eine bessere Lösung aussehen könnte, das deutete Heinemann an: er denke an eine europäische Friedensordnung ohne NATO und Warschauer Pakt, in der allein die Überwindung der deutschen Teilung einmal möglich werden könnte.

Heinemann hatte sich mit seinen Äußerungen zweifellos zu wenig abgesichert. Zwar war er noch nicht amtierender Bundespräsident, aber doch bereits gewählt und aus der Regierung der Großen Koalition ausgeschieden. Seine Bemerkungen konnten ohne viel Böswilligkeit als fundamentale Kritik an der Bundeswehr aufgefaßt werden.

In seiner Antrittsrede vor dem Deutschen Bundestag am 1. Juli 1969 ging er deshalb noch einmal auf sein Verhältnis zur Bundeswehr ein. Diesmal vermied er es, von europäischen Zukunftshoffnungen zu sprechen, die die Bundeswehr überflüssig machen könnten. Gleichzeitig aber wiederholte er, daß die Notwendigkeit der Bundeswehr allein auf ihrem politischen Auftrag beruht. »Auch die Bundeswehr ist nicht Selbstzweck. Wir wissen, daß sie keine politischen Lösungen zu erzwingen vermöchte. Ihr Auftrag ist es, zu verhindern, daß uns Gewaltlösungen von fremder Seite aufgezwungen werden. Darum setzen wir unsere Verteidigungsanstrengungen fort. Darum gilt unsere Achtung allen denen, die sich dieser Aufgabe unterziehen.«[5]

Heinemann ist kein Gegner der Bundeswehr, sondern ein Politiker, dessen Vorstellungskraft über den status quo in Europa hinausreicht. Pazifist in dem ideologischen Sinne des Wortes ist er nie gewesen, dafür ist er zu nüchtern. Eine Welt ohne Armeen wird es nach seiner Überzeugung so wenig geben wie eine Welt ohne Neid, ohne Haß und ohne Unterdrückung. Wohl aber ist Heinemann Zivilist durch und durch. Auch hat er nie ein Hehl daraus gemacht, daß der Verweigerung des Kriegsdienstes aus ernsthafter Gewissensprüfung seine Sympathie gehört. Ebenso entschieden wehrt er sich gegen jeden Mißbrauch dieses Grundrechtes.

Er selbst hat im Ersten Weltkrieg als Achtzehnjähriger ein Jahr lang gedient, im Feldartillerieregiment 22 zu Münster, wo er es zum besten Richtkanonier seiner Einheit brachte. Später hatte er zum militärischen Bereich praktisch keinen Kontakt mehr, auch nicht zur Bundeswehr.

Seit seinem Amtsantritt hat Heinemann die Beziehung zur Bundeswehr besonders ernst genommen. Zu Beginn seiner Amtszeit kam es ihm vor allem darauf an, zu lernen. Die Antrittsbesuche der Inspekteure der Bundeswehr im Herbst 1969 nutzte er zu ausführlichen Gesprächen, um sich über die Situation in den Streitkräften ein Bild zu machen. Dabei kam es ihm weniger auf strategische oder rüstungstechnische Fragen an, die er den kompetenten Leuten überläßt. Ihn interessierten der Zustand der Truppe, Fragen der Disziplin, der Wehrdienstverweigerer, der Rechtsstellung und der sozialen Lage der Soldaten. Informationsgespräche dieser Art führte Heinemann seither wiederholt mit dem Bundesverteidigungsminister und dessen Staatssekretären, mit dem Generalinspekteur und den Inspekteuren der Bundeswehr sowie mit dem Wehrbeauftragten des Deutschen Bundestages.

Aber Heinemann beließ es nicht dabei, sich allein durch die Spitzen der Bundeswehr unterrichten zu lassen. Neunmal besuchte er in den ersten drei Jahren seiner Amtszeit die Truppe, öfter als sein Amtsvorgänger in zehn Jahren. Fünfmal waren Soldatengruppen aller Ränge in der Villa Hammerschmidt zu Gast; ob zu einem Empfang oder zu einem Abendessen, in jedem Fall nahm sich Heinemann ausgiebig Zeit zum Gespräch mit den Soldaten. Von den Truppenbesuchen galt nur der erste einem Manöver. Danach zog Heinemann es vor, die Soldaten in ihrer alltäglichen Umgebung aufzusuchen. Er war viermal beim Heer, zweimal bei der Marine und einmal bei der Luftwaffe. Dazu kommt sein Besuch in Koblenz bei der Schule für Innere Führung und beim Bundesamt für Wehrtechnik und Beschaffung im Frühjahr 1972.

Für die Truppenbesuche hat sich inzwischen ein fester Ablauf eingespielt. Am Vormittag läßt Heinemann sich militärisches Gerät vorführen, nimmt am Unterricht der Soldaten teil und besichtigt ihre Unterkünfte. Das Mittagessen wird mit Soldaten aller Dienstgrade eingenommen. Am Nachmittag führt er Gespräche mit den Soldaten, nach Dienstgraden getrennt, je eine Stunde mit Mannschaften, Unteroffizieren und Offizieren. Auf diesen unmittelbaren Kontakt mit der Truppe legt er großen Wert. Hier kann er sich, ohne vom Protokoll abgeschirmt zu werden, einen ungeschminkten Eindruck vom Leben der Soldaten verschaffen. Hier kann er sich sachkundig machen, um für Gespräche mit Politikern und Journalisten, mit Wehrdienstverweigerern und kritischer Jugend gerüstet zu sein.

Heinemanns Berater in militärischen Fragen ist der Kapitän zur See Werner Gruner, der vom Verteidigungsministerium als Verbindungsoffizier für den Bundespräsidenten abgeordnet wurde. Sein Büro liegt demonstrativ an bevorzugter Stelle, neben dem des Staatssekretärs am oberen Flur des Bundespräsidialamtes, wo sonst nur noch der Bundespräsident selbst, sein persönlicher Referent und Prof. Caspari, der stellvertretende Chef des Amtes, ihre Diensträume haben. Besonders eng ist Gruners Kontakt zu Staatssekretär Spangenberg, der seit Heinemanns Amtsantritt selbst achtmal die Truppe besucht hat und in einem ständigen Gedankenaustausch mit der politischen und militärischen Leitung des Verteidigungsministeriums steht.

Zu Beginn von Heinemanns Amtszeit bemühte sich Gruner vor allem darum, die Beziehung zwischen Armee und Staatsoberhaupt zu entkrampfen, die durch die öffentliche Diskussion über Heinemanns Interview in der »Stuttgarter Zeitung« belastet war. Inzwischen, so versichert er, sind die Vorbehalte verschwunden. Heinemann selbst empfindet es genauso. Vor der Schule für Innere Führung sagte er, sein Verhältnis zur Bundeswehr sei gut und freundschaftlich. Wer den Bundespräsidenten im Gespräch mit Soldaten beobachtet hat, findet diese Auskunft bestätigt.

Die Bundeswehr hat einen politischen Dienst zu erfüllen, das betont Heinemann immer wieder. An dem Satz ist nicht nur wichtig, daß das Militär nach dem Willen des Grundgesetzes dem Primat der Politik unmißverständlich unterstellt ist. (Anders als in Weimar gründet in der Bundesrepublik die Demokratie nicht mehr auf dem gefährlichen Bündnis mit einer antidemokratischen Armee.) Ebenso wichtig ist das Wort »Dienst«. Heinemann versteht es nicht in dem herkömmlichen Sinn, wonach die Soldaten »dem Staat« dienen. Sie tun es so wenig wie die Beamten, die Richter, die Lehrer oder die Polizei — sondern umgekehrt: alle Organe des Staates dienen dem Bürger. In der Demokratie ist der Staat aus der herrschenden in die dienende Funktion versetzt. Staatsdienst ist Dienst an der Allgemeinheit.

Dienst an der Allgemeinheit — das ist eine für deutsche Ohren noch keineswegs selbstverständliche Bestimmung des staatlichen Amtsträgers. Sie erinnert mehr an den angelsächsischen Begriff des »public service« als an die deutsche Tradition des Respekts vor den Vertretern der Obrigkeit, vor Titeln, Ämtern und Behörden.

Heinemann tritt dieser Tradition des Obrigkeitsstaates entgegen, wo immer sich ihm die Gelegenheit bietet. Vor Polizisten in Hamburg: »Bei uns nimmt jeder Bürger teil an der Souveränität des Volkes. Seine Freiheit kann darum auch um der Ordnung willen nicht beliebig eingeschränkt werden.

Die Freiheit soll nicht der Ordnung zum Opfer fallen, vielmehr soll die Ordnung der Freiheit der Bürger dienen.«[6] Vor Verwaltungsbeamten in Bonn: »Für die Verwaltung folgt aus solchem Staatsverständnis, daß sie nicht mehr die Eingriffsverwaltung von früher sein kann, sondern vielmehr als Leistungsverwaltung im Interesse wachsender Daseinsvorsorge des Staates für den Bürger verstanden werden muß. Der Beamte soll darum dem Bürger unseres Gemeinwesens als Partner begegnen. Der Bürger ist anspruchsberechtigter Empfänger von Dienstleistungen.«[7] Vor den Mitgliedern der Regierung Brandt/Scheel in der Villa Hammerschmidt: »Niemand von uns ist der Staat. Auch Ihnen ist nicht mehr als kontrollierte Macht auf Zeit anvertraut. Nutzen Sie diese Zeit!«[8]

Aber wenn an die Stelle der alten Obrigkeit auf der Seite der Regierenden die anvertraute Macht auf Zeit und auf der Seite der Behörden der Dienst am anspruchsberechtigten Bürger treten soll, dann muß gleichzeitig der alte Untertan ersetzt werden durch den selbstbewußten, kritischen, verantwortungsbereiten Bürger. Heinemann wird nicht müde, davon zu sprechen. Er tut es in Weihnachtsansprachen und in Reden zur deutschen Geschichte, vor Wissenschaftlern und Lehrlingen, vor kirchlichem Publikum und vor Journalisten, vor Politikern und vor Arbeiterinnen in einem Industriebetrieb. Er wirbt um Zivilcourage (dafür hat er das Wort »Bürgermut« geprägt) und um Solidarität, er ermuntert zur Teilnahme an Bürgerinitiativen und zur Mitarbeit in den politischen Parteien, er fordert auf zu kritischer Wachsamkeit gegenüber den Behörden und bekräftigt die Notwendigkeit des parlamentarischen Kampfes um die bessere politische Lösung.

---

1. Ein Blatt aus dem Notizblock des Bundespräsidenten (Originalgröße).

2. Zum ersten Mal in der Geschichte der Bundesrepublik wurde ein Bundestag vorzeitig aufgelöst. Am 22. September 1972 unterzeichnete Bundespräsident Heinemann auf Antrag des Bundeskanzlers die Auflösungsanordnung.

3. Noch am selben Tag ordnete Bundespräsident Heinemann den Neuwahltermin für den Bundestag an.

4. Mit dem Schriftsteller Carl Zuckmayer verbindet Heinemann eine herzliche Freundschaft: Ein Brief Zuckmayers an den Bundespräsidenten.

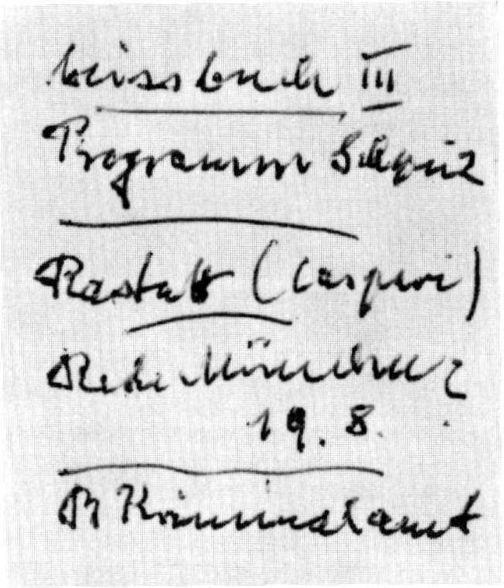
Reisebuch III
Programm Salzgitter
Rastatt (Caspari)
Rede München
19. 8.
B. Kriminalamt

Anordnung
über die Auflösung des 6. Deutschen Bundestages

Vom 22. September 1972

Gemäß Artikel 68 des Grundgesetzes löse ich hiermit auf Vorschlag des Bundeskanzlers den 6. Deutschen Bundestag auf.

Bonn, den 22. September 1972

Der Bundespräsident

Der Bundeskanzler

Anordnung
über die Bundestagswahl 1972

Vom 22. September 1972

Auf Grund des § 17 des Bundeswahlgesetzes vom 7. Mai 1956 (Bundesgesetzbl. I S. 383) in der Fassung der Bekanntmachung vom 3. Juli 1972 (Bundesgesetzbl. I S. 1100) ordne ich an:

Die Wahl zum Bundestag findet

am 19. November 1972

statt.

Bonn, den 22. September 1972

Der Bundespräsident

Der Bundeskanzler

Der Bundesminister des Innern

23. 12. 1971

CARL ZUCKMAYER

3906 SAAS-FEE · SCHWEIZ

Verehrter Herr Bundespräsident und
lieber Freund,

ich habe mich von Herzen über
Ihren herzlichen Glückwunsch gefreut,
und ich bin froh und dankbar, dass
Sie nach Amriswil kommen werden.
Unsere guten Gedanken sind bei
Ihnen, Ihrer Frau und den Ihren beim
Weihnachtsfest, das wir hier, noch
bevor der Geburtstagsrummel losgeht,
in den Ihnen bekannten Holzwänden
ganz unter uns begehen.
Mit Segenswünschen zum neuen Jahr,
für Sie, Ihre Gesundheit, und für
das deutsche Volk

grüße ich Sie,

Ihr treu ergebener

Carl Zuckmayer

und Familie

Weil Heinemann den Staat von seiner dienenden Aufgabe her begreift und nicht von einer vorgegebenen höheren Würde, versucht er in seiner Amtsführung alle Darstellung staatlicher Hoheit um ihrer selbst willen zu vermeiden. Dieses Amtsverständnis hat zu Änderungen auch in den beiden Bereichen geführt, in denen die hoheitliche Funktion des Staatsoberhaupts besonders deutlich wird, bei den Schirmherrschaften und bei den Orden.

Heinemann selbst hat zu Orden kein besonders inniges Verhältnis. Zwar ist er als Staatsoberhaupt verpflichtet, bei besonderen Staatsakten die höchste Stufe des Verdienstordens der Bundesrepublik Deutschland zu tragen, die Sonderstufe des Großkreuzes. Aber dieser Orden gehört dann gewissermaßen zu seiner Dienstkleidung, wie auch die inzwischen zahlreich verliehenen ausländischen Orden zu den unvermeidlichen Begleiterscheinungen des hohen Amtes zählen. Bis zu seinem Amtsantritt als Bundespräsident war Heinemann gänzlich ohne Orden ausgekommen, obwohl er einmal Landesminister, zweimal Bundesminister und jahrelang Präses der Synode der Evangelischen Kirche in Deutschland gewesen war. Die einzigen Ehrungen, die er vor seiner Präsidentenzeit angenommen hatte, waren die theologische Ehrendoktorwürde der Universität Bonn 1967 und ein Jahr später der Theodor-Heuss-Preis, der ihm für »seine Grundsatztreue, seinen Bekenntnismut, seine politische Standhaftigkeit und Zivilcourage« verliehen wurde.

Heinemann überträgt seine persönliche Abneigung gegen Orden nicht auf das Amt, das ihm nun einmal abverlangt, für den Bund die Ordenshoheit auszuüben. Er versteht durchaus die Motive, die Theodor Heuss vor mehr als zwanzig Jahren, in der Aufbauphase der Bundesrepublik, zur Stiftung des Verdienstordens bewegten. Dieser Verdienstorden wird, so heißt es im Erlaß über seine Stiftung, »verliehen für Leistungen, die im Bereich der politischen, der wirtschaftlich-sozialen und der geistigen Arbeit dem Wiederaufbau des Vaterlandes dienten, und soll eine Auszeichnung all derer bedeuten, deren Wirken zum friedlichen Aufstieg der Bundesrepublik Deutschland beiträgt.«[9] Daß es einer noch jungen Republik förderlich sein kann, verdienten Bürgern Anerkennung und Dank sichtbar zum Ausdruck zu bringen, dem stimmt Heinemann wohl zu. Wenn die Eitelkeit der Menschen schon nicht auszurotten ist, dann muß das Gemeinwesen sie sich wenigstens zunutze machen.

Ihn stört aber, daß in die Praxis der Ordensverleihung keine Gerechtigkeit zu bringen ist. Die finanziellen Mittel, die für Orden zur Verfügung stehen, sind ziemlich begrenzt (Frankreich wendet dafür fünfmal so viel Geld auf). Wenn schon Orden, sagt Heinemann, dann müßte man mehr davon verteilen können, schon damit der Anteil der Ausländer nicht mehr so unverhältnismäßig groß bliebe, der im Jahre 1971 fast 20 % betrug. Aber Staatsoberhäupter und ihre Begleitung, die in Bonn Visite machen, müssen eben Orden erhalten, genauso wie auswärtige Botschafter, die Bonn verlassen. So will es das internationale Protokoll.

Auch die Verleihung der Orden im Inland macht Heinemann Kummer. Zwar trifft es heute nicht mehr ganz zu, daß die Verleihungspraxis »einen schönen Schleier über die Realität des Wirtschaftsverbändestaates«[10] lege, wie Wilhelm Hennis einmal boshaft bemerkte. Auch ist man schon unter Heinrich Lübke vom reinen Honoratiorenprinzip abgekommen. Aber immer noch liegt der Anteil des öffentlichen Dienstes mit 37 % zu hoch, obwohl aktive Richter für ihre richterliche Tätigkeit nicht mehr ausgezeichnet werden, und der Anteil der Frauen ist viel zu niedrig. Als Heinemann sein Amt antrat, waren nur 9 % der Ordensträger Frauen, inzwischen wurde dieser Anteil auf 13 % erhöht — eine erfreuliche, aber nach Heinemanns Vorstellung keineswegs ausreichende Steigerung. Ginge es nach ihm, dann würden geistliche Würdenträger grundsätzlich keine staatlichen Orden mehr bekommen. Er hat diskret versucht, ihnen diese Idee plausibel zu machen, fand aber kein Verständnis. Die geistlichen Herren denken nicht daran, auf weltliche Ehren zu verzichten, und so muß Heinemann sie weiterhin auszeichnen, auch wenn er sich über diese Haltung nur wundern kann.

Die Praxis der Ordensverleihung insgesamt zu steuern, hat der Bundespräsident nicht in der Hand. Das Vorschlagsrecht liegt bei den Leitern der obersten Bundesbehörden, den Präsidenten von Bundestag und Bundesrat, beim Außenminister und den Ministerpräsidenten der Länder. Anregungen kommen auch aus der Bevölkerung. In 60 % der Fälle führen sie zu einer Ordensverleihung. Der Bundespräsident hat über die Vorschläge zu entscheiden, aber er kann die Vorschlagslisten nicht ändern und Vorschläge, die den gesetzlichen Bestimmungen entsprechen, kaum ablehnen. So bleibt ihm nur, bei den zuständigen Instanzen darauf hinzuwirken, daß die Orden allmählich etwas breiter gestreut werden und auch Bürger erreichen, die nicht in Staat und Wirtschaft führende Stellungen bekleiden.

Leichter als bei den Orden war es für Heinemann bei den Schirmherrschaften, sein Verständnis des Staates in seiner Amtsführung sichtbar zu machen. Im Unterschied zu seinen Vorgängern geht Heinemann mit Schirmherrschaften sparsam um. Er ist der Meinung, daß eine gute Sache sich normalerweise selbst trägt und seines Patronats nicht bedarf. Nur bei Vereinigungen, Kongressen oder Einzelveranstaltungen, die sich freiwillig für andere einsetzen, stellt er sich als Schirmherr zur Verfügung.

Dieses Prinzip läßt sich allerdings nicht lückenlos durchhalten. So war seine Schirmherrschaft über die Olympischen Spiele von München und Kiel ein rein repräsentativer Akt. In diesem Falle hatte er aber der internationalen Gepflogenheit Rechnung zu tragen, daß das Staatsoberhaupt des gastgebenden Landes die Spiele nicht nur eröffnet, sondern auch die Schirmherrschaft übernimmt. (Seine weltweit beachtete Rede bei der Trauerfeier für die Opfer des Massakers von Fürstenfeldbruck hob diese Schirmherrschaft freilich weit über den Bereich des bloß Repräsentativen hinaus.)

Ansonsten aber hat Heinemann bei der Annahme von Schirmherrschaften strenge Maßstäbe angelegt, auch auf die Gefahr hin, bei einer Absage die Betroffenen zu verärgern. In einem Falle gab es nicht nur Ärger, sondern lange Auseinandersetzungen, in die sich auch Bundes- und Länderminister einschalteten. Heinemann hatte den Deutschen Schützenbund, der sich unter Heuss und Lübke der Gunst einer Dauerschirmherrschaft erfreute, wissen lassen, daß er diese Tradition nicht fortzusetzen gedenke. Der Schützenbund empfand diese Absage als Kränkung und versuchte, den Bundespräsidenten umzustimmen. Es folgte ein über Wochen sich hinziehender Briefwechsel zwischen dem Bundespräsidialamt und dem Schützenbund, der prominente Fürsprecher für seine Bitte einschaltete. Heinemann beendete die Diskussion mit einem Brief an den Vizepräsidenten des Schützenbundes, Fritz Raddatz, in dem er seine ablehnende Haltung erläuterte und die Bedingungen nannte, unter denen er von seinen Vorgängern eingegangene Schirmherrschaften fortsetzen wolle:

»Solche Gründe sind nach meiner Ansicht ... nur dann gegeben, wenn sich das Dauervorhaben, das es zu beschirmen gilt, über die Pflege einer Zusammengehörigkeit seines eigenen Mitgliederkreises hinaus einen besonderen konkreten Dienst an der größeren Gemeinschaft aller als Aufgabe stellt. Dies trifft in allen den wenigen Fällen zu, in denen ich die Dauerschirmherrschaft übernommen habe, so etwa beim Deutschen Roten Kreuz, bei der Deutschen Gesellschaft zur Rettung Schiffbrüchiger, beim Deutschen Jugendherbergswerk, beim Deutschen Rat für Landespflege oder beim Deutschen Entwicklungsdienst. Bei solchen Vereinigungen, und nur dort, kann es hilfreich sein, wenn ihr Wirken in der Öffentlichkeit auch ideell durch den Staat unterstützt wird. In allen anderen Fällen bedarf es einer besonderen Bekundung staatlichen Wohlwollens nicht.«

Heinemann fuhr fort: »Vielleicht sind Sie, sehr geehrter Herr Raddatz, der Meinung, meine Auffassung über die Vergabe von Dauerschirmherrschaften, die übrigens vom Bundesminister des Innern geteilt wird, sei zu eng. Sie entspricht aber meiner grundsätzlichen Haltung gegenüber dem von mir wahrgenommenen Amt, das ich von bloßen Förmlichkeiten freigehalten wissen will.«

Nicht nur bei der Annahme von Schirmherrschaften sucht Heinemann sein Amt von »bloßen Förmlichkeiten« freizuhalten. Die Anlässe für sein Auftreten wählt er sehr bewußt. Seine Reden wie seine Reisen sind darauf angelegt, das Interesse der Öffentlichkeit auf eine bestimmte Aufgabe zu lenken. Das gilt zumal für seine Reisen in wirtschaftlich schwache Gebiete der Bundesrepublik. Er war im Zonenrandgebiet Süd-Niedersachsens und in der Schwäbischen Alb, im Saarland und im Fichtelgebirge. Die größte Aufmerksamkeit erregte sein Besuch im Bayrischen Wald im August 1970.

Drei Tage weilte er in dem »dünnbesiedelten Gebiet im toten Winkel des europäischen Wirtschaftsraumes« — so die Heimatzeitung »Grenzwarte« —, wo im Winter jeder Vierte arbeitslos ist, wo das Pro-Kopf-Einkommen der Bevölkerung nicht die Hälfte des Bundesdurchschnitts erreicht, wo Industriebetriebe fehlen und das Straßennetz noch zu wünschen übrig läßt, wo 15 000 landwirtschaftliche Kleinbetriebe von den Frauen bewirtschaftet werden und die Männer als Pendler bis nach München und Nürnberg zur Arbeit fahren. Seit der Bayernkönig Ludwig II. vor mehr als hundert Jahren einmal in der Gegend war, hatte kein Staatsoberhaupt mehr dieses Armenhaus der Nation besucht. Heinemann brachte weder Geschenke noch Versprechungen mit, aber ein offenes Ohr und einen geduldigen Notizblock. Er sei, so sagte er zur Begrüßung in dem kleinen Städtchen Oberviechtach, gekommen, um als Beobachter und als Zuhörer die Sorgen der Bevölkerung kennenzulernen und um mit seinem Besuch die Öffentlichkeit für dieses wirtschaftlich schwache Gebiet zu interessieren. In Oberviechtach diskutierte er mit fünfundvierzig ausgewählten Vertretern des Ortes über die wirtschaftlichen Probleme dieses Gebietes, in Waldmünchen folgte ein Gespräch mit zwanzig Bürgern. Heinemann notierte gewissenhaft die Wünsche der Politiker und die Klagen der einfachen Bewohner.

Dort, wo man »dem Wirtschaftswunder aus der Ferne zuschauen« muß, wie es eine Demonstrantengruppe des katholischen Werkvolkes auf einem Flugzettel formulierte, dort legte Heinemann sogar die Sprödigkeit ab, die seinen öffentlichen Auftritten sonst oft anhaftet. Er drückte Hände, wo immer sie ihm hingestreckt wurden. Er wanderte mit dem einheimischen Landrat durch den Wald und ließ sich auf einer Lichtung mit Schinken, Radi, Schnaps und Bier bewirten. Und im Bierzelt des Dörfchens Gaisthal, wo gerade die Feuerwehr ihr hundertjähriges Jubiläum feierte, dirigierte er zur Überraschung der Festgäste sogar die örtliche Blaskapelle.

Die CSU, die in dieser Gegend bei Landtags- und Bundestagswahlen so um die 70 % der Stimmen zu erringen pflegt, witterte in Heinemanns Besuch unwillkommene SPD-Wahlhilfe für die vier Monate später folgenden Landtagswahlen und stellte Heinemann Bayerns Ministerpräsident Alfons Goppel sowie zwei Staatsminister zur Seite, um zu demonstrieren, wer im Bayerischen Wald das Sagen hat. Aber Heinemann war nicht als Wahlhelfer gekommen. Schon vor seiner Reise hatte er angekündigt, er werde sich jedem Versuch von Wahlpropaganda entgegenstellen, von welcher Seite er auch immer kommen würde.

In Bonn erhielten später eine Reihe von Ministern Briefe, in denen der Bundespräsident die Sorgen weitergab, die man ihm mitgeteilt hatte. Und in Oberviechtach spürten die Fremdenverkehrsbetriebe schon ein Jahr später, daß sich für sie der Besuch des Staatsoberhauptes in klingender Münze auszahlte.

Aber wenn ein Bonner Ministerium aufgrund eines Präsidentenbriefes dem Notstandsgebiet mehr Aufmerksamkeit schenkt oder wenn der Umsatz im Fremdenverkehr steigt, dann sind das nur erfreuliche Nebenwirkungen einer solchen Reise, nicht ihr eigentlicher Zweck. Ihr Zweck ist es, den Bürgern in den weniger begünstigten Gebieten der Bundesrepublik das Gefühl zu geben, daß sie bei »denen in Bonn« nicht abgeschrieben sind, daß dieser Staat auch der ihre ist. Für diese Aufgabe die Autorität seines hohen Amtes gezielt einzusetzen, das hält Heinemann für sinnvoller als sie in bloßen Repräsentationspflichten, in Formalitäten, zu verschleißen.

». . . daß dieser Staat auch der ihre ist.« Heinemann bekennt sich zu diesem Staat der Bundesrepublik, er wirbt für ihn, in Oberviechtach und anderswo. Aber nicht weil die Bundesrepublik eben Staat ist und er nun einmal der höchste Repräsentant dieses Staates, sondern weil er die auf Menschenwürde und Menschenrechte begründete Ordnung der Bundesrepublik als großes Angebot empfindet.

Zum ersten Mal in der deutschen Verfassungsgeschichte setzt das Grundgesetz nicht bei der Obrigkeit an, wie die Verfassungen bis 1918, auch nicht beim Gesetzgeber, wie die von Weimar, sondern beim Bürger: der oberste Wert des Grundgesetzes ist die Würde des Menschen. Zum ersten Mal sind die Grundrechte nicht Objekt, sondern Schranke des Gesetzgebers; dem Staat ist in diesen unveräußerlichen Menschenrechten eine unübersteigbare

Grenze gesetzt. Zum ersten Mal schreibt das Prinzip des Sozialstaates den staatlichen Gewalten vor, daß sie nicht nur der Rechtssicherheit, sondern auch der sozialen Gerechtigkeit zu dienen haben. Zum ersten Mal ist vom Grundgesetz der Staat imperativ und unabänderlich als freiheitlich demokratische Ordnung bestimmt. Zum ersten Mal sind die politischen Parteien als Instrument der demokratischen Willensbildung in der Verfassung ausdrücklich anerkannt. Und zum ersten Mal gewährt das Grundgesetz keine politische Freiheit für antidemokratische Parteien. Man hat die Ordnung der Bundesrepublik als militante, zur Selbsterhaltung entschlossene Demokratie bezeichnet.

Mit dem Grundgesetz, das Heinemann einen »großartigen Freiheitsbrief«[11] genannt hat, ist die Tradition des Obrigkeitsstaates unwiderruflich beendet. Überwunden ist die 150jährige Geschichte des deutschen Staatsgedankens, der den Staat als neutrale Ordnungsmacht über den Spannungen der Gesellschaft wähnte und der Konflikte zwischen Staat und Demokratie im Zweifelsfall immer zugunsten des Staates und auf Kosten der Demokratie entschied. Mit diesem Primat des Staates vor der Gesellschaft hat das Grundgesetz aufgeräumt. Es stellt nicht mehr den Staat über die Demokratie, sondern begründet den Staat als Demokratie.

Aber die Tradition des Obrigkeitsstaates, deren Überwindung im Grundgesetz gelang, lebt in der politischen Diskussion noch fort. Die Kritiker, die Heinemann eine »fast künstliche Staatsferne«[12] oder ein »gestörtes Verhältnis zum Wesen dieses Staates«[13] vorwerfen, sind bis heute in jenem eigentümlichen Respekt vor dem Staat an sich befangen, der in Ländern mit älterer demokratischer Tradition längst abgeklungen ist. Seit Hegel zu Beginn des 19. Jahrhunderts den Staat als »die Wirklichkeit der sittlichen Idee«, als das »an und für sich Vernünftige«[14] gepriesen hatte, seit Ranke die Idee des Staates in ihm selbst zu finden glaubte, fielen in der herrschenden politischen Theorie Deutschlands Staatsidee und Demokratieverständnis auseinander.

Die ältere deutsche Staatsphilosophie bis zum Ausgang des 18. Jahrhunderts hatte noch davon gewußt, was seit Aristoteles Gemeingut des europäischen Denkens war: daß nämlich die Würde des Staates nicht in ihm selbst liegt, sondern in seiner Aufgabe, eine menschenwürdige Ordnung für seine Bürger zu gewährleisten. Erst die Lösung der deutschen Staatsidee von der Bindung an diese Aufgabe führte zu jener Entleerung des Staatsbegriffes, die an die Stelle der »salus publica« die Größe der Nation setzte. Erst jetzt übrigens wurde das alte Widerstandsrecht vergessen. Erst ein derart zweckentleerter Staat konnte mit der Zustimmung seiner Bürger zunächst nationalistischen, später auch chauvinistischen und rassistischen Zwecken dienstbar gemacht werden.

Indem Heinemann den Staat nicht von seiner Herrschaftsgewalt her sieht, sondern von seiner Aufgabe, die freiheitliche, soziale und rechtsstaatliche Ordnung zu verbürgen, schließt er an jenes ältere europäische Staatsdenken an, das in den westeuropäischen Ländern nie abgebrochen war. Der Irrtum seiner konservativen Kritiker liegt gerade darin, daß sie diesen Anschluß an die europäische Tradition verloren haben. Die vermeintlich konservativen sind die »Modernisten« des 19. Jahrhunderts.

Gleichviel, wer nun die wahren Konservativen sind: seit dem 20. Juli 1944, seit dem gescheiterten Attentat auf Adolf Hitler, gibt es auch in Deutschland keinen legitimen Weg mehr zurück zum Glauben an den Staat als solchen. Die Männer des 20. Juli hatten erkannt, daß einem Staat, der sich nicht mehr auf verpflichtende sittliche Prinzipien festlegt, weder Gehorsam noch Loyalität gebührt. Mit ihrer Tat, schrieb Wilhelm Hennis, »ist der problematische Sonderweg deutscher Staatlichkeit, auf dem wir uns von der westeuropäischen, man kann sagen abendländischen Tradition getrennt hatten, in diese Tradition zurückgeführt«[15]. Und weiter: »Staatsbewußtsein, das ist die Katze im Sack, ein Appell an die blinde Unvernunft. Gemeinsinn, Verfassungsbewußtsein, darüber läßt sich nicht nur reden, sondern das brauchen wir in der Tat, um die aufgegebene Ordnung erkennen und verteidigen zu können.«[16]

Wer sich diesen geschichtlichen Hintergrund vor Augen führt, mag besser verstehen, was Heinemanns Ausspruch meint, er liebe keinen Staat. Gemeinsinn, Verfassungsbewußtsein — das ist es, wofür er sich einsetzt, wozu er mit der Autorität seines Amtes beitragen möchte. Nicht länger soll in Deutschland die Demokratie gegenüber dem Staat den kürzeren ziehen. Er sagte es schon in seiner Antrittsrede: »Nicht weniger, sondern mehr Demokratie — das ist die Forderung, das ist das große Ziel, dem wir uns alle und zumal die Jugend zu verschreiben haben.«[17] Daß der Ruf nach mehr Demokratie heute von der Spitze des Staates kommt, dies ist ein Zeichen der Hoffnung in einem Land, das Gustav Heinemann ein »schwieriges Vaterland«[18] genannt hat.

Schwieriges Vaterland

Es gibt unter den Deutschen kein gemeinsames Geschichtsbewußtsein, kein Einverständnis über die großen Taten der Vergangenheit, keinen Konsens über die Helden der Nation. Es gibt keine Erinnerungsstätte, in der die Deutschen eine Tradition symbolisiert sähen, auf die sie sich gemeinsam berufen. Die Denkmäler, die für diesen Zweck einst errichtet wurden, wie das Niederwalddenkmal bei Rüdesheim oder die Befreiungshalle bei Kehlheim, sind für die lebende Generation eher historische Kuriositäten und überdies unter auswärtigen Touristen besser bekannt als bei der deutschen Bevölkerung. Auch mit dem nationalen Feiertag ist es nicht weit her. Die Schlacht von Sedan, für die Generation der Großväter noch Inbegriff heroischer Erinnerung, taugt schon lange nicht mehr als Ruhmestag des Vaterlandes. Die Bundesrepublik erkor sich mit dem 17. Juni einen Tag des Scheiterns und der Trauer zum Nationalfeiertag. Er war schon zur Zeit des Kalten Krieges nicht Anlaß zu festlichem Gedenken. Inzwischen ist er längst zum Tag der deutschen Verlegenheit geworden.

Nur über den großen Missetäter ihrer Geschichte sind die Deutschen sich einig, wohl oder übel. Daß Adolf Hitler ein Verbrecher war, der Deutschland ins Verderben führte, darüber allein gibt es keine nennenswerten Differenzen. Aber schon die Frage, wie weit die Deutschen selbst verantwortlich sind für das Dritte Reich, findet keine einhellige Antwort. Die einen sehen im Nationalsozialismus einen Unglücksfall, der ohne das Friedensdiktat von Versailles, ohne Wirtschaftskrise und Massenarbeitslosigkeit vermeidbar gewesen wäre. Für andere ist das Dritte Reich die folgerichtige Konsequenz von Fehlentwicklungen, die seit langem in der deutschen Geschichte angelegt waren, um sich schließlich zur Katastrophe zu verbinden.

In einem Land, das mit seiner Geschichte so wenig im reinen ist, kann das Staatsoberhaupt versuchen, von der Vergangenheit nach Möglichkeit zu schweigen. Das tut niemandem weh, und wenn es auch keinen Beifall bringt, so erspart es doch Kritik. Der Bundespräsident kann sich andererseits bemühen, über die Vergangenheit den Schleier freundlicher Verklärung zu legen. Das wird bei den Intellektuellen auf wenig Gegenliebe stoßen, aber bei den Massen der Bevölkerung erleichterte Zustimmung hervorrufen. Der Bundespräsident kann sich schließlich für eine kritische, von Beschönigung und Selbstmitleid freie Geschichtsbetrachtung einsetzen. Das wird Ärger geben. Nur eines kann er nicht: er kann die Einheit des Geschichtsbewußtseins nicht stiften, die das Volk verloren hat.

Gustav Heinemann hat sich für das kritische Verhältnis zur Geschichte entschieden. Der Ärger blieb nicht aus.

Die erste Rede über deutsche Geschichte, die Heinemann als Bundespräsident hielt, fand noch allgemeinen Beifall. Es war eine Ansprache zum 25. Gedenktag des Attentats auf Hitler am 20. Juli 1944, gehalten in Berlin-Plötzensee an der Stätte, wo die führenden Männer des deutschen Widerstands gegen Hitler hingerichtet wurden. Der Beifall galt dem Mann, der den Mut hatte, öffentlich einzugestehen, ihn lasse die Frage nicht los, warum er im Dritten Reich nicht mehr widerstanden habe. Dieser persönliche Mut und der besondere Anlaß der Rede, die Erinnerung an den Widerstand, geboten Respekt und ließen kritische Einwände noch nicht aufkommen.

Hätte man freilich genauer hingehört, dann hätte man bemerkt, daß in dieser Rede bereits die wesentlichen Aussagen über die deutsche Geschichte enthalten waren, die später, als Heinemann sie in seiner Rede zum 100. Jahrestag der Reichsgründung durch Bismarck wiederholte, einen Sturm der Entrüstung auslösten. Schon in Plötzensee hatte Heinemann gesagt, daß das Dritte Reich kein Betriebsunfall war. Er sprach von der langen Tradition deutscher Erziehung zum Gehorsam gegen alle Obrigkeit, die schließlich zur Unterwerfung unter die Befehle des Verbrechers führte. Er erinnerte daran, daß die Deutschen schon zu Zeiten des Kaiserreiches, lange vor dem Auftreten Hitlers, für einen gewalttätigen Nationalismus anfällig waren. Er verwies darauf, daß außerhalb Deutschlands nationale und freiheitliche Zielsetzung

Hand in Hand gegangen waren, während in Deutschland die nationale Einheit vom alten Obrigkeitsstaat verwirklicht wurde, der die freiheitlich-demokratischen Ideale des Bürgertums gründlich verachtete.

Unter den Historikern, jedenfalls unter denen der jüngeren Generation, sind diese Aussagen nicht umstritten. Aber zwischen wissenschaftlicher Erkenntnis und öffentlichem Bewußtsein besteht ein Unterschied. Das ist wohl überall so. Besonders groß und verständlich ist dieser Unterschied aber in einem Land, das mit seiner jüngeren Geschichte so wenig Glück gehabt hat. Nahezu alles, was einmal als richtig galt, soll nun falsch gewesen sein: der Stolz auf den Sieg über Frankreich, aus dem das Deutschland der Kaiserzeit sein Selbstbewußtsein schöpfte, ebenso wie die Kriegsbegeisterung von 1914, die Dolchstoßlegende von 1918 wie der Jubel für Adolf Hitler, der dem Land neue Größe versprach.

Für viele Deutsche war die Erkenntnis schwer genug, daß das Dritte Reich nicht mehr auf der Habenseite des deutschen Geschichtskontos verbucht werden durfte. Aber dann sollte die »Bewältigung der Vergangenheit«, wie man das in den Fünfziger- und Sechzigerjahren nannte, sich mit diesem dunklen Kapitel begnügen und über das Jahr 1933 nicht zurückreichen. Dann sollte es keine Verbindungslinien geben zwischen dem Zweiten Reich Bismarcks und dem Dritten Reich Hitlers. Die kritische Auseinandersetzung mit der deutschen Geschichte wurde tabuisiert.

Zu den Tabus unserer neueren Geschichte gehört auch das Attentat vom 20. Juli, wenngleich unter anderen Vorzeichen. Der Widerstand gegen ein unmenschliches Herrschaftssystem, der Anschlag auf das Leben des Führers, dem man den Treueeid geschworen hatte, der gewaltsame Umsturz — dies war in Deutschland ein Vorgang gegen alle Tradition. Unvorstellbar, was gekommen wäre, hätte das Attentat Erfolg gehabt. Heinemann sprach es in Plötzensee freimütig aus: »Der Hitlermythos und der nationalistische Wahn wäre 1944 mit dem Tode Hitlers noch nicht zerbrochen gewesen. Geblieben wäre eine wütende Anklage, daß die Attentäter uns um den Sieg und um die Herrlichkeit des großdeutschen Reiches gebracht hätten.«[1]

Die Geschichte ist anders verlaufen. Für eine zweite Dolchstoßlegende fehlten nach dem Zusammenbruch von 1945 alle Voraussetzungen. Zu klar trat zutage, daß es am Dritten Reich nichts zu beschönigen gab. Wer posthume Gegnerschaft gegen Hitler bekunden wollte, mußte den Widerstand gutheißen, in dem schließlich das »bessere Deutschland« sichtbar geworden war. Im Zusammenhang mit dem 20. Juli war historische Selbstkritik gewissermaßen öffentlich legitimiert. Da konnte auch Gustav Heinemann unbequeme Wahrheiten über die deutsche Geschichte aussprechen, ohne angegriffen zu werden.

Als er dieselben Wahrheiten am 100. Jahrestag der Gründung des Deutschen Reiches ins Gedächtnis rief, erhob sich empörter Widerspruch. Man warf ihm Einseitigkeit vor, Geschichtsklitterung aus sozialdemokratischer Sicht, übertriebenes Moralisieren, Verteufelung der national gesinnten Bevölkerungsteile, Beschmutzung des eigenen Nestes. Die Kritik geriet auch in den Bereich der parteipolitischen Auseinandersetzung, von der das Staatsoberhaupt sonst nach Möglichkeit ausgenommen wird. Rainer Barzel vermißte in Heinemanns Rede eine deutliche Distanzierung vom politischen System der DDR und monierte vor seiner Fraktion, das Verschweigen des Unrechts, das unseren Landsleuten im anderen Teil Deutschlands geschehe, werde zum System. Franz Josef Strauß rezensierte die Ansprache des Bundespräsidenten im »Bayern-Kurier«, mit betrüblichem Resultat: »Ein höchst subjektiver, mit anfechtbaren Zensuren gespickter Polit-Essay.«[2]

Heinemann hatte ein Tabu verletzt. Statt das Dritte Reich wie ein lästiges Geschwür aus der deutschen Geschichte herauszuschneiden und den Rest in jenes milde Zwielicht zu tauchen, wo Schuld und Fügung, Verblendung und Schicksal ununterscheidbar ineinander übergehen, bestand er auf kritischer Aufklärung auch über die Vorgeschichte des Dritten Reiches. Statt Bismarcks Reichsgründung als die Erfüllung jener Sehnsucht nach einem demokratischen Nationalstaat zu feiern, welche die Volksversammlung von Hambach und das Parlament der Paulskirche erfüllt hatte, erinnerte er daran, daß der Staat von 1871 die nationale Einheit auf Kosten demokratischer Freiheit verwirklichte und das deutsche Nationalbewußtsein einseitig an die antidemokratisch-monarchischen Kräfte band. Statt das Kaiserreich als das Goldene Zeitalter der Deutschen zu preisen, sprach er von den inneren Zerklüftungen dieses Reiches, die, vom Glanz der Gründerzeit nur oberflächlich verdeckt, als schwere Hypothek in die Weimarer Republik übernommen werden mußten. Weder der Beginn des Ersten Weltkrieges noch die militärische Katastrophe, mit der er endete, weder das innenpolitische Versagen des Kaiserreiches noch das Scheitern der Weimarer Demokratie wurde in Heinemanns Rückblick ausgespart.

So viel schonungslose Offenheit mußte weh tun. Sie schmerzte um so mehr, als Heinemann sich weigerte, jedem kritisierten Tatbestand einen positiven entgegenzuhalten, so daß am Ende eine ausgeglichene Bilanz herausgekommen wäre. Gewiß, er hätte Bismarcks Sozialversicherungsgesetze erwähnen können, die damals die modernsten in der Welt waren — aber zur gleichen Zeit suchte Bismarck mit dem Sozialistengesetz die Sozialdemokraten als »Reichsfeinde« zu vernichten. Heinemann hätte an Bismarcks kluge Außenpolitik erinnern können, die Deutschland eine vierzigjährige Friedenszeit bescherte — aber diese Außenpolitik war gegründet auf die Demütigung Frankreichs und überdies allzu sehr auf die Staatskunst eines einzelnen zugeschnitten; sie zerbrach, als Deutschland unter Bismarcks Nachfolgern sich anschickte, »Weltmachtpolitik« zu betreiben. Heinemann hätte auch deutlicher sagen können, daß das Kaiserreich von der Zustimmung des größten Teils des Bürgertums getragen war — aber der Preis für diese Zustimmung war zu hoch; sie wurde bezahlt mit dem Verzicht auf die alten bürgerlichen Ideale des freiheitlich-demokratischen Staates, mit jener für die Wilhelminische Epoche bezeichnenden Mischung aus nationalem Machtkult und Untertanengeist, mit einer »zynischen Auffassung von ›Realpolitik‹, nach der es in der Politik allein auf die Macht und nicht auf Recht und Moral ankomme«[3] (K. D. Bracher).

Es mag sein, daß die Kritik an Heinemanns Rede weniger schroff ausgefallen wäre, hätte er etwas ausgiebiger auch von den positiven Aspekten der Vergangenheit gesprochen. Aber verstummt wäre die Kritik nicht. Denn die Provokation dieser Rede lag nicht in der Bewertung dieses oder jenes einzelnen Ereignisses. Sie lag darin, daß Heinemann die Illusion zerstörte, erst durch Hitler sei dieses Land zu einem schwierigen Vaterland geworden.

Es gibt keine ausgeglichene Bilanz der vergangenen hundert Jahre, so wenig wie es eine vom Dritten Reich nur unterbrochene Kontinuität der Geschichte gibt, an die heute angeknüpft werden könnte. Da wir nicht eine ungebrochene Tradition haben, sondern mehrere gebrochene, kann über die Beurteilung der Geschichte unter den Lebenden schwerlich Einverständnis herrschen. Man kann nur an einzelne Traditionen anknüpfen. Indem man es tut, entscheidet man sich gegen andere.

Gustav Heinemann weicht dieser Entscheidung nicht aus. Darin liegt die Verbindlichkeit, aber auch die Zumutung seiner Reden zur deutschen Geschichte. Tradition ist nach seiner Überzeugung nicht das Privileg von Konservativen, schon gar nicht von Reaktionären. »Es kann«, so sagte er in einer Rede über Tradition und Geschichtsbewußtsein in Deutschland, »nicht um die Frage gehen: Tradition, ja oder nein? Die Alternative besteht vielmehr darin, an welche Traditionen angeknüpft werden soll und in welchem Sinne wir eines historischen Vorgangs gedenken.«[4]

Dieses Traditionsverständnis befreit von dem Zwang, die Geschichte des eigenen Landes unbedingt rechtfertigen zu müssen, für Verirrungen Ausflüchte zu suchen und unangenehme Erinnerungen zu verdrängen. Entfällt dieser Rechtfertigungszwang, dann wird man frei, die Geschichte nach Traditionen zu befragen, denen ein demokratisches Gemeinwesen sich verpflichten kann. Genau darum geht es Gustav Heinemann. Statt eine Einigkeit zu beschwören, die nur um den Preis der Selbsttäuschung zu haben wäre, bürstet er die Geschichte gegen den Strich. Er sucht nach dem, was in Deutschland Macht gewinnen wollte und so lange nicht Macht werden konnte: nach Zeugnissen freiheitlichen Geistes, selbstbewußter Bürgerlichkeit und überwundener Untertanenmentalität. Es gibt, davon will Heinemann seine Mitbürger überzeugen, einen ungehobenen Schatz solcher Zeugnisse, der es verdient, ans Licht gebracht zu werden. Er hat es nicht nur verdient, er hat es auch nötig.

Staatsbesuch in Rumänien: Fahrt durch Bukarest mit Staatspräsident Nicolai Ceausescu

Staatsbesuch in den Niederlanden: Fahrt durch Amsterdam mit Königin Juliane ▷

Staatsbesuch in Schweden: Kahnfahrt mit Ministerpräsident Olof Palme

Denn viel zu wenig ist von jenen Vorgängen bekannt. Die Geschichtsbücher in den Schulen erzählen davon kaum. Selbst die Einwohner von Städten und Landschaften, in denen es derlei freiheitliche Regungen gegeben hat, wissen oft nichts davon. Im Hotzenwald z. B., einer Gegend im südlichen Teil des Schwarzwalds um die Städte Säckingen und Waldshut, haben die Bauern im 18. Jahrhundert wiederholt gegen die Leibeigenschaft und gegen die Unterdrückung durch den Fürstabt von St. Blasien gekämpft, bis sie an der Übermacht österreichischer Truppen scheiterten. Man nannte sie nach ihrem ersten Anführer, dem Salpetersieder Albiez, die »Salpeterer«. Heinemann, der im Hotzenwald mehrfach seinen Urlaub verbrachte, stellte in Gesprächen mit den Bauern fest, daß ihnen von den Kämpfen ihrer Vorfahren praktisch nichts mehr bekannt war. Ähnlich erging es ihm anderswo. Die Chroniken und die Kirchenbücher der Städte und Landkreise, die er besuchte, berichten kaum von Kämpfen gegen die herrschenden Gewalten. Wo die Obrigkeit gesiegt hatte, da war die Erinnerung an Aufstände rasch getilgt.

Solche Erinnerungen wieder aufzufrischen, darauf verwendet Heinemann viel Energie. Seine Anregungen wurden mancherorts aufgenommen. Die Geschichte der Salpeterer-Aufstände im Südschwarzwald wird wieder erforscht. Das Institut für Stadtgeschichte in Münster, das Heinemann besuchte, schenkt den Regungen freiheitlicher Gesinnung vermehrte Aufmerksamkeit. Auch das Fernsehen hat sich mittlerweile dieses Themas angenommen.

In Rastatt, wo der Badische Aufstand 1849 von preußischen Truppen blutig niedergeschlagen wurde, soll auf Heinemanns Vorschlag bis zum Jahre 1974, also zum 125. Jubiläumsjahr, eine Erinnerungsstätte eingerichtet werden, sofern die finanziellen Probleme sich lösen lassen. Im Gespräch ist auch eine Gedenkstätte für Hambach, jene Stadt in der Pfalz, wo im Mai 1832 sich eine mächtige Volksversammlung der demokratisch-nationalen Bewegung zusammenfand, um Volkssouveränität und die deutsche Einheit in einem republikanischen Staat zu fordern.

Man hat Heinemann gelegentlich vorgeworfen, seine Bemühungen um eine Revision unseres Geschichtsbildes stellten die wirkliche deutsche Geschichte auf den Kopf. Es lasse sich in die Geschichte nicht nachträglich eine Tradition von Freiheitskämpfen hineininterpretieren. Überdies hätten die Deutschen ihre Obrikeit keineswegs immer als drückend empfunden. Es gehe einfach nicht an, daß ein Staatsoberhaupt ganze Jahrhunderte wirklicher deutscher Geschichte in Bausch und Bogen verurteile.

Diese Vorwürfe gehen an Heinemanns Absicht vorbei. Er will nicht Traditionen konstruieren, die in der faktischen Geschichte keine Grundlage haben. Aber er will uns auf Vorgänge aufmerksam machen, die bisher zu wenig beachtet worden sind. Genauer: Er fordert uns auf, die deutsche Geschichte mit den Augen eines Demokraten zu sehen. Darin liegt die Parteilichkeit seines Interesses an der Geschichte. Es ist die Parteilichkeit des Demokraten gegen den Untertan, des friedfertigen Patrioten gegen den gewalttätigen Nationalisten, des Moralisten gegen den Zyniker der Macht.

Allerdings hat er es seinen Kritikern manchmal zu leicht gemacht. Sein viel zitierter Satz, es sei an der Zeit, daß ein freiheitlich-demokratisches Deutschland seine Geschichte bis in die Schulbücher hinein anders schreibt, war zumindest mißverständlich. Er konnte verstanden werden als eine pauschale Kritik an der Geschichtswissenschaft. Obwohl es kein Geheimnis ist, daß gerade die deutsche Historikerzunft bis in die Sechzigerjahre hinein weithin in einer allzu apologetischen Haltung befangen war, hütet Heinemann sich natürlich davor, die Unabhängigkeit wissenschaftlicher Forschung anzutasten. Anders verhält es sich mit den Schulbüchern, in denen sich oft uralte geschichtliche Vorurteile, nationalistische Verzerrungen und beschönigende Darstellungen halten. An der Korrektur solcher Vorurteile ist er brennend interessiert. Der Arbeit des Internationalen Schulbuchinstituts in Braunschweig, das um solche Korrekturen bemüht ist, gilt darum seine erklärte Sympathie.

Deutschland gehört zu den schwierigen Vaterländern, sagte Heinemann in seiner Antrittsrede. Gerade weil es ein schwieriges Vaterland ist, darf es sich aus seiner Geschichte nicht davonstehlen. Vergangenheit wird nur dadurch überwunden, daß man sie als die eigene annimmt, im guten wie im bösen. Das ist im Leben des einzelnen nicht anders als im Leben der Völker. Deshalb, und nicht um Wunden offenzuhalten, besteht Heinemann auf kritischer Aufklärung auch über die dunklen Zeiten unserer Vergangenheit.

Um Überwindung der Vergangenheit ging es Heinemann auch bei seinen Staatsbesuchen in den Ländern, die unter Deutschland im letzten Weltkrieg schwer gelitten haben.

Staatsbesuche gelten im allgemeinen als teils liebenswertes, teils überflüssiges Relikt aus einer Zeit, als Potentaten noch Macht hatten. Da nach der heutigen Verfassungslage die Staatsoberhäupter vieler Länder machtlos sind, gehen sie gerne auf Reisen, genießen den Operettenzauber und die protokollarischen Annehmlichkeiten, die mit Staatsvisiten nun einmal verbunden sind, und lassen sich auf diese Weise dafür entschädigen, daß sie zu Hause im politischen Geschäft entbehrlich sind. Ein Tourismus auf Staatskosten also — so sagt man —, für den sich vorwiegend die Regenbogenblätter interessieren und, aus anderen Gründen, die Interessenverbände der Steuerzahler.

Natürlich stimmt dieses Klischee nur sehr bedingt. Für die deutschen Bundespräsidenten trifft es am allerwenigsten zu, weder für die ohnehin wenigen Staatsbesuche, die Theodor Heuss unternommen hat, noch für die ausgedehnten Reisen Heinrich Lübkes in Länder der Dritten Welt, die durchaus den Interessen der Bundesrepublik gedient haben.

Gustav Heinemann war vollends entschlossen, dem Klischee vom überflüssigen Staatstourismus keine Nahrung zu liefern. Schon bei seinem Amtsantritt gab er zu verstehen, daß er weder viele noch lange Auslandsreisen zu unternehmen gedenke. Statt dessen wollte er die europäischen Nachbarländer besuchen, in denen trotz praktischer Zusammenarbeit immer noch böse Erinnerungen an das Deutschland der Nationalsozialisten die Beziehung zur Bundesrepublik überschatten.

Sein erster Staatsbesuch war zugleich der schwierigste. Er führte im November 1969 in die Niederlande. Die Einladung war bereits wenige Wochen nach Heinemanns Amtsantritt in Bonn eingetroffen. Seine Wahl zum Bundespräsidenten hatte in Holland, wie fast überall in der Welt, ein außerordentlich günstiges Echo hervorgerufen. Die Holländer schätzten den Mann, der ein erklärter Gegner des Naziregimes war, der als unerschrockener Demokrat galt und eine tiefe religiöse Bindung mit praktischer Toleranz zu verbinden wußte. Daß dieser Mann in einer freien Wahl das höchste Staatsamt der Bundesrepublik errungen hat, das ermöglichte den Holländern den Entschluß, unter die Leiden der Vergangenheit ein Vierteljahrhundert nach Kriegsende einen Schlußstrich zu ziehen.

Zum letzten Mal war 1907 ein deutsches Staatsoberhaupt zu Besuch in den Niederlanden gewesen. Seither hatte man sich in Den Haag zu einer Einladung nicht mehr bereit gefunden. Nach dem Ersten Weltkrieg verbot die Solidarität mit dem von Deutschland überfallenen Belgien einen Staatsbesuch. Nach dem Zweiten Weltkrieg war die Hemmung noch ungleich stärker. Zu schwer lasteten die Erinnerungen an den deutschen Einmarsch im Mai 1940, an die Jahre der Besetzung, an die brutale Verfolgung des jüdischen Bevölkerungsteiles und an die Zerstörung holländischer Städte auf dem Verhältnis zwischen beiden Ländern.

Zwar hatten sich die politischen Kontakte normalisiert. Es gab zwischen den beiden EWG-Partnern keine nennenswerten Interessenunterschiede. Der Handel florierte, die Bundesrepublik wurde zum wichtigsten Wirtschaftspartner der Niederlande. Zehntausende von Deutschen verbrachten ihren Urlaub in Holland, holländische Touristen kamen in die Bundesrepublik. Aber unter der Oberfläche dieser Normalisierung war auf seiten der Niederlande eine spürbare Distanz zum Nachbarland bestehengeblieben.

Daß die Niederlande durch die Einladung eines deutschen Staatsoberhauptes ihren Willen bekunden würden, diese Distanz zu überwinden — vor Heinemann war es undenkbar. Aber diesen Repräsentanten hießen die Holländer willkommen. »Kein Mann kann besser für eine enge und freundschaftliche Nachbarschaft plädieren als Gustav Heinemann, ein liebenswertes Staatsoberhaupt«, schrieb der konservative Amsterdamer »Telegraaf« unmittelbar vor dem Staatsbesuch. Noch deutlicher sagte es Dr. Soetendorp, der Rabbiner einer der drei jüdischen Gemeinden von Amsterdam: »Einen anderen mit auch nur dem Hauch einer braunen Vergangenheit hätten wir nie eingeladen, hierherzukommen.«

Heinemann wich in Holland der Vergangenheit nicht aus. Schon am ersten Tag seines Aufenthalts suchte er die »Hollandse Schouwburg« auf, jenes Mahnmal im alten jüdischen Viertel von Amsterdam, das an die Judenverfolgung durch die Nationalsozialisten erinnert. Es war sein ausdrücklicher Wunsch.

Die »Schouwburg«, früher das jüdische Theater Amsterdams, wurde in den Kriegsjahren zum Sammelplatz für 57 000 holländische Juden, die von dort in die Vernichtungslager abtransportiert wurden. Nach 1950 riß man das baufällige Gebäude größtenteils ab. Nur die vordere Fassade blieb stehen. Hinter dieser Fassade öffnet sich ein freies Geviert. An der Stelle, wo sich einst die Bühne befand, steht heute ein schlichtes Denkmal: auf einem steinernen Sockel in der Form eines Davidsterns erhebt sich ein Obelisk. Eine Gedenktafel an der Mauer, die das Geviert abschließt, trägt in holländischer und jüdischer Sprache die Inschrift: »Zum Gedächtnis derer, die von diesem Ort fortgeführt wurden. 1940—1945.« Heinemann wurde in der »Hollandse Schouwburg« von den drei Rabbinern Amsterdams empfangen. An dem Mahnmal legte er ein Gebinde weißer Nelken nieder, in das unaufdringlich eine schwarz-rot-goldene Schleife eingebunden war. Nur Frau Heinemann und das niederländische Königspaar begleiteten den Bundespräsidenten. Das offizielle Gefolge war zurückgeblieben.

Die Verneigung eines deutschen Staatsoberhauptes vor der Erinnerungsstätte jüdischen Leides: dies war ein Vorgang von großer symbolischer Kraft, vergleichbar dem spontanen Kniefall Willy Brandts in Warschau. Beide, Heinemann wie Brandt, waren erklärte Antifaschisten. Aber beide vermieden es, sich im Ausland von einer Schuld zu distanzieren, von der sie persönlich nicht belastet waren. Statt dessen bekundeten sie stellvertretend für ihr Land jenes Standhalten vor der entsetzlichen Erinnerung, das allein dazu helfen kann, daß andere die Vergangenheit nicht länger gegen uns kehren.

Am Mahnmal des Terrors verharrte Heinemann schweigend. Beim abendlichen Galadiner im königlichen Palast sprach er aus, was in der »Schouwburg« ungesagt bleiben mußte: »Wir haben das Hitlerregime nicht zu verhindern gewußt und auch nicht aus eigener Kraft abgeschüttelt.«[5] Präzise, klare Worte, frei von Beschönigung wie von Unterwürfigkeit. Es war diese schmucklose, aufrichtige Sprache Gustav Heinemanns, die in Holland offene Ohren fand.

In merkwürdigem Kontrast zum schlichten Auftreten des Bundespräsidenten stand der pompöse Aufwand, der für ihn getrieben wurde. Von dem Augenblick an, als er mit Cut und Zylinder dem Sonderzug in Amsterdam entstieg, umfing ihn ein Spektakel, das so wohl nur noch von alten europäischen Monarchien veranstaltet wird. Zweimal während der Eröffnungszeremonie waren Ehrengarden abzuschreiten, dreimal ertönte die deutsche Nationalhymne, den kurzen Weg vom Bahnhof zum königlichen Schloß legte man in offenen sechsspännigen Staatskaleschen zurück, vorbei an einem Ehrenspalier von 780 Soldaten der drei Teilstreitkräfte.

Zum ersten Mal in seinem Leben trug Heinemann nun, nachdem er vier politische Systeme ohne Orden überstanden hatte, die Sonderstufe des Bundesverdienstkreuzes und das ihm von Königin Juliana verliehene »Großkreuz zum Orden vom Niederländischen Löwen«. (Der Bundespräsident wisse Traditionen zu würdigen, wenn sie ungebrochen seien, teilte Staatssekretär Conrad Ahlers mit.) Geduldig ertrug Heinemann ein Zeremoniell, das seinem eigenen Stil so wenig entsprach. Unbehinderter Konakt mit der Bevölkerung, die ihn mit verhaltener Freundlichkeit empfing, war nicht vorgesehen, auch nicht in den folgenden Tagen. Eine Begegnung mit der rebellischen Jugend des Nachbarlandes fand nicht statt. Das Protokoll diktierte Konventionelles: Galadiners, Deichbesichtigungen, eine Blumenauktion, den Besuch der Deutschen Schule und schließlich die Rembrandtausstellung im Rijksmuseum.

Nur einmal gelang es Heinemann, sich der Konvention zu entziehen. Aber das geschah unbemerkt von der Öffentlichkeit, bei der nächtlichen Rückfahrt von einem Bankett in Den Haag nach Amsterdam. Das holländische Königspaar und das Ehepaar Heinemann hatten sich mittlerweile so angefreundet, daß man beschloß, die Fahrt gemeinsam in einem Auto zurückzulegen. Königin Juliana stieg mit dem Ehepaar Heinemann in den Fond, Prinz Bernhard schickte den Sicherheitsbeamten nach Hause und nahm vorne neben dem Fahrer Platz. Heinemann erzählt diese Episode mit Vergnügen: es war eine der fröhlichsten Fahrten, die er je erlebt hat.

Aber diese protokollwidrige Autofahrt fand erst am letzten Tage des Staatsbesuches statt. Zuvor wurde Heinemann noch mehrfach mit den Erinnerungen an eine schreckliche Vergangenheit konfrontiert. In Rotterdam besuchte er, wiederum auf eigenen Wunsch, die St. Laurentiuskirche, die zusammen mit der ganzen mittelalterlichen Innenstadt während eines deutschen Bombenangriffs am 14. Mai 1940 in Schutt und Asche gesunken war. Nach dem Kriege wurde sie wieder aufgebaut und zu einer Stätte der ökumenischen Begegnung gemacht. Später, im Rathaus von Rotterdam, erinnerte Bürgermeister Thomassen in deutscher Sprache an die Angst vor den Nazibesatzern, an die Unterdrückung und an die Zerstörung der Stadt. Aber dann sprach er versöhnlich von der schuldlosen jungen Generation und würdigte, wie schon tags zuvor der Bürgermeister von Amsterdam, daß Heinemann zu den älteren Deutschen gehöre, die in der Zeit nationalsozialistischer Überheblichkeit standhaft geblieben seien. Auf Heinemanns Tugend der Überpünktlichkeit anspielend sagte er einen Satz, der von den begleitenden Journalisten wie eine Überschrift über den ganzen Staatsbesuch empfunden wurde: »Hier, in Rotterdam, kommen Sie nicht zu früh!« Der Satz wirkte befreiend. Die Beklommenheit, die durch allen protokollarischen Glanz hindurch bis dahin zu spüren gewesen war, wich dem Angebot der Freundschaft.

Nirgendwo in den Niederlanden war Heinemann demonstrativer Beifall aus der Bevölkerung entgegengeschlagen. Aber dafür bestand auch kein Anlaß. Daß kein Protest laut wurde, war schon ein bemerkenswertes Zeichen des Respekts für den deutschen Gast. Das herzliche Einvernehmen, das im Laufe dieser Tage entstand, wäre nicht möglich gewesen, hätte Heinemann die Reise in die Vergangenheit gescheut. Nachdem er sich der schweren Aufgabe unterzogen hatte, wirkten auch die Reden über gemeinsame Aufgaben der Zukunft nicht wie hohle Höflichkeitsfloskeln. Sie waren die Bestätigung des gemeinsamen Willens, die Belastungen der Vergangenheit zurückzulassen und eine neue Ära verläßlicher, vertrauensvoller Zusammenarbeit zu beginnen. Königin Juliana drückte es zum Abschied in ganz schlichten Worten aus, warum dieser Staatsbesuch ein politischer Erfolg war: »Sie haben sich unsere Herzen aufgeschlossen.«

Später war Heinemann in Dänemark und in Norwegen. Auch dort bekannte er sich zu der Schuld, die Deutschland vor dreißig Jahren in diesen Ländern auf sich geladen hatte. Auch dort gelang ein Stück Versöhnung.

In der Bundesrepublik wurde nicht mit ungeteilter Zustimmung aufgenommen, wie Heinemann sein Land bei den ehemals besetzten Nachbarländern vertrat. Für manche war er zu weit gegangen in seiner Bereitschaft, die Hypotheken der Vergangenheit abzutragen. Als ein Journalist ihn einmal fragte, ob er überzeugt sei, mit der Art, wie er im Ausland auftrete, auch die konservativen Meinungen im Lande zu decken, antwortete er mit einer bezeichnenden Umkehrung der Frage: »Ich meine, daß auch die sogenannten Konservativen das mittragen sollten. Sie sagen doch alle heute, daß sie den Hitler-Faschismus nicht gewollt haben und daß sie, soweit sie persönlich darin verstrickt gewesen seien, davon Abstand genommen hätten, daß sie mittlerweile alle gute Demokraten seien. Dann sollten sie wohl auch mit offenen Ohren aufnehmen, was ich da sage.«[6]

An diesem Punkt gibt es für Heinemann keinen Kompromiß. Man kann nicht dafür sein, daß die Belastungen der Geschichte endlich überwunden werden, und gleichzeitig so tun, als sei alles nicht so schlimm gewesen. Gewiß, ein Staatsoberhaupt soll darstellen, was alle verbindet. Aber wenn die rückhaltlose Ablehnung des Faschismus nicht alle verbindet, dann liegt der Fehler nicht beim Staatsoberhaupt.

Über alles andere läßt sich reden. Heinemanns Interpretationen der deutschen Geschichte, die er in seinen Reden zur Reichsgründung, über Friedrich Ebert, über Luther und die Wirkungen der Reformation, über Albrecht Dürer und bei manch anderer Gelegenheit vorgetragen hat, erheben nicht den Anspruch, ex cathedra die einzig wahre Sicht der deutschen Geschichte zu bestimmen. Sie sind nichts anderes als der Versuch, dem schwierigen Vaterland ein Geschichtsbewußtsein zu ermöglichen, das, frei von Ausflüchten und Selbstmitleid, sich diejenigen Traditionen erschließt, an die ein demokratisches Deutschland im Interesse seiner Zukunft anknüpfen kann.

Produktive Unruhe

So beharrlich sich Heinemann um die kritische Erhellung der Vergangenheit bemüht — stärker noch ist sein Interesse an der Zukunft. Es gibt in der Bundesrepublik wohl kaum einen Politiker seiner Generation, bei dem das Ungenügen an dem Erreichten so ausgeprägt, der Mut zu Veränderungen so ungebrochen ist. Wo immer Heinemann sich zu einem politischen Thema öffentlich äußert, ist dieses Drängen nach vorne zu spüren. Selten hält er sich länger als für ein paar Sätze beim Vorhandenen auf, um sogleich zum noch nicht Geleisteten, zum Wünschenswerten und Notwendigen überzugehen.

Bei manchen Zeitgenossen, die durch bedächtigeres Naturell oder wegen des Besitzes komfortabler Privilegien an Veränderungen weniger interessiert sind, hat sich Heinemann in den Ruf gebracht, er könne nicht ja sagen, es falle ihm schwer, erbrachte Leistungen anzuerkennen, sein Drängen nach vorne sei verbunden mit einer ganz unberechtigten Mißachtung des Bestehenden.

Wer Heinemanns Reden im Wortlaut nachliest, findet diesen Eindruck widerlegt. Vom Stolz auf das Erreichte spricht Heinemann durchaus. Der wirtschaftliche Aufbau, der dem zerstörten Land innerhalb weniger Jahre Wohlstand und weltweiten Respekt eingetragen hat; die politische und wirtschaftliche Eingliederung von Millionen vertriebener Deutscher aus den ehemaligen Ostgebieten; die sozialpolitischen Errungenschaften, die den Arbeitnehmern ein hohes Maß an sozialer Sicherheit und stetig wachsende Einkommen gebracht haben; vor allem aber der Ausbau einer stabilen demokratischen Ordnung — dies alles sind Leistungen, denen Heinemann seine Anerkennung nicht versagt hat. Was er einmal im Grenzdurchgangslager Friedland zur Begrüßung deutscher Einwanderer aus Polen sagte, gilt allgemein: »In vieler Hinsicht haben wir wahrhaftig Grund, dankbar und zufrieden zu sein.« [1]

Dennoch ist ganz unbestreitbar, daß Heinemanns Ungeduld stärker entwickelt ist als seine Neigung, sich mit dem bereits Geleisteten zufriedenzugeben. Aber diese Ungeduld beruht weder auf einer Verachtung des Bestehenden noch ist sie eine bloße Frage der Veranlagung — als wäre es nur sein ungestümes Temperament, welches Heinemann an einer gelasseneren Betrachtung der Zeitläufte hindert. Auch zielt die Ungeduld nicht auf blinden Reformismus. Ihren Grund nannte Heinemann bereits in seiner Antrittsrede: »Die Leistungen von gestern werden morgen schon nicht zählen.« [2]

Auf den ersten Blick wirkt dieser Satz wie eine freundliche Banalität von der Sorte »Junge Leute sind immer rebellisch« oder »Fortschritt muß sein«. Was Heinemann damit meint, ist indessen nicht banal, sondern höchst ungemütlich. Die politischen Aufgaben, die innerhalb der nächsten zwei oder drei Jahrzehnte gelöst werden müssen — vom Ausbau der sozialen Demokratie bis zur politischen Sicherung des Weltfriedens, von der Überwindung der öffentlichen Armut bei privatem Reichtum in den Industrieländern bis zur gerechteren Güterverteilung zwischen Nord und Süd, vom Kampf gegen die Verseuchung der Umwelt bis zur Humanisierung des immer bedrohlicher werdenden technologischen Prozesses — diese Zukunftsaufgaben erfordern nach seiner Überzeugung von den heute Lebenden so außerordentliche Anstrengungen, daß für beschauliches Sich-Begnügen mit dem Erreichten keine Zeit bleibt.

Es ist nicht Heinemanns Art, sich von apokalyptischen Schreckensvisionen beeindrucken zu lassen. Aber er weiß, daß ohne geistige und moralische Veränderungen diese politischen Aufgaben nicht mehr zu bewerkstelligen sind. Er weiß auch, daß in der Demokratie die Politiker dem Bewußtseinsstand der Mehrheit nicht beliebig vorauseilen können. Deshalb stellt er sein Amt in den Dienst dieses Bewußtseinswandels. Deshalb sorgt er mit seinen Reden für produktive Unruhe.

Im Grundgesetz sieht Heinemann mehr ein Versprechen als einen bereits erfüllten Auftrag. Voll verwirklicht ist in seinen Augen bisher nur ein Prinzip der Verfassung, das des Rechtsstaates. Die Geltung der Grundrechte, die Trennung der Gewalten, die Unabhängigkeit der Justiz, die Bindung der Verwaltung an das Gesetz und die Offenheit des Rechtsweges — das alles ist in der Bundesrepublik verläßlich ausgebaut und bedarf der Kritik nur im kronkreten Einzelfall.

Dagegen ist die Forderung des Grundgesetzes nach der sozialen Demokratie noch keineswegs eingelöst. Allerdings hat die Verfassung offengelassen, was unter »sozialer Demokratie« zu verstehen sei. Sie enthält keine konkreten Normen für die wirtschaftliche und soziale Ausgestaltung der Bundesrepublik. Faktisch ist in dem verfassungsrechtlichen Rahmen des Grundgesetzes eine kapitalistische Wirtschaftsordnung entstanden, in der durch staatliche Interventionen und durch die gewerkschaftliche Vertretung der Arbeitnehmerinteressen dafür gesorgt wurde, daß die wirtschaftlich Starken die wirtschaftlich Schwächeren nicht beliebig ausbeuten können.

In einer Rede vor dem Bundesverfassungsgericht hat Heinemann darauf hingewiesen, daß »die überkommene Wirtschafts- und Sozialordnung eine zwar verfassungsrechtlich mögliche, aber keineswegs die allein erlaubte Ordnung ist«.[3] Diese Klarstellung ist notwendig gegenüber den ideologischen Verfechtern des bestehenden kapitalistischen Systems, die immer versucht haben, das Grundgesetz als verfassungsrechtliche Garantie der neoliberalen Wirtschaftsordnung darzustellen und jede sozialistische Kritik an dieser Ordnung als verfassungsfeindlich zu diffamieren.

Eine revolutionäre Änderung der bestehenden Ordnung hält Heinemann indessen weder für möglich noch für wünschbar. Wir haben den Menschen nicht, der von sich aus das Gemeinwohl über sein privates Profitinteresse stellen würde. Um so mehr kommt es darauf an, innerhalb der bestehenden Ordnung mehr soziale Gerechtigkeit zu verwirklichen. Deshalb spricht Heinemann immer wieder davon, wieviel in den Bereichen der Vermögensverteilung, der Mitbestimmung und der Chancengleichheit in der Bildung noch zu tun ist. Gerade weil das Grundgesetz die Ausgestaltung der sozialen Demokratie nicht näher bestimmt, nimmt Heinemann das Prinzip des Sozialstaats besonders ernst.

Ein markantes Beispiel dafür ist die Rede über »Bodeneigentum und Städtebau«, die er im Mai 1971 vor dem Deutschen Städtetag in München hielt. Auf die konkreten Auseinandersetzungen über die Reform des bestehenden Bodenrechts ging er mit keinem Wort ein. Aber er erinnerte daran, daß nach dem Willen der Verfassung der Schutz des privaten Eigentums kein unüberwindliches Hindernis für dringliche Reformen ist: »Wann endlich lesen wir laut und deutlich, daß Artikel 14 des Grundgesetzes das Eigentum nicht lediglich gewährleistet, sondern auch von der Möglichkeit spricht, seinen Inhalt und seine Schranken durch Gesetze zu bestimmen? Wann endlich lesen wir laut und deutlich aus Artikel 14 des Grundgesetzes, daß jedes Eigentum verpflichtet und sein Gebrauch zugleich dem Wohl der Allgemeinheit dienen soll? Wann endlich erfüllt der Gesetzgeber bei dem Bodenrecht ... seine verfassungsmäßige Pflicht?« [4]

Heinemanns Auslegung der Verfassung ist deshalb meist so unbequem, weil er sie nicht nur nach Freiheiten und Rechten befragt, sondern ebenso nach den Pflichten, die sie den einzelnen Bürgern oder dem Gesetzgeber auferlegt. So, wie er vor dem Deutschen Städtetag neben dem Schutz des Privateigentums an seine Verpflichtung erinnerte, dem Gemeinwohl zu dienen, so wies er vor dem Deutschen Journalistenverband darauf hin, daß die Pressefreiheit nicht nur ein Grundrecht ist, sondern ein Verfassungsauftrag. Das Funktionieren des demokratischen Systems hängt davon ab, daß der Wähler die Arbeit von Regierung und Opposition beurteilen kann. Nur dann ist er in der Lage, seine Wahlentscheidung verantwortlich zu treffen. Um urteilsfähig zu sein, ist er auf eine umfassende, zuverlässige und von den Inhabern der Macht unbehinderte Unterrichtung angewiesen. Deshalb sind Vielfalt und Unabhängigkeit der Presse kein demokratischer Luxus, sondern eine von der Verfassung gebotene Notwendigkeit.

Keine freiheitliche Verfassung kann allerdings dem Bürger die politische Verantwortung zur Pflicht machen. Die Freiheit des einzelnen schließt auch die Möglichkeit ein, daß er sich in seine private Welt zurückzieht und die politischen Entscheidungen anderen überläßt. Um so beharrlicher sucht Heinemann die Bürger für die politische Mitarbeit zu gewinnen, die nicht befohlen werden kann. Kaum eine Rede, in der dieser Aufruf zum politischen Engagement nicht vorkäme. Zumal wenn er vor jugendlichen Zuhörern steht, spricht er von dieser Zumutung der Freiheit. Das »Große Angebot« des Grundgesetzes bewährt sich ja nicht darin, daß jeder tun und lassen kann, was er will. Es zielt darauf ab, daß der einzelne sich selbst zu seinem Teil für den Zustand des Ganzen haftbar macht.

Freilich weiß auch Heinemann, daß in der repräsentativen Demokratie die unmittelbaren politischen Einwirkungsmöglichkeiten begrenzt sind. Für den, der nicht in einer politischen Partei arbeitet, beschränken sie sich zumeist darauf, daß er alle vier Jahre bei den Wahlen seine Stimme abgibt. Heinemann versteht die Beweggründe, die gerade in Teilen der jungen Generation zur Kritik am repräsentativen System der Demokratie geführt haben. Aber er hält direktere Formen der Demokratie in den hochindustrialisierten Massengesellschaften für nicht anwendbar. Rätesystem und imperatives Mandat sind für ihn keine praktikablen Alternativen. Die Fülle und die Kompliziertheit der politischen Entscheidungen, die längst die Parlamentarier in eine unerwünschte Abhängigkeit von den Experten gebracht haben, erlaubt nach seiner Überzeugung keine andere Weise der politischen Willensbildung als durch auf Zeit gewählte Repräsentanten. Am Ende der Legislaturperiode muß die Entscheidung dann wieder in die Hände des Wählers zurückgelegt werden. Allerdings sollten die Abgeordneten, die zwischen den Wahlen vom Willen ihrer Wähler praktisch unabhängig sind, um so stärker bemüht sein, den Kontakt mit den Bürgern ihres Wahlkreises zu suchen.

Nur im überschaubaren Bereich der Kommunalpolitik hält Heinemann spontanere Arten der politischen Einflußnahme für möglich und wünschbar. In den vielfältigen Bürgerinitiativen, die sich zur Wahrnehmung bestimmter Interessen im Bau- und Wohnbereich, bei Kindergarten- und Schulproblemen, bei Verkehrsfragen und für Aufgaben des Umweltschutzes zusammenfinden, sieht er einen Gewinn für die Lebendigkeit der Demokratie und überdies ein erfreuliches Zeichen für das gestärkte Selbstbewußtsein der Bürger gegenüber den Behörden. Bürgerinitiativen können ihrer Natur nach keine Alternative zu dem repräsentativen Wahlverfahren sein, das auch für die Gemeindeparlamente gilt. Aber sie bieten eine sinnvolle Ergänzung und gelegentlich auch eine notwendige Konkurrenz. Im überschaubaren Bereich kommunaler Entscheidungen kann der Bürger am ehesten erfahren, daß sich die aktive Mitarbeit lohnt, daß Teilhabe an der Herrschaft möglich ist. Vor Kommunalpolitikern pflegt Heinemann deshalb darauf hinzuweisen, daß diese neuen Formen demokratischer Willensäußerung nicht als lästige Einmischungsversuche verstanden werden sollten. Sie sind Ausdruck jener produktiven Unruhe, die er selbst beständig zu fördern versucht.

Es entspricht Heinemanns Auffassung von seinem Amt, daß er sich im Bereich der Außenpolitik vergleichsweise selten zu Wort gemeldet hat. Stärker noch als in der Innenpolitik muß er sich bei außenpolitischen Äußerungen Zurückhaltung auferlegen. Die Bestimmung des Grundgesetzes, daß der Bundespräsident die Staatsgewalt der Bundesrepublik nach außen vertritt, räumt ihm ja nicht die Möglichkeit eigener außenpolitischer Initiativen ein. Dieses Recht liegt allein bei der Bundesregierung. Dennoch hat sich Heinemann auch in diesem Bereich einer bloß dekorativen Rolle von Anfang an entzogen. Das gilt nicht nur für seine Staatsbesuche. Es gilt ebenso für seine außenpolitischen Reden.

Schon bei seinem Antrittsbesuch in Berlin im Juli 1969, als in Bonn noch die Große Koalition regierte, gab er dafür ein Beispiel. Er hätte sich damit begnügen können, jenes Ritual von Bekundungen der Treue und Verbundenheit zu wiederholen, das sich für Bonner Berlin-Reisende seit Jahren eingespielt hat und das manchmal irrtümlich als Bekenntnis bezeichnet wird.

1./2./3./4. Der Bundespräsident erhält täglich bis zu 100 Briefe von Bürgern der Bundesrepublik: Drei Beispiele.

Lieber Herr Bundespräsident Heinemann!

Ich bin 10 Jahre und gehe aufs Neusprachliches Gymnasium in Mönchengladbach. In unserer Klasse sind über 40 Kinder. Ich finde das ist zuviel. Darum wünsche ich mir, daßes Klassen mit nur 20 Kindern bei uns gibt. Ich stelle es mir etwa so wie auf dem Bild vor. Ich hoffe, Sie können da etwas ändern. Danke!

Ihr Martin Tarcheit

A-II 12s- 7505 171

[redacted] , den 19. August 19
[redacted] Straße 4

An den

Herrn Bundespräsidenten
der Bundesrepublik Deutschland

53 B o n n (Rhein)

Bundespräsidialamt
23. VIII 71
Eingang

Br 23/8

Sehr geehrter Herr Bundespräsident !

Nachdem ich viele Bittgänge gemacht habe, weiß ich mir jetzt keinen Rat mehr und wende mich deshalb an Sie in der Hoffnung, daß Sie noch eine Möglichkeit finden, meiner Familie zu helfen.

Meine Familie, d.i. meine 78-jährige Mutter, meine Frau und vier minderjährig schulpflichtige Kinder -ein Mädchen und drei Jungen-, wird von meiner Frau und mir versorgt.

Unser Sohn [redacted] gehört zu den Geistigbehinderten. [redacted] ist jetzt [redacted] Jahre alt. Er war zeitweise in der Arbeiterwohlfahrt -Bildungsstätte für Behinderte-, Siegen. [redacted] wurde mit dem Schulbus abgeholt und wieder gebracht. Er mußte jedoch diese Schule wieder verlassen, weil ein weiterer Schulbesuch mit Rücksicht auf die anderen Kinder nicht mehr tragbar erschien; so jedenfalls teilte man mir mit. [redacted] bekommt epileptische Anfälle, bis zu sechs am Tag wurden in der vorgenannten Bildungsstätte in deren Gutachten festgestellt, wie in dem gleichen Gutachten mein Sohn auch als aggressiv, jäh zornig und unberechenbar beurteilt wird. Leider ist diese Beurteilung richtig sie stimmt mit meinen eigenen Erfahrungen überein.

[redacted] bekommt plötzlich, für meine Familie grundlos und unvorhersehbar, Wutanfälle; dabei kann er sehr gefährlich werden, denn dann wirft oder sticht er mit jedem Gerät, das er gerade Fassen kann.

[redacted] dürfte keinen Augenblick ohne Aufsicht sein, aber wie soll das meine Frau bewerkstelligen ? Ich selbst muß meiner Arbeit als Werkzeugschlosser nachgehen, damit finanziell der Lebensunterhalt der Familie gesichert ist. Wenn [redacted] Geschwister Schulaufgaben erledigen müssen (z.B.), müssen wir [redacted] die Hände auf dem Rücken festbinden. Es ist schon mehrmals vorgekomme daß [redacted], wenn wir ihn beim Spielen im Garten glaubten, plötzlich doch auf der Landstraße, die direkt vor unserem Haus ist, vor einem Fahrzeug stand. We noch nichts sonst geschehen ist, ist es reines Glück. Wir können doch [redacted] auch nicht ganztäglich fesseln und festbinden.

Nervlich und körperlich geht die ständige Anspannung insbesondere meiner Frau über ihre Kräfte, aber auch ich und die Kinder werden überfordert. Wenn erst noch meine Frau erkranken würde, was sollte ich dann tun ?

Unter dem 4.8.1971 -Aktenzeichen Az.21o/o4- ist vom Kreisschulamt in [redacted]) ein Schulpflichtbeschluß ergangen. Hiernach soll [redacted] eine Heimsonderschule für Geistigbehinderte besuchen. Wenn [redacted] eine solch Schule besuchen könnte, wäre es ein Segen. Eine Einschulung in eine öffentliche Grund- oder Sonderschule L ist aufgrund der Gutachten nicht möglich.

Weil ich meine Familie vor drohendem Schaden bewahren möchte, bemühe ich mich schon seit einiger Zeit, für [redacted] einen Heimplatz zu finden. Meine Bemühun sind aber bis jetzt erfolglos geblieben. Mein Hilfegesuch an das Sozialamt is über die Verbandsgemeindeverwaltung [redacted], die Kreisverwaltung [redacted] zum Sozialamt in Mainz gegangen. Der Leiter der Arbeiterwohlfahrt Bildungsstä ebenso wie dessen Vorgänger haben sich für meine Familie bemüht, desgleichen das Sozialamt in Mainz. Leider bislang vergeblich. In Siegen wurde mir von Li mit 8oo Namen gesprochen.

-2-

Blatt -2-

Auch das kirchliche Sozialamt hat sich durch eine Beauftragte davon überzeugt, daß der andauernden Anspannung meiner Familie, hervorgerufen durch unseren kranken Sohn [redacted], rasch ein Ende gesetzt werden müsse. Die Bemühungen um eine Heimstelle, die auch diese Stelle sich machte, blieben bis jetzt ebenfalls ohne Erfolg.

Rasche Hilfe ist nötig, für [redacted] und für meine Familie insgesamt. Deshalb bitte ich Sie, mein Ersuchen wohlwollend zu prüfen und zu unterstützen.

Ich danke Ihnen schon jetzt für Ihre Mühe.

Hochachtungsvoll

[redacted]

Das Bundespräsidialamt hat sich an verschiedene Heilstätten gewandt,
um einen Heimplatz für den kranken Jungen zu finden — bisher ohne Erfolg

Ponyhof „Zur Sonne"

Hans Jörke

Fremdenzimmer mit fließend warmem und kaltem Wasser - Pension - Liegewiese - Garagen - Saal für 50 Personen - Gute Küche - Bestens gepflegte Getränke - **Ganzjährig geöffnet.**

Bundespräsidialamt
Eing. 26. FEB. 1970
Nr

3541 **Flechtdorf / Waldeck**
Ruf Adorf 170 (870)

Datum: 24.2.197o.

Sehr Geehrter Dr. Heinemann

Ich möchte mein Gewissen erleichtern,Ich habe mit Ihnen und Herrn
Hinrich Kopf Minister von Niedersachsen und meinem Kollegen Herrn Kram
Willinngen / Waldeck Im ~~Willinn~~ Waldecker Hof einen Skat gespielt,
nach vorgerückter Stunde,Termin ist mir entfallen , es war am Weltkirc
tag, Ehrlich! Wier haben Sie beschissen, Herz Bube 2 + gezogen
1 Runde 1 Picollo und 4 Pils = 5.-DM hatten Sie verloren
zu Unrechtcht
Ich möchte es wieder gutmachen da ich sehe das Sie Als Bundespräsident
doch höhere Ausgaben haben als ich.
5.-DM lege ich bei damit die Sache mal in Ordnung kommt.

Ich Wünsche Ihnen auch im Namen meines Kollegen allzeit

Gute Fahrt

Mit Freundlichen Grüss en

H. Jörke

Heinemann beließ es in Berlin nicht bei unverbindlichen Formeln. Statt dessen entwarf er vor dem Abgeordnetenhaus das Konzept einer europäischen Entspannung, in dem die Grundzüge von Willy Brandts Ostpolitik bereits vorweggenommen wurden. Die geographische Lage und die besondere politische Situation der ehemaligen Reichshauptstadt, so sagte er vor den Abgeordneten, biete sich geradezu dazu an, Berlin zum Prüfstein eines neuen und besseren Verhältnisses von Ost und West zu machen. Dazu gehöre freilich auf allen Seiten der Mut, die Realitäten so zu sehen, wie sie sind. Die Entschlossenheit der Westberliner, ihre Zusammengehörigkeit mit der Bundesrepublik zu erhalten, sei mit dem berechtigten Sicherheitsverlangen der östlichen Seite durchaus vereinbar. »Warum also nicht nach Lösungen suchen, zu denen wir alle und die anderen guten Gewissens ›Ja‹ sagen können?« [5]

Wenige Wochen später setzte er wiederum ein außenpolitisches Signal. Am 1. September 1969 hielt er über Rundfunk und Fernsehen eine Rede zum 30. Jahrestag des Kriegsbeginns. Den historischen Rückblick nahm er zum Anlaß für vorwärtsweisende Überlegungen: »Was mit dem ehemaligen Erbfeind Frankreich zu unserer großen Befriedigung erreicht ist, steht gegenüber den östlichen Nachbarn und zumal gegenüber Polen als eine ungelöste Aufgabe noch immer vor uns. Polen war das erste Opfer des Überfalls von 1939 . . . Was immer die Verantwortlichen in Polen 1939 an Argumenten für Hitlers Handeln beigetragen haben mögen und wie schwer auch das Los unserer Landsleute gewesen ist, die 1945 das Opfer des Verlustes ihrer Heimat jenseits von Oder und Neiße bringen mußten, so kann doch nichts daran vorbeiführen, daß es zwischen Polen und uns nicht so bleiben kann, wie es ist. Auch hier gilt es, die alten Gräben endlich zuzuschütten, so fest, daß niemand mehr einbrechen kann.« [6] Im europäischen Ausland, zumal in Osteuropa, wurde diese Rede mit beifälliger Aufmerksamkeit zur Kenntnis genommen. Sie half den Boden bereiten, auf dem wenig später Verhandlungen mit Polen aufgenommen werden konnten.

Später hat sich Heinemann zu außenpolitischen Fragen kaum mehr programmatisch geäußert. Was er zu Beginn seiner Amtszeit als Zielvorstellungen formuliert hatte, war schnell zum Gegenstand praktischer Politik geworden und damit in die Zone parteipolitischer Auseinandersetzungen geraten, aus der er sich fernzuhalten hat. Wenn Heinemann zu außenpolitischen Themen das Wort ergriff, in Weihnachtsansprachen oder bei Bonner Begegnungen mit auswärtigen Politikern, dann sprach er aus, was in der Bundesrepublik die gemeinsame Überzeugung aller im Bundestag vertretenen Parteien ist.

Nur einmal noch durchbrach er die außenpolitische Zurückhaltung, die er sich sonst auferlegt. Das war während der Olympischen Spiele in München bei der Trauerfeier für die Opfer des Massakers von Fürstenfeldbruck. Heinemann wich in seiner Trauerrede der Frage nach den Schuldigen nicht aus: »Wer sind die Schuldigen dieser Untat? Im Vordergrund ist es eine verbrecherische Organisation, die da glaubt, daß Haß und Mord Mittel des politischen Kampfes sein können. Verantwortung tragen aber auch jene Länder, die diese Menschen nicht an ihrem Tun hindern.« [7] Nicht nur im Stadion wurden diese Sätze mit demonstrativem Beifall aufgenommen. In der ganzen Welt fand Heinemanns Rede ein enormes Echo. Nach den klassischen Reden der Diplomatie hätte er die Schuldfrage ausklammern müssen. Daß er die Frage nach den Verantwortlichen dennoch stellte, und dies bei einem Anlaß, der durch das Fernsehen in fast alle Länder der Welt übertragen wurde, das konnte für die Bundesrepublik außenpolitische Komplikationen nach sich ziehen. Heinemann nahm dieses Risiko in Kauf. Im Augenblick des ohnmächtigen Entsetzens hatten diplomatische Rücksichten hinter dem moralischen Bekenntnis zurückzustehen.

Indirekt mit Außenpolitik sind auch zwei Institutionen befaßt, die ihre Entstehung der Initiative Gustav Heinemanns verdanken: das »Deutsche Forum für Entwicklungspolitik« und die »Deutsche Gesellschaft für Friedens- und Konfliktforschung«.

In seiner Antrittsrede vor dem Deutschen Bundestag hatte Heinemann das Stichwort »Friedensforschung« bereits genannt. Die Bundesrepublik, so regte er an, sollte größere Anstrengungen unternehmen, um die Erforschung sowohl der militärischen Zusammenhänge zwischen Rüstung, Abrüstung und Friedenssicherung wie der sozialen, wirtschaftlichen und psychologischen Bedingungen des Friedens zu fördern. Denselben Vorschlag führte er wenige Wochen später in seiner Ansprache zum 30. Jahrestag des Kriegsbeginns deutlicher aus: »Die eigentliche Gefahr für den Menschen ist nicht mehr die Natur, sondern der Mensch selbst. Von sich selbst und seinen lebensbedrohenden Fähigkeiten aber weiß der Mensch weniger als von der uns umgebenden Natur. Die Ursache der Konflikte unter den Völkern und die menschlichen Aggressionstriebe sind weniger erforscht als die Gesetze der Ordnung im Atom . . . Deshalb brauchen wir eine Erforschung dieser Zusammenhänge. Wir brauchen eine Friedensforschung.« [8]

Heinemanns Vorschlag fand in der Öffentlichkeit viel Zustimmung. Es gab zwar auch kritische Stimmen, die meinten, Friedensforschung sei ein modischer Firlefanz, als Wissenschaft unseriös und für die praktische Politik ohne Bedeutung. Aber der Beifall überwog. Bundeskanzler Brandt nahm Heinemanns Idee auf und kündigte in seiner Regierungserklärung vom 28. Oktober 1969 an, die Bundesregierung werde sich um die organisatorische Zusammenfassung und die finanzielle Unterstützung aller in der Bundesrepublik auf dem Gebiet der Friedensforschung Tätigen bemühen. Auf den Tag genau ein Jahr später fand in der Villa Hammerschmidt die Gründungsversammlung der »Deutschen Gesellschaft für Friedens- und Konfliktforschung« statt.

Der Gründung waren schwere Auseinandersetzungen unter Forschern und Geldgebern über die Finanzierung der Friedensforschung, über die wissenschaftliche Definition ihres Gegenstandes und über methodische und organisatorische Probleme der jungen Disziplin vorausgegangen. Heinemann beteiligte sich an diesen Auseinandersetzungen nicht, so wenig wie er später auf die Arbeit der Friedensforscher Einfluß zu nehmen suchte. Er machte allerdings kein Hehl daraus, daß er sich für unfruchtbaren Methodenstreit nicht interessiert, sondern von der Friedensforschung »nüchterne, auf die Praxis bezogene Arbeit« [9] erhofft. Ihm lag daran, durch seine Initiative mitzuhelfen, daß die Friedensforschung in der Bundesrepublik aus dem Schattendasein befreit würde, das sie bis dahin geführt hatte. Noch im Mai 1969, kurz vor Heinemanns Amtsübernahme, hatte Johan Galtung vom Friedensforschungsinstitut in Oslo ein »relativ geringes Interesse für die Friedensforschung in der BRD« [10] festgestellt. Inzwischen ist, auch nach dem Urteil beteiligter Wissenschaftler, »eine Aktivierung erfolgt, durch die die Friedensforschung in der Bundesrepublik Deutschland Anschluß an die internationale Wissenschaftsdiskussion gewonnen hat« [11] (Werner Link).

Mit der Gründung des »Deutschen Forums für Entwicklungspolitik« verband Heinemann ebenfalls praktische Absichten. Der Vorschlag stammte vom Bundesminister für wirtschaftliche Zusammenarbeit, Erhard Eppler, der am Beginn der zweiten Entwicklungsdekade mit diesem Forum dem Gedanken der Entwicklungspolitik größere öffentliche Resonanz zu verschaffen hoffte. Heinemann machte sich den Vorschlag seines Freundes und langjährigen politischen Mitstreiters zu eigen und berief auf Vorschlag der Bundesregierung bekannte Persönlichkeiten des öffentlichen Lebens in den illustren Kreis. Am 23. Oktober 1970 trat das Forum zum ersten Mal an die Öffentlichkeit. Von seinen Mitgliedern, so sagte Heinemann in seiner Begrüßungsansprache, erwarte er »neue Ideen und eine wirksame Aufklärung der Öffentlichkeit über die Notwendigkeit und die Aufgaben der Entwicklungspolitik.« [12] Ohne die Einsicht und die kritische Mitarbeit ihrer Bürger können die Industrieländer sich nicht auf eine Politik umstellen, die sich an den langfristigen Bedürfnissen der Entwicklungsländer statt an kurzfristigen Interessen der Außen- und Wirtschaftspolitik orientiert und die überdies die Bereitschaft zu Strukturveränderungen im eigenen Land erfordert. Weil Heinemann die Schwierigkeit dieser Aufklärungsarbeit kennt, gab er ihr durch die Berufung des Deutschen Forums für Entwicklungspolitik öffentliches Gewicht. Er selbst beteiligt sich an dieser Aufklärungsarbeit immer wieder in seinen Reden.

»Die Zeit drängt angesichts der Nöte, die schon jetzt manchmal unauflösbar erscheinen mögen« [13], sagte er vor dem Deutschen Forum. Was er im

Blick auf die Entwicklungspolitik meinte, gilt ebenso für die politische Sicherung des Weltfriedens und für die Kontrolle des technischen Fortschritts in den Industrieländern. Die drei Bereiche sind voneinander nicht unabhängig. Sie stehen gemeinsam unter der Drohung, daß die Menschheit nicht überleben wird, wenn die Lösung dieser Aufgaben innerhalb der nächsten Jahrzehnte nicht gelingt.

Im Frühjahr 1972 erschien in der Bundesrepublik die deutsche Ausgabe einer Forschungsarbeit, die Wissenschaftler des renommierten Massachusetts Institute of Technology im Auftrag des »Club of Rome« erarbeitet haben. Sie trägt den Titel »Die Grenzen des Wachstums«. In dieser Studie sagen die amerikanischen Forscher das Ende der Menschheit für spätestens das Jahr 2100 voraus, wenn das gegenwärtige Wirtschaftswachstum unvermindert anhält. Der Bevölkerungszuwachs, der Nahrungsmittelbedarf, der Rohstoffverbrauch und die Umweltverschmutzung werden nach dieser Prognose den Zusammenbruch der technischen Zivilisation herbeiführen, weil es nicht möglich ist, in einer Welt mit endlichen Vorräten an Rohstoffen, Wasser und Energie die industrielle Produktion schrankenlos auszuweiten. Das erste Exemplar der deutschen Ausgabe wurde dem Bundespräsidenten im März in der Villa Hammerschmidt überreicht. Er las es am folgenden Wochenende in einem Zuge.

Die Lektüre dieses Buches scheint Heinemann aufs äußerste betroffen gemacht zu haben. Bis dahin hatte er gemahnt, ermutigt, manchmal auch gedrängt. Jetzt schlug er Alarm. (Es ist sein eigenes Wort. Bei einem Mittagessen für die Mitglieder des Ordens Pour le Mérite rief er aus: »Jetzt und hier gilt es . . . Alarm zu schlagen, damit niemand den Ernst der Lage verkennt.« [14])

Den Ernst der Lage bezeichnete er zum ersten Male im April 1972 vor einem Kongreß der IG Metall in Oberhausen, der unter dem Thema »Qualität des Lebens« stand. Er sprach davon, daß wir viel zu lange die Kosten des Wohlstands auf die Umwelt abgewälzt haben, in der wir nun zu ersticken drohen; daß wir manches nur als Fortschritt ansahen, das nun seine

Schattenseiten zeigt, daß Lebensführung und Lebensstandard der Industrieländer fragwürdig werden können, wenn wir so weitermachen wie bisher. Dann zog er die Konsequenz: »Es ist an der Zeit, deutlich zu machen und auszusprechen, daß sich niemand — ich wiederhole: niemand — der durchgreifenden Überprüfung unserer Lebensgrundlagen und Wertvorstellungen mehr entziehen kann. Alle Politiker, in welchem Land und auf welcher Ebene auch immer sie tätig sein mögen, die Wissenschaftler, die Pädagogen, die Unternehmer, die Landwirte, die Hausfrauen und mit ihnen allen zusammen die unsere materiellen Werte in vielfältiger Weise erzeugenden Arbeiter — sie alle sind gefordert.« [15]

Nicht länger kann der materielle Lebensstandard als alleiniger Gradmesser für gutes Leben gelten. Nicht länger darf die technische Realisierbarkeit eines Projektes als Beweis für seine Wünschbarkeit genommen werden. Nicht länger dürfen die natürlichen Reichtümer der Erde bedenkenlos ausgebeutet werden. Vor allem: nicht länger darf der private Reichtum um den Preis öffentlicher Armut gesteigert werden. Die Umstellung der Denk- und Lebensgewohnheiten, die Heinemann fordert, trifft in dieser Hinsicht den empfindlichsten Nerv des Bürgers — seinen Geldbeutel. Die enormen öffentlichen Ausgaben für Umweltschutz, Bildungspolitik, Gesundheitswesen und Verkehr werden nur finanziert werden können, wenn der Steuerzahler größere Opfer bringt.

Besonders eindringlich appelliert Heinemann an den Personenkreis, von dessen Arbeit am stärksten abhängt, ob der Wandel der Welt zum Guten oder zum Schlechten vorangehen wird: an die Wissenschaftler. Angesichts der Bedrohung für das Überleben der Menschen ist die Arbeitsteilung nicht mehr aufrechtzuerhalten, die der Wissenschaft das kausale und der Politik das finale Denken überließ. Die gesellschaftliche Verantwortung des Wissenschaftlers verbietet den Rückzug in die »objektive Wissenschaft«. Wissenschaft wird zur perfekten Irrationalität, wenn sie von ihrer Zukunftsverantwortung abblendet und es den Politikern überläßt, wie sie die Ergebnisse ihrer Forschung benutzen. Heinemann wirbt bei den Wissenschaftlern um dieses neue Rollenverständnis, ohne das veränderte Wertmaßstäbe sich auch im politischen Bereich nicht durchsetzen lassen.

Daß die Fortschreibung des Hergebrachten keine menschenwürdige Zukunft mehr ergibt, daß die Gedankenlosigkeit des »Keine-Experimente«-Standpunktes nicht weiterhilft, daß die gründliche Überprüfung unserer Lebensgrundlagen unabweisbar geworden ist, diese Überzeugungen sind der stärkste Antrieb für Heinemanns produktive Unruhe. Sie sind zugleich der Grund für den Respekt, den die Jugend ihm zollt.

Heinemann hat oftmals bekannt, daß er in seiner eigenen Ungeduld viel Sympathie für die Ungeduld der Jugend habe. Aber diese Übereinstimmung im Temperament macht sein heimliches Bündnis mit der Jugend nicht verständlich. Gerade die kritischen Vertreter der jungen Generation, die sonst für Ältere angeblich nur Mißtrauen und Geringschätzung übrig haben, respektieren den Mann, der ihren moralischen Protest gegen veraltete Bildungseinrichtungen, gegen Ungerechtigkeit und Friedlosigkeit nicht als Aufsässigkeit abtut. Umgekehrt hat sich Heinemann als Bundespräsident um den Kontakt mit der Jugend besonders bemüht. Bei den vielen Gesprächen, die er mit den unterschiedlichsten Gruppen der Gesellschaft geführt hat, fiel ihm immer wieder auf, daß jüngere Gesprächspartner mehr an den öffentlichen Aufgaben interessiert waren, während ältere oft nur von ihren Gruppeninteressen sprachen. Heinemann hält dieses moralische Engagement der Jugend auch dann für einen Gewinn, wenn er mit ihren Methoden nicht übereinstimmt oder wenn er ihre Zielvorstellungen im einzelnen nicht teilt.

Der Jugend nach dem Munde zu reden, fällt ihm freilich nicht ein. »Alle echte Besorgnis über das Weiterschleppen überholter Vorstellungen, unhaltbarer Vorurteile und ängstlich bewahrter Tabus verliert an Glaubwürdigkeit«, sagte er bei einer Lehrlingsfreisprechung in Koblenz, »wenn sie auf Verweigerung aktiven Mitwirkens in Staat und Gesellschaft hinausläuft. Farbbeutel und andere Gewaltakte sowie beschwörende Rufe nach Mao und Che Guevara verbessern weder die Situation des einzelnen noch machen sie unsere Welt auch nur um ein Stück menschlicher, gerechter und vernünftiger.« [16]

Geradezu beschwörend pflegt Heinemann, wenn er vor Jugendlichen spricht, auf die unaufgebbaren Freiheiten hinzuweisen, die das Grundgesetz gewährt. Stärker als die skeptische Jugend der Fünfzigerjahre stoßen sich die heute 20- bis 30jährigen an den Ungerechtigkeiten in dieser Welt. Was sie nicht kennen, ist der Mangel an Freiheit. Die Geringschätzung der bürgerlichen Freiheiten gerade unter sich besonders kritisch dünkenden sozialistischen Jugendlichen hält Heinemann für gefährlich. Allzu leicht, so fürchtet er, könnte diese Jugend bereit sein, im Interesse einer besseren Gerechtigkeit Abstriche von den freiheitlichen Grundrechten und von den Prinzipien gewaltloser Konfliktaustragung in Kauf zu nehmen. [17]

Heinemann teilt mit der kritischen Jugend zwar die Ungeduld, aber nicht ihre Bereitschaft, an irdische Heilslehren zu glauben. Mündigkeit heißt für ihn auch, damit leben zu können, daß die qualitative Veränderung des Menschen uns nicht verheißen ist. Für die relativen Verbesserungen, die er allein für möglich hält, sind geschlossene Ideologien ebensowenig hilfreich wie das Festhalten an überholten Positionen. Zwischen beiden, zwischen der revolutionären und der reaktionären Geringschätzung der kleinen Schritte empfiehlt er den mühseligen Weg der Reform, ruft er auf zu aktiver Geduld, ruhiger Vernunft und maßvoller Nüchternheit.

Weil aber angesichts der Zeitnot, unter die politisches Handeln in unserer vielfach bedrohten Welt heute geraten ist, auch relative Verbesserungen nur noch durch außerordentliche Anstrengungen erreicht werden können, und weil außerordentliche Anstrengungen das entschiedene Umdenken der Bürger voraussetzen, nutzt Heinemann die Autorität seines Amtes, um der notwendigen Bewußtseinsveränderung den Boden zu bereiten.

Gespräch mit Gustav Heinemann *

Frage: Herr Bundespräsident, das Amt, das Sie ausüben, setzt seinen Träger ständig dem öffentlichen Interesse aus, aber zugleich isoliert es ihn. Für einen Bundespräsidenten schickt es sich nicht, daß er einfach mal am Abend alte Freunde in Bonn besucht, aber er steht zu hoch über seinen früheren Kollegen, als daß die von selber kämen. Leiden Sie unter der Einsamkeit des Amtes?

Bundespräsident: Selbst wenn es schwierig ist, mit alten Freunden so locker umzugehen wie in früheren Zeiten, so bedeutet das keine Vereinsamung. Ich muß dann eben eine Abrede treffen, insbesondere liegt es an mir, alte Freunde hierher einzuladen. Sie kommen in aller Regel auch gerne.

Frage: Nun ist die Einsamkeit in diesem Amt ja nicht nur privater Natur. Der Bundespräsident ist von den politischen Vorgängen in Bonn, soweit sie tagesaktuell in der Auseinandersetzung sind, weitgehend ausgeschlossen. Will er seine Neutralität wahren, dann muß er sich heraushalten. Lockt es Sie manchmal, wieder in die Arena zu steigen?

Bundespräsident: Das würde ich rundheraus bejahen. Wenn jetzt Bundestagswahlen heraufziehen, würde ich durchaus geneigt sein, wieder mitzumachen, so wie eh und je in früheren Jahrzehnten.

Frage: Der Theorie nach ist der Bundespräsident auch politischer Ratgeber. Wie sieht das praktisch aus? Werden Sie um Rat gefragt?

Bundespräsident: Wenn die Regierung etwas vorhat, ist es ihre Sache, das auszuführen. Sie fragt nicht um Rat, wie sie das machen soll. Wenn ich dagegen etwas behandelt wissen möchte, ist es meine Sache, die Regierung an-

* Das Gespräch wurde am 28. Juni 1972 geführt

zusprechen, entweder den Bundeskanzler oder unmittelbar den zuständigen Bundesminister. Das letztere geschieht häufig.

Frage: Mehr als andere Politiker erfahren Sie als Bundespräsident von der Not einzelner und von dem Elend ganzer Gruppen in der Gesellschaft. Von Ihnen stammt das Wort, der Bundespräsident sei eine Art Bundesklagemauer. Wieviel können Sie tun, um Not zu lindern, um Elend zu beheben?

Bundespräsident: Es werden sowohl brieflich als auch bei Gesprächen zumal auf Reisen immer wieder Beschwerden vorgebracht, Notlagen, Verklemmungen. Sie unmittelbar zu behandeln, ist in diesem meinem Amt nicht möglich. Ich kann zum Beispiel niemanden begnadigen, der mit zuviel Promille Auto gefahren ist. Das kann allenfalls weitergegeben werden an die jeweils zuständigen Landes- oder Bundesstellen. Nur so herum ist es also denkbar, daß aus einer Anrede oder einem Brief an mich etwas wird.

Frage: Und Sie haben die Möglichkeit, auf die Not in der Gesellschaft öffentlich aufmerksam zu machen.

Bundespräsident: Ja, das geschieht, wenn ich z. B. eingeladen werde zu einem Kongreß, sagen wir der Kriegsbeschädigten. Da kann ich etwas Grundsätzliches zu der gesellschaftlichen Gegebenheit dieser Gruppe sagen und tue das ja auch, habe es vielfältig getan.

Frage: Sie haben sich zum Beispiel für Behinderte sehr oft eingesetzt, für Gastarbeiter, für Drogenabhängige, für Straffällige. Manche Ihrer Kritiker meinen, diese ständige Betonung der Randgruppen in unserer Gesellschaft vertrage sich schlecht mit einem Amt, das für alle da sein soll, von dem man integrierende Kraft erwartet. Stört es Sie, wenn man Sie einen Minderheiten-Präsidenten nennt?

Bundespräsident: Das ergibt sich sozusagen zwangsläufig. Diejenigen, die sich selber helfen können, bedürfen nicht der fremden Hilfe. Aber die von Ihnen angedeuteten Gruppen sind ja in aller Regel noch nicht einmal organisierbar. Infolgedessen muß man auf sie zugehen, um aus ihnen herauszuholen, was sie bewegt, um es weiterzugeben an die Allgemeinheit der Gesellschaft.

Frage: Und Sie würden die integrierende Aufgabe des Bundespräsidenten darin sehen, diese Randgruppen der Gesellschaft der großen Mehrheit ins Bewußtsein zu rufen?

Bundespräsident: Ja, genau. Die Gesellschaft vergißt viele ihrer Glieder, alle aber sollen mit Schritt halten. Das können sie nur nach Maßgabe ihrer eigenen Möglichkeiten. Im übrigen muß ihnen dann geholfen werden, — das ist der Sinn der Wahrnehmung durch mich.

Frage: Ein anderes Thema, Herr Bundespräsident, das in Ihren Reden immer wieder vorkommt und mit dem Sie sich gelegentlich Kritik zugezogen haben, ist unser Verhältnis zur Geschichte. Es sei an der Zeit, so haben Sie einmal gesagt, daß ein freiheitlich demokratisches Deutschland seine Geschichte bis in die Schulbücher hinein anders schreibt. Ist es Sache des Staatsoberhauptes, der Nation ein korrigiertes Geschichtsbild zu empfehlen?

Bundespräsident: Ich beklage, daß viele geschichtliche Vorgänge nicht genügend bewußt sind. Ich meine damit vor allem die Anläufe in früheren Zeiten und Generationen zu einer freiheitlichen Ordnung oder zu einer besseren sozialen Gerechtigkeit in unserem Lande. Da gibt es mehr Vorgänge, als uns bewußt ist. Wo werden sie in den Schulbüchern geschildert, wo leben sie in der Gedankenwelt der heutigen Zeitgenossen? Ich vermisse da viel. Das herauszuholen ist das, was mir vorschwebt.

Frage: Nun haben Sie ja nicht nur Vergessenes wieder ins Bewußtsein gehoben, sondern höchst Bekanntes auf Ihre Weise interpretiert. Müßte Ihre Bemühung um eine Revision unseres Geschichtsbildes nicht vor solchen Ereignissen haltmachen — es sind ja wenige genug —, auf die die Mehrheit der Deutschen einigermaßen stolz sein kann, also etwa vor der Reichsgründung durch Bismarck 1871?

Bundespräsident: Der Stolz auf die Reichsgründung 1871 durch Bismarck will doch sagen: da sind wir endlich ein nationaler Staat geworden und in etwa aus der Kleinstaaterei herausgekommen. Aber daß dieses Bismarck-Reich in sich, im Inneren, nicht gut geordnet war, das ist es, was ich hinzutun möchte zu dem, was man über 1871 weiß oder erzählt.

Frage: Noch weniger haben wir Deutschen Anlaß, auf unsere Geschichte stolz zu sein, wenn man das 20. Jahrhundert in den Blick nimmt. Viele möchten diese dunklen Zeiten endlich vergessen dürfen. Vor solchem Vergessen haben Sie wiederholt gewarnt. Auch im Ausland sprachen Sie von deutscher Schuld. Man hat Sie deshalb mit dem bösen Wort vom Sühne-Präsidenten bezeichnet. Verbittert Sie solche Kritik?

Bundespräsident: Das verbittert mich nicht, ich merke dann nur einmal mehr, daß es noch Zeitgenossen gibt, die sich unserer eigenen Geschichte nicht stellen wollen.

Frage: Sie werden nicht müde, die Deutschen zu politischer Verantwortlichkeit, zu mehr Demokratie, zu größerer sozialer Gerechtigkeit anzuhalten. Fürchten Sie nicht, die Bürger durch diese beharrlichen Mahnungen zu überfordern?

Bundespräsident: Wenn wir eine freiheitliche Demokratie sein wollen, muß man dauernd daran erinnern, daß es hier um das Mitwirken und Mitspielen geht. Das kann nicht oft genug gesagt werden.

Frage: In normalen Zeiten, solange das parlamentarische System funktioniert, beschränkt sich die politische Wirkung des Staatsoberhauptes auf seinen Beitrag zur Bildung des öffentlichen Bewußtseins, vornehmlich also auf seine Reden. Aber für Zeiten der Krise hat das Grundgesetz dem Bundespräsidenten die Rolle eines Nothelfers zugewiesen. Nun bestand seit der letzten Aprilwoche 1972 eine solche Krise. Der Kanzler hatte keine Mehrheit mehr im Parlament, der Oppositionsführer brachte keine zustande. Sie haben damals sehr rasch zu erkennen gegeben, daß Sie Neuwahlen für die demokratisch beste Lösung hielten. Aber Sie hatten nicht das Recht, das Parlament aufzulösen. Hätte diese Lage des Frühjahrs 1972 nicht stärkere Einwirkungsmöglichkeiten des Bundespräsidenten erfordert?

Bundespräsident: Ich habe immer den Standpunkt vertreten, daß die Grundordnung in ihrer Gesamtlage nicht verändert werden sollte. Die politische Verantwortung muß im Schwerpunkt beim Bundeskanzler bleiben. Infolgedessen muß es auch seine Sache bleiben, in erster Linie den Schritt zu einer Parlamentsauflösung dadurch zu tun, daß er die Vertrauensfrage im Bundestag stellt.

Frage: Damals haben einige Kommentatoren geschrieben, dies sei die Stunde des Bundespräsidenten. Ist die Nothelferrolle nicht eine Fiktion, wenn der Bundespräsident auch in einer solchen Patt-Situation nicht aus eigener Vollmacht handeln darf?

Bundespräsident: Was ich in einer solchen Gegebenheit tun darf, ist dies, daß ich die Beteiligten anrede; also natürlich auch den Sprecher der Opposition. Solche Anreden finden statt.

Frage: Im Juli 1972 äußerten Sie zum ersten Mal öffentlich die Ansicht, der Gesetzgeber solle in ruhigeren Zeiten noch einmal darüber nachdenken, ob die Auflösung des Parlaments nicht doch erleichtert werden kann. Welche Lösung schwebt Ihnen vor?

Bundespräsident: Zum Beispiel eine Selbstauflösung des Bundestages durch Beschluß mit einer besonderen Mehrheit.

Frage: Dem Ansehen des Parlaments ist es damals nicht gut bekommen, daß einige Abgeordnete durch Überlaufen zur Opposition diese Krise heraufbeschworen haben. In der Öffentlichkeit wurden mehrere Vorschläge erörtert, um das Problem der Überläufer zu lösen, u. a. daß ein Abgeordneter, der die Partei wechselt, sein Mandat der Fraktion zurückgibt. Finden Sie, daß die Stellung des Abgeordneten in dieser Hinsicht neu geregelt werden müßte?

Bundespräsident: Nein, ich würde das so lassen, wie es ist. Natürlich tritt der Abgeordnete in einer politischen Mannschaft an. Er ist Mitglied einer Partei und wird von seiner Partei für die Wahl zum Parlament aufgestellt. Er ist aber nicht so an sie gebunden, daß er seine persönliche Bewegungsfreiheit verliert. Es ist nach Verfassung oder Wahlgesetz nicht unerlaubt, daß Abgeordnete, wenn sie die Fraktion wechseln, ihr Mandat behalten, wenngleich es anstößig bleibt. Aber ich sehe keine Möglichkeit, das ganz und gar auszuschließen.

Frage: Sie haben oft betont und vorhin wieder gesagt, daß man das Grundgesetz nicht ohne Not ändern soll, weil es eine gute Verfassung ist. Müßten aber nicht dort Korrekturen angebracht werden, wo das Grundgesetz versucht, zeitbedingte politische Ziele zu fixieren? Ist z. B. das Wiedervereinigungsgebot des Grundgesetzes noch eine sinnvolle Auflage in einer politischen Lage, in der die Anerkennung der DDR unumgänglich wird?

Bundespräsident: Trotz Anerkennung der Zweistaatlichkeit, trotz Anerkennung der DDR halten wir fest an der Erwartung, daß wir eines Tages als deutsches Volk wieder in einem gemeinsamen Staatswesen leben können.

Frage: Und insofern glauben Sie, daß die Präambel des Grundgesetzes dieser Politik nicht entgegensteht?

Bundespräsident: Nein. Das hat sich erwiesen.

Frage: Gegenüber der Weimarer Demokratie unterscheidet sich die Bundesrepublik u. a. durch ihre Entschlossenheit, sich gegenüber Staatsfeinden ihrer Haut zu wehren. Die Ministerpräsidenten der Länder haben sich im Januar 1972 darauf verständigt, verfassungsfeindlichen Kräften den Zugang zum Staatsdienst zu verwehren. Dieser Beschluß ist in der Öffentlichkeit umstritten, weil der Begriff »verfassungsfeindlich« dehnbar ist und die Befürchtung nahelegt, man wolle sich unbequeme Kritiker vom Leibe halten. Wo ziehen Sie selber die Grenze?

Bundespräsident: Dieser Beschluß hat Beunruhigung hervorgerufen. Ich möchte aber zunächst unterstreichen, daß die Bundes- und Landesinnenminister oder die Ministerpräsidenten nichts Neues beschlossen haben. Es ist längst Inhalt unseres Beamtenrechtes, daß derjenige, der in den öffentlichen Dienst eintreten will, sich für diese unsere freiheitlich demokratische Ordnung einzusetzen hat. Wer das von seiner eigenen Überzeugung her nicht kann, paßt nicht in den öffentlichen Dienst. Das muß nach sachlichen Maßstäben in einem sachgerechten Verfahren festgestellt werden.

Frage: Darf ich die Frage noch einmal wiederholen: Wo ziehen Sie die Grenze zur Verfassungsfeindlichkeit etwa für einen künftigen Richter, für einen künftigen Lehrer?

Bundespräsident: Die wichtigsten Stücke dessen, was wir unter unserer Grundordnung verstehen, sind doch wohl klar. Die Grundrechte müssen gewahrt bleiben. Es darf nicht ein Einparteiensystem geben, sondern es muß Opposition möglich sein, es muß freie Parteienbildung möglich sein. Es darf keine Eingriffe in das allgemeine, geheime und direkte Wahlrecht geben. Es muß ein Wechsel zwischen Regierung und Opposition möglich sein. Das allein sind doch schon Dinge, die von gewissen Gruppen anders angesehen werden und in den Ländern, denen sie sich politisch nahe fühlen, anders gehandhabt werden.

Frage: Und Sie würden sagen, daß solche Kritiker des Systems zwar ihre Meinung hier frei sagen können, aber eben nicht in den Staatsdienst genommen werden sollten?

Bundespräsident: Richtig, die freie Meinungsäußerung bleibt unbeschnitten.

Frage: Ist ein radikaler Gegner unserer Wirtschafts- und Gesellschaftsordnung ein Verfassungsfeind?

Bundespräsident: Sicherlich nicht schlechthin. Unsere Wirtschafts- und Gesellschaftsordnung ist durch das Grundgesetz nicht in dem Sinne festgeschrieben, daß sie überhaupt nicht kritisch angegangen werden dürfte. Es sind sehr wohl auch im Rahmen der Verfassung Vorstellungen über eine Wirtschaftsordnung möglich, die der heutigen nicht entsprechen.

Frage: Sind sozialistische Ideen etwa von der Vergesellschaftung der Produktionsmittel oder der Vergesellschaftung des Eigentums an Grund und Boden vom Grundgesetz gedeckt?

Bundespräsident: Nach meiner Meinung sind sie im Rahmen unserer Grundordnung möglich. Die Abgrenzung liegt auf anderen Ebenen. Sie liegt in den Richtungen, die ich eben angedeutet habe. Da kann man natürlich noch manches hinzunehmen: z. B. die Unabhängigkeit der Richter oder der Gerichte muß gewahrt bleiben.

Frage: Nun gibt es aber Leute, und es sind nicht nur ganz namenlose darunter, die auch das Rätesystem für eine grundgesetzkonforme Möglichkeit halten.

Bundespräsident: Da möchte ich zunächst wissen, wie das Rätesystem aussehen soll. Das Grundgesetz wird nicht jede neue oder zusätzliche Form demokratischer Willensbildung ausschließen, — wie etwa eine Volksabstimmung. Aber im Grundsatz will unsere Verfassung das repräsentative demokratische System, also freie, geheime, unmittelbare Wahl der Parlamentsmitglieder, keine direkte Bindung der Mandatsträger an den Wähler, kein »imperatives Mandat«.

Frage: Also Wahlen alle vier Jahre und dann wieder die Frage an die Bevölkerung, ob sie die augenblickliche Regierung ein weiteres Mal mit dem Amt betrauen will?

Bundespräsident: Ja, sicher. Repräsentativsystem heißt, daß gewisse Bürger und Bürgerinnen auf Zeit in ein Amt berufen werden und nach Ablauf dieser Zeit von den Wählern hinsichtlich ihres Tuns oder Nichttuns überprüft werden.

Frage: Herr Bundespräsident, durch die Diskussion über Baader und Meinhof ist die Frage nach der Lebensfähigkeit unserer Demokratie in eine bestimmte Richtung gedrängt worden. Es erscholl wieder der Ruf nach dem starken Staat, nach einer Polizei, die nicht zu zimperlich sein dürfe, nach schärferen Haftbestimmungen und dergleichen. Ist der Staat zu schwach?

Bundespräsident: Nein, der Staat ist nicht zu schwach. Das hat sich ja auch in der erfolgreichen Bekämpfung der Baader-Meinhof-Gruppe erwiesen.

Frage: Sie haben als Justizminister viel Mühe daran gewandt, in der Öffentlichkeit um Verständnis für eine liberalere Praxis des Strafrechts und des Strafvollzugs zu werben. Fürchten Sie nicht, daß unter dem Druck der öffentlichen Meinung jetzt die Ansätze zu Reformen auf diesem Felde wieder verlorengehen?

Bundespräsident: Die Ansätze werden hoffentlich nicht wieder verlorengehen. Nur müssen wir uns nach wie vor bemüht halten, deutlich zu machen, was mit einer zeitgemäßen Art von Strafvollzug gewollt ist. Das alte Strafrecht wollte sühnen, das neue Strafrecht will erziehen. Einmal dadurch, daß es auf Unrechtshandlungen eine Strafe androht, Abschreckung also. Da, wo trotz Androhung von Strafe eine Unrechtstat begangen wird, muß der Täter zur Verantwortung gezogen werden mit der Bemühung, ihn zurecht zu bringen. Der Strafvollzug soll also einen erzieherischen Charakter annehmen. Dazu können auch Ausbildung zu einem Beruf oder bei Triebverbrechern eine medizinische Behandlung gehören. Wo man mit derartigen Mitteln gar nicht weiterkommt, bleibt dann letztlich nur die traurige Sicherungsverwahrung übrig.

Frage: Die öffentliche Erregung über Baader und Meinhof hat dazu geführt, daß von konservativer Seite die Intellektuellen in unserem Land ziemlich pauschal verdächtigt wurden. Schriftsteller wie Heinrich Böll, Theologen wie Helmut Gollwitzer — ihnen wurde vorgeworfen, sie hätten den geistigen Nährboden bereitet, aus dem die Bombenleger ihre Antriebe bezogen. Sehen

Sie eine Mitschuld der Intellektuellen an der Entwicklung dieser politisch motivierten Kriminalität?

Bundespräsident: Nein. Mißbraucht werden kann alles. Gesellschaftskritik ist jederzeit nötig und darf nicht von vornherein als Begünstigung krimineller Handlungen gewertet werden. Den wirklichen Ursachen solcher Erscheinungen müssen wir genauer nachgehen.

Frage: Sie ziehen also einen klaren Trennungsstrich zwischen Intellektuellen, die eine noch so scharfe Kritik an unserer Gesellschaftsordnung öffentlich verfechten, und solchen, die anfangen, mit Gewalt gegen diese Ordnung anzugehen?

Bundespräsident: Ja, genau. Die freie Meinungsäußerung, auch die kritische, ist nach unseren Grundrechten möglich, muß möglich bleiben. Aufruf oder Betätigung von Gewalt, — da ist die Grenze überschritten.

Frage: Auf der anderen Seite hat nun ein so prominenter Mann wie Heinrich Böll davon gesprochen, das geistige Klima in unserem Lande mache intellektuelle Arbeit zunehmend unmöglich. Ist freie geistige Arbeit in unserem Lande wirklich bedroht?

Bundespräsident: Ich bedauere, daß Herr Böll Anlaß sieht, sich so zu äußern, kann aber seiner Verallgemeinerung nicht zustimmen.

Frage: Man hat in den letzten Monaten viel über die Polarisierung des öffentlichen Kampfes geklagt und die »Gemeinsamkeit der Demokraten« beschworen. Steckt in diesen Beschwörungen nicht ein alter antidemokratischer Affekt, eine Scheu vor Konflikten?

Bundespräsident: Na ja, es ist uns längst nicht so selbstverständlich wie z. B. etwa den Engländern, eine Änderung der demokratischen Spielregeln gar nicht in neue Erwägungen zu ziehen, wenn einmal eine brenzlige Situation entsteht. Wir werden, um es anders auszudrücken, zu schnell rückfällig in obrigkeitsstaatliche Auffassungen.

Frage: Das heißt, auch der scharfe Kampf zwischen den Parteien ist nach Ihrer Auffassung in der Demokratie notwendig. Sie würden allenfalls sagen, daß die Methoden manchmal zu weit gehen?

Bundespräsident: Ja. Die Methoden sind weithin ungut, aber die sehr harte gegensätzliche Beurteilung einer bevorstehenden Entscheidung soll ja gerade dazu dienen, daß die Entscheidung nach bester Überlegung getroffen wird. Ungut wird es, wenn man sich in Verdächtigungen des politischen Gegenspielers verliert, anstatt an der Gemeinsamkeit der Aufgabe festzuhalten, unsere Demokratie zu bewahren und zu entwickeln.

Frage: Die Schärfe der politischen Auseinandersetzung wird in der Zukunft vermutlich noch zunehmen, wenn die Politiker die Ehrlichkeit aufbringen, von den Bürgern die Opfer zu verlangen, die die Zukunftsaufgaben kosten werden. Die öffentlichen Investitionen werden rascher wachsen müssen als die privaten, weil ein immer größer werdender Teil der menschlichen Bedürfnisse nur noch von öffentlichen Einrichtungen befriedigt werden kann. Glauben Sie, Herr Bundespräsident, daß die Bevölkerung so zu entschiedenem Umdenken zu gewinnen ist, wenn es an den eigenen Geldbeutel geht?

Bundespräsident: Wenn es darum geht, die Steuern für klare Aufgaben zu erhöhen, so ist mittlerweile eine breite Bereitschaft dafür erkennbar. Im übrigen ist immer nur das eine gute Politik, die einsichtig macht, welche Notwendigkeiten gegeben sind. Dieser Bemühung dürfen sich natürlich die Politiker nicht entziehen. Das ist manchmal unbequem; aber anders können wir überhaupt nicht miteinander umgehen.

Frage: Wir bekommen allmählich die Rechnung dafür serviert, daß wir in den Industrieländern die Kosten des Wohlstandes allzu lange auf die Umwelt abgewälzt haben. Der Fortschritt beginnt, manchem von uns verdächtig zu werden. Aber ist Fortschritt nicht unser Schicksal?

Bundespräsident: Der Fortschritt als unser Schicksal in dem Sinne, daß wir uns immer weiter auf den Wegen des Fortschrittes bewegen müßten, ist nun in der Tat fragwürdig geworden. Dafür gibt es ganz handfeste Beispiele. Wenn es richtig ist, daß in den letzten 25 Jahren mehr natürliche Energievorräte der Erde ausgebeutet worden sind als in der ganzen Menschheitsgeschichte zuvor, dann stehen wir doch unausweichlich vor der Überlegung, wie lange wir das durchhalten wollen. Wie lange wollen wir solchen Raubbau fortsetzen? Wir dürfen in der Gegenwart nicht blind zu Lasten der Zukunft leben wollen.

Frage: Der freiheitliche Rechtsstaat hält sich viel darauf zugute, daß er den einzelnen vor dem willkürlichen Zugriff des Staates schützt. Daran will niemand etwas ändern. Aber es wird in Zukunft mindestens ebenso darauf ankommen, das Gesamtinteresse der Gesellschaft gegen Einzelinteressen durchzusetzen. Läuft das nicht darauf hinaus, daß wir in Zukunft einen stärkeren Staat brauchen als den, den wir bisher haben?

Bundespräsident: Wer die Bürger dazu bewegen will, einen »stärkeren Staat« zu wollen, möge zunächst einmal sagen, worin die Stärkung des Staats bestehen soll.

Frage: Darf ich zwei Beispiele nennen? Im Augenblick ist es noch fast unmöglich, ohne sehr lange, über Jahre sich hinziehende Prozesse für gemeinschaftliche Notwendigkeiten privates Eigentum an Grund und Boden zu enteignen. Bisher ist es auch so, daß das Bundeskartellamt außerordentliche Schwierigkeiten hat, im Interesse des Gemeinwohls seine Entscheidungen durchzusetzen. Müßte in diesen beiden Bereichen der Staat nicht mehr Vollmachten bekommen?

Bundespräsident: Das würde ich durchaus bejahen. Was das Bodeneigentum anlangt, so habe ich anläßlich einer Tagung des Städtebundes in München daran erinnert, daß unser Grundgesetz das Eigentum als sozialpflichtig beschreibt. Was aus dieser Sozialpflicht im einzelnen zu entwickeln ist, muß endlich angefaßt werden. Zur Marktwirtschaft gehört Wettbewerb. Wettbewerbsbeschränkungen aus Abrede der Interessenten sind gegen die Marktwirtschaft.

Frage: Wenn es stimmt, daß immer mehr Gemeinschaftsaufgaben vom Staat bewältigt werden müssen und daß dieser Staat mit den notwendigen Mitteln ausgestattet sein muß, um die Aufgaben bewältigen zu können, ist dann die Forderung nach mehr Demokratie, nach kräftiger Teilhabe des Bürgers an den politischen Entscheidungen nicht eine Illusion?

Bundespräsident: Da wird man, glaube ich, unterscheiden müssen. Was die großen politischen Entscheidungen anlangt, so werden sie von den Parlamenten zu treffen sein. Es gibt aber unendlich viele Vorgänge im kleineren Bereich, in dem Bereich z. B. der Gemeinden. Dort sollte es gute Übung derer werden, die eine Planung für Schulbau, Müllverbrennung oder dergleichen erarbeiten, darüber rechtzeitig ins Gespräch mit den Bürgern einzutreten, denen solch eine Einrichtung zugute kommen soll oder die von solch einer Einrichtung betroffen werden würden. Es ist nicht notwendig, darauf zu warten, daß die Bürger sich zu Wort melden. Wo es geschieht, sollte man das dankbar hinnehmen, aber es kann auch voraufgehen, daß die Planer ihrerseits das Gespräch mit den Bürgern suchen.

Frage: Die Forderung nach mehr Demokratie würde also Ihrer Ansicht nach vor allem im überschaubaren Bereich der Gemeinden zu verwirklichen sein?

Bundespräsident: Ja, genau!

Frage: Sie haben einmal gesagt, daß die Größe der Zukunftsaufgaben uns zwingt, unsere Lebensgrundlagen und unsere Wertvorstellungen radikal zu überprüfen. Glauben Sie, daß die Lernbereitschaft des Bürgers ausreicht, um derart grundlegende Veränderungen mitzuvollziehen?

Bundespräsident: Der Bürger wird nicht von sich aus ohne weiteres bereit sein, sich solchen Entwicklungen oder Notwendigkeiten zuzuwenden. Sie müssen an ihn herangetragen werden. Das kann schon in der Schule beginnen. Das muß sich letzten Endes vollends im Umgang der Mandatsträger mit den Auftraggebern entwickeln.

Frage: Im Zusammenhang mit der Friedensforschung sprachen Sie davon, wir bräuchten nicht nur neue Denkformen, sondern auch neue Verhaltensweisen, wenn menschenwürdiges Leben auf dieser Erde auch für künftige Generationen noch möglich sein soll. Glauben Sie, daß sich der Mensch qualitativ ändern kann?

Bundespräsident: Nein, das glaube ich nun ganz und gar nicht. Dagegen spricht jegliche geschichtliche Erfahrung, und zwar auch in den Zeitabläufen menschlicher Geschichte, in denen man sich stärker als in den Anfängen um Unterrichtung oder Erziehung des Menschen bemüht hat. Er bleibt im wesentlichen der, der er ist.

Frage: Welche Verhaltensweisen hatten Sie dann im Auge?

Bundespräsident: Wenn man Konflikte oder gar Kriege vermeiden will, ist es notwendig, sich in die Anschauungswelt, in die Interessenlage dessen hineinzudenken, den man als Gegner empfindet. Nur von daher kann einem aufgehen, wo Möglichkeiten einer friedlichen Lösung erwachsen.

Frage: Das wäre die Übertragung einer christlichen Denkweise unmittelbar auf die Politik: ein Problem auch mit den Augen des Gegners zu sehen.

Bundespräsident: Ja, mag sie christlich sein! Es ist aber auch eine allgemeine Vernünftigkeit, sich darüber klar zu werden, daß ich mit einem Gegner nicht weiterkommen kann — es sei denn, daß ich Gewalt anwende — als dadurch, daß ich mir Gewißheit darüber verschaffe, wer er denn eigentlich ist, was ihn denn bewegt, was ihn denn treibt.

Frage: Sie glauben nicht daran, daß der Mensch sich qualitativ ändern kann. Ist dies der Grund dafür, daß Sie gegenüber der marxistischen Hoffnung skeptisch sind, die Inhumanität der Gesellschaft lasse sich durch eine Veränderung der Eigentumsverhältnisse beseitigen?

Bundespräsident: Alle Möglichkeiten der Neuordnung gesellschaftlicher Gegebenheiten werden den Menschen nicht verändern. Der Mensch wird auch unter anderen Umständen, auch unter anderen Eigentumsverhältnissen, immer wieder das Seine suchen und dann mit dem Kopf durch die Wand hindurchgehen wollen; er wird nie konfliktfrei gemacht werden können.

Frage: Ist das eine weltliche Ausdrucksweise für die biblische Vorstellung, daß der Mensch ein Sünder ist?

Bundespräsident: Drücken Sie es ruhig so aus. Aus diesem Zustand kann sich der Mensch alleine nicht herauskrabbeln.

Frage: Ohne gesteigerte Leistung werden die Zukunftsaufgaben, von denen wir sprachen, nicht zu bewerkstelligen sein. Nun ist es aber gerade das Leistungsprinzip, das unsere Gesellschaft vielen jungen Menschen so inhuman erscheinen läßt. Eine Gruppe jüngerer Psychologen meint sogar, daß das Leistungsprinzip unserer Konkurrenzgesellschaft ein wesentlicher Grund für ihre Unfriedlichkeit, für ihre Gewaltsamkeit sei. Halten Sie es für möglich, Leistungsethos und Friedfertigkeit miteinander in Einklang zu bringen?

Bundespräsident: Leistung ist die Voraussetzung für jeglichen Wohlstand. Wenn wir Leistung erbringen wollen im Wettbewerb der Menschen untereinander, wird sich auch immer wieder ergeben, daß der eine oder der andere in Vorhand liegt. Das darf aber nicht dazu führen, daß damit Unfriedfertigkeit erwächst oder ein brutales Hinweggehen über diejenigen, die im Leistungswettbewerb nicht Schritt halten können, weil ihnen z.B. die natürlichen Gaben fehlen. Man muß sich bemühen, das Miteinander immer erneut in ein Gleichgewicht zu bringen.

Frage: Wer sich die Größe der Aufgaben, die Begrenztheit der Mittel und die kurze Zeit vor Augen führt, die uns zu ihrer Lösung bleibt, dem mag vor der Zukunft wohl bange werden. Bei Ihnen hat man nie das Gefühl, daß Sie bereit sein könnten zu resignieren. Ist Ihnen Resignation fremd?

Bundespräsident: Das würde ich glattweg bejahen.

Frage: Das ist also einfach kein Gefühl, dessen Sie fähig sind oder das Sie an sich erleben?

Bundespräsident: Nein. Das erlebe ich nicht. Ich weiß, daß wir von Tag zu Tag die in der Gefahr des Durchbruchs stehenden Dämme immer wieder neu festigen müssen. Das ist pausenlos eine Notwendigkeit; sie gehört zum menschlichen Schicksal.

Frage: Herr Bundespräsident, vor zwanzig Jahren haben Sie bestimmte politische Entscheidungen unmittelbar theologisch begründet, mit der Forderung nach Gehorsam gegen Gottes Gebot. Heute findet sich dieser direkte Zusammenhang in Ihren Reden nicht mehr. Sie sind aber nach wie vor ein überzeugter Christ. Was hat sich geändert?

Bundespräsident: Es hat sich vielleicht geändert die Art, wie ich argumentiere. Ich habe auch früher nicht unmittelbar, d. h. also allein theologisch begründet, sondern aus der damaligen Doppelheit meiner Ämter — ich war ja sowohl in politischen als auch in kirchlichen Ämtern — aus beiderlei Zusammenhängen entwickelt, was mir vorschwebte. Die einen mochten auf einen Gehorsamsanspruch Gottes hören, andere aber, die biblisch nicht ansprechbar sind, habe ich versucht, nur mit Vernunftgründen zu gewinnen.

Frage: Und Ihr jetziges Amt verweist Sie mehr an das letztere, an das Argumentieren mit Vernunftgründen?

Bundespräsident: Ja, das ist zwangsläufig. Das hängt in der Tat mit den Möglichkeiten oder den Geboten dieses Amtes zusammen. Ich soll ja für alle da sein, dann muß ich also auch eine Sprache finden, die nicht nur einen Teil der Bürger anzureden vermag.

Frage: Dieser Wandel hängt nach Ihrer Meinung nicht damit zusammen, daß Sie skeptischer geworden wären, für eine bestimmte Handlungsweise im Vergleich zu einer anderen Gottes Gebot in Anspruch zu nehmen?

Bundespräsident: Es geht hier nicht um Skepsis. Ich sehe hier keine Widersprüchlichkeit. Wo es sich deckt, versuche ich beides geltend zu machen, aber mit der besonderen Betonung dessen, was für die gerade anzusprechende Gruppe hilfreich sein kann. Es kommt also ganz auf den gegebenen Anlaß an. In einer Weihnachtsansprache kann ich eher das Christliche mit zum Tragen bringen als in einer aus einem rein politischen Anlaß vor irgendeinem Kongreß zu haltenden Rede. Auch da fehlt aber im übrigen nicht der Anklang. Es ist für jedermann, scheint mir, fühlbar, aus welch einer letzten Verwurzelung ich selber spreche. Das muß nicht immer ganz hart auf den Tisch gepackt werden. Für den, der Ohren hat zu hören, bleibt es hörbar.

Frage: Wenn ich Ihren Weg als Politiker richtig sehe, dann haben Ihre Interessen in den letzten zwanzig Jahren sich verändert. Zu Beginn der Fünfzigerjahre war Ihr politisches Interesse vornehmlich auf die Außen- und Deutschlandpolitik gerichtet, Ihre gesellschaftspolitischen Vorstellungen wirkten damals eher blaß. Heute steht die Gesellschaftspolitik im Mittelpunkt Ihrer Reden. Wie begründen Sie diesen Wandel?

Bundespräsident: Meine Tätigkeit in den Fünfzigerjahren um Außenpolitik oder Deutschlandpolitik erwuchs aus der Beteiligung an dem damaligen Streit um den richtigen Weg einer Deutschlandpolitik. Dieser Streit ist heute nicht meines Amtes. Er ist Sache der Regierung oder der Opposition. Von diesem Amt her, in dem ich jetzt stehe, ergibt es sich unausweichlich, daß ich aus dem aktuellen Streit um die Deutschland- oder Außenpolitik ausscheide und meine Betätigungsmöglichkeiten in den Richtungen suche, nach denen Sie da fragen.

Frage: Herr Bundespräsident, Max Frisch hat in seinem neuen Tagebuch den boshaften Gedanken ausgesprochen, ein Politiker brauche sich vor dem Altern weniger zu fürchten als etwa ein Arbeiter, ein Intellektueller oder ein Künstler, weil es im Wesen der politischen Macht liege, größte Wirkungen zu haben, ohne kreativ zu sein. Der Schwund an Einbildungskraft, sagt Frisch, und das mangelnde Entsetzen vor den Folgen mache den gealterten Politiker geeignet zum Staatsoberhaupt. Sie haben die siebzig überschritten. Aber vom Schwund an Einbildungskraft, von der Unfähigkeit betroffen zu sein, ist bei Ihnen nichts zu spüren, statt dessen Ungeduld, drängendes Fragen und die Fähigkeit, sich in immer neue, ungewohnte Aufgabenstellungen hineinzudenken. Wie ist Ihre Erfahrung des Altwerdens?

Bundespräsident: Altwerden ist die ständige Anreicherung von Erfahrung und von daher auch die größere Möglichkeit, aus Erfahrung zu dem Stellung zu nehmen, was immer erneut an Notwendigkeiten auf uns zukommt. Sehen Sie, was mir für dieses Amt zugute kommt, ist die ungewöhnliche Breite dessen, was ich selber erlebt oder betätigt habe. Ich habe als Anwalt im freien Beruf gelebt, ich war an der Leitung einer großen Industriegesellschaft beteiligt. Ich habe sämtliche politischen Ämter von den untersten bis zu den obersten Ebenen wahrgenommen. Ich habe in der Kirche sämtliche Ämter versehen, die einem Nichttheologen offenstehen. Ich war akademischer Lehrer und so fort, — was soll ich da alles aufzählen? Ich habe nie, zu keiner Zeit meines Lebens, nur an irgendeinem einzelnen, bestimmten, begrenzbaren Stück gearbeitet, sondern immer vieles gleichzeitig erlebt. Was immer jetzt an mich herankommt, ist mir von vornherein irgendwie nicht fremd, sondern fast geläufig. Von daher kann ich also auch Stellung nehmen zu dem, was jetzt an mich herangetragen wird, weil ich es selber so oder ähnlich erlebt habe.

Frage: Aber es gibt Altersgenossen von Ihnen, die vielleicht ähnlich Vielerlei in ihrem Leben getan haben und die im Alter dann den Eindruck bekommen, es hätte eigentlich keinen Sinn gehabt, die resignieren, die müde werden, denen es schwerfällt, das Heft einer anderen Generation in die Hand zu geben. Diese Erfahrung verbindet sich für Sie überhaupt nicht mit dem Altwerden?

Bundespräsident: Nein, ich bin nicht müde geworden. Über ein Abgeben der Verantwortung in jüngere Hände läßt sich sprechen.

Frage: Ein beliebtes Klischee hält es für das Vorrecht der Jugend, rebellisch zu sein, und für das Vorrecht des Alters, milde und konservativ zu werden. Sie widersprechen diesem Klischee?

Bundespräsident: Ja, warum soll das ein Vorrecht sein? Daß die Jugend drängender ist als die älteren Menschen, das mag natürlich sein. Aber ich habe schon manchmal jungen Leuten gesagt: ihr seid die Zukunft, aber eure Zukunft ist euer eigenes Alter. Das sollte sich nicht gegeneinander stellen, sondern das muß sich miteinander verbinden.

Frage: Aber der Beifall und der Respekt, den Sie in der jungen Generation genießen, mag doch zum größten Teil darauf zurückzuführen sein, daß Sie eben diese unerhörte Offenheit haben, sich den Fragen dieser Generation zu stellen.

Bundespräsident: Jede Gesellschaft muß es doch fertigbringen, mit der jeweils jungen Generation übereinzukommen. Wir dürfen nicht auseinanderlaufen. Wenn ich dazu auf meine Weise beitragen kann, bin ich um so glücklicher.

Frage: Gleichwohl, Herr Bundespräsident, gehen die Jahre auch an Ihnen nicht spurlos vorüber. Haben Sie die Absicht, eine zweite Amtsperiode als Bundespräsident auf sich zu nehmen?

Bundespräsident: Diese Absicht als Zielvorstellung habe ich von vornherein ausgeschlossen, als es um meine erste Wahl ging. Ich habe damals gesagt: Wer mich einmal wählt, braucht sich in keiner Weise verpflichtet zu fühlen, mich auch ein zweites Mal zu wählen, weil meine beiden Amtsvorgänger zweimal gewählt worden sind. Ich wollte damit deutlich machen, daß von Anfang an für beide Seiten, für die Wählenden, wie für mich als den Gewählten, völlige Entscheidungsfreiheit besteht, über die man miteinander sich zu unterhalten haben wird, wenn der Zeitpunkt da ist, zu dem es vielleicht aktuell wird.

Frage: Sie haben also auch für sich über die mögliche Kandidatur für eine zweite Amtszeit noch nicht entschieden?

Bundespräsident: Nein. Ob es wohlgetan ist, daß ich dann, wenn ich 75 Jahre werde, noch einmal für weitere fünf Jahre in diesem Amte bleibe, das mögen wirklich beide Seiten gründlich bedenken.

Frage: Sie sind nun in einem Alter, in dem der Gedanke an den Tod sich nicht mehr verdrängen läßt. Und Sie sind ein überzeugter Christ. Was heißt für Sie der christliche Satz, daß für den Glaubenden der Tod zwar nicht beseitigt, aber überwunden ist?

Bundespräsident: Daß wir alle sterben, ist klar. Bundespräsidenten sind davon nicht ausgeschlossen. Das ist eine große Weisheit, wenn Sie so wollen, des Schöpfers. Natürlich erlebe ich, je älter ich werde, daß mehr und mehr Weggenossen sterben. Die Vereinsamung von daher wird ständig größer. Das müssen wir hinnehmen. Wie es nach diesem irdischen Tod weitergeht, das wissen wir nicht, da haben wir Hoffnungen aus Glaubensüberzeugungen.

Der dritte Präsident

Theodor Heuss hat vom Amt des Bundespräsidenten gesagt, es sei ein Paragraphengespinst, das erst durch seinen Träger mit Leben erfüllt werden müsse. Die drei Politiker, die dieses Amt in der Geschichte der Bundesrepublik bisher innehatten, füllten es auf höchst verschiedene Weise.

Für viele Deutsche gilt Theodor Heuss bis heute als die ideale Verkörperung des Bundespräsidenten. Er war ein gebildeter Mann. Die deutsche Geschichte kannte er aufs genaueste, die deutschen Landschaften hatte er in jungen Jahren durchwandert. Er verkörperte den in Deutschland seltenen Typus eines Politikers, der auch zu Literatur und Kunst herzliche Beziehungen unterhält; in beiden Bereichen hatte er selbst Bemerkenswertes geleistet. Nach Herkunft und Überzeugung war er ein liberaler Demokrat, dazu Zivilist durch und durch; alles Säbelrasselnde war ihm fremd. Er verstand sich gleichermaßen auf die Kunst des vermittelnden Wortes wie auf die würdige Repräsentation des Staates nach innen und außen. Allerdings vermischte sich bei ihm, je länger je mehr, die Grenze zwischen privater Selbstdarstellung und der Ausübung des hohen Amtes. Seine geringen Befugnisse empfand er nicht als Beschränkung, im Gegenteil. Er genoß es, durch sein Amt dem vollen Ernst des politischen Kampfes entzogen zu sein und mit dem Charme der Machtlosigkeit zu bezaubern. Zudem verfügte er über einen behäbigen Humor von unverkennbar schwäbischer Prägung, der die Distanz zwischen Bürger und Staatsoberhaupt leicht überwand. Mit alledem wurde er auf ganz unverdächtige Weise volkstümlich. Heuss war populär ohne jede Spur von Demagogie. Seine Verdienste um die Festigung einer jungen, unter schweren Belastungen angetretenen und ihrer selbst noch ungewissen Demokratie sind unbestritten. Politische Spuren hinterließ er kaum.

Heinrich Lübke fiel es ungleich schwerer, sich mit den bescheidenen Möglichkeiten politischer Einflußnahme abzufinden, die das Grundgesetz dem

Staatsoberhaupt zuerkennt. Er hatte sich um das Amt nicht beworben, für das er selbst sich nicht geeignet fühlte. Aber nachdem es ihm einmal zugefallen war, versuchte er hartnäckig, seine Kompetenzen auszuweiten. Um in der stilvollen Darstellung des höchsten Staatsamtes seinem großen Vorgänger nachzueifern, fehlte es ihm an Talent wie an Eitelkeit. Demgegenüber verlegte er seinen Ehrgeiz darauf, ein politischer Präsident zu sein. Er verstand darunter den unmittelbaren Einfluß auf richtige Entscheidungen der Tagespolitik. Als die Autorität des alternden Konrad Adenauer zu schwinden begann, arbeitete er an seiner Ablösung. Als sich die Führungsschwäche Ludwig Erhards im Amt des Bundeskanzlers immer deutlicher zeigte, propagierte er offen die Große Koalition, deren Architekt er sein wollte. Er sperrte sich gegen die Ernennung Gerhard Schröders zum Minister und rügte öffentlich das Kabinett. Das alles zeugte von ehrenhaftem Eigensinn, nach dem Sinne der Verfassung war es nicht. Lübkes Versuch, das Amt des Bundespräsidenten politisch aufzuwerten, blieb eine glücklose Bemühung. Bei Konflikten mit der Regierung nahm er mehr Schaden als diese. Daß er 1964 ein zweites Mal gewählt wurde, entsprang nicht der Anerkennung für seine bisherige Tätigkeit, sondern einem unrühmlichen taktischen Manöver der sozialdemokratischen Opposition, die sich von seiner Wiederwahl den endlichen Zugang zur Teilhabe an der Regierungsmacht erhoffte. Die bittere Ironie seiner Amtszeit bestand darin, daß seine Autorität als Staatsoberhaupt in dem Augenblick verbraucht war, als sein altes politisches Ziel, die Große Koalition, schließlich verwirklicht war. Das Volk schätzte an dem schlichten Mann sein Pflichtgefühl und seinen lauteren Charakter. Aber erwärmen konnte es sich für den zweiten Präsidenten nie.

Gustav Heinemann ist es gelungen, das Amt des Bundespräsidenten mit politischer Wirkung zu erfüllen, ohne, wie Heuss, die Politik ins Private zurückzunehmen und ohne, wie Lübke, die Grenze zu politischen Tagesentscheidungen zu überschreiten. Der bloß dekorativen Rolle des Ersatzmonarchen hat er sich von Anfang an entzogen. Die Änderungen im Stil der Amtsführung, die er vornahm, waren Folgen der politischen Vorstellung, die er mit diesem Amt verband. Seine Beschneidung des Protokolls, seine Bemühung um unmittelbaren Kontakt zu den Bürgern, die Reisen in wirtschaftlich schwache Gebiete der Bundesrepublik, die Besuche bei Behinderten, bei Gastarbeitern und bei anderen gesellschaftlichen Minderheiten — all das zielt auf ein verändertes, auf ein demokratischeres Verständnis des Staates, den Heinemann repräsentiert.

Die parteipolitische Neutralität, die sein Amt ihm vorschreibt, beachtet Heinemann gewissenhaft. Aber er versteht sie nicht als Zwang zur politischen Abstinenz. Es gibt genügend Gegenstände der Politik, die auf einer Ebene oberhalb des Tageskampfes angesiedelt sind. Wo es um die kritische Auseinandersetzung mit der Geschichte, den Ausbau der sozialen Demokratie, die bessere Beteiligung des Bürgers an den politischen Entscheidungen oder um die Neubewertung der Gemeinschaftsaufgaben geht, da kann der Bundespräsident Stellung nehmen, ohne in die Rechte von Regierung und Opposition einzugreifen. In diesen Stellungnahmen vor allem liegt die politische Wirkung begründet, die Heinemann im Amt des Bundespräsidenten erzielt.

Dabei ist er kein brillianter Redner. Seine Redenanfänge lassen gelegentlich zu wünschen übrig (»Zunächst bekunde ich der Industriegewerkschaft Metall Respekt und Dank dafür, daß sie diesen internationalen Kongreß ermöglicht«); die Redenenden sind kaum geeignet, einen beifallsumrauschten Abgang vorzubereiten (»Ich wünsche Ihnen, daß Sie hier zu guten Beratungen kommen«). Stilistische Raffinessen, rhetorische Dramatik und mimische Vielfalt sind seine Sache nicht. Es gibt bei ihm kein Blenden mit gewagten Metaphern, kein Auskosten sorgfältig geplanter Pausen, kein Kokettieren mit heroischer Gestik. Und kein Zettelkasten speichert abendländisches Bildungsgut, zu handlicher Zitatlänge gestückelt, um damit beim Hörer ehrfurchtsvolles Staunen zu erwecken. Wortwahl und Tonfall erinnern mehr an den ehemaligen Synodalpräses als an einen Volkstribun, der die Massen zu begeistern sucht.

Heinemann möchte nicht begeistern, sondern mit Argumenten überzeugen. Was den Rang seiner Reden ausmacht, ist ihr moralischer Ernst, ihre gedankliche Strenge und die Fähigkeit, auch komplizierte Sachverhalte in wenigen klaren Sätzen darzustellen. Originell zu sein, darauf kommt es ihm nicht an: den Begriff der »Qualität des Lebens« hat er sowenig erfunden wie die Friedensforschung, die er propagiert, seine historischen Einsichten kann man in wissenschaftlichen Büchern wiederfinden, und auch die Aufgabe, den Sozialstaat besser zu verwirklichen, ist nicht seine Idee. Sein Verdienst liegt darin, daß er allgemein verständlich macht, was bisher nur Experten denken, daß er die Bürger mit Problemstellungen vertraut macht, die sonst außerhalb ihres Horizontes liegen, und daß er ihnen unbequeme Fragen stellt.

Indem Heinemann seine eigene Meinung zu wichtigen Aufgaben des politischen Gemeinwesens nicht verschweigt, nimmt er in Kauf, anfechtbar zu sein. Ob mehr oder weniger Staat, ob mehr Rechte für den einzelnen oder größere Opfer für die Gemeinschaftsaufgaben, ob »objektive« Wissenschaft oder gesellschaftliche Verantwortung des Forschers — all diese Fragen sind ja nicht wertneutral und folglich umstritten, auch wenn sie nicht zu den Themen aktueller parteipolitischer Auseinandersetzung gehören. Ein Staatsoberhaupt, das zu ihnen Stellung nimmt, riskiert, Kritik hervorzurufen.

Aber wer Anstöße geben will, muß hinnehmen, daß manche an ihm Anstoß nehmen. Ein Bundespräsident, der prägend auf das staatliche Leben einzuwirken sucht, kann sich nicht auf den kleinsten gemeinsamen Nenner des Ganzen reduzieren: dann reagiert er bloß und muß mehr darum bemüht sein, niemandem auf den Fuß zu treten als öffentliche Wirkung auszuüben. Natürlich soll der Bundespräsident breite Bevölkerungsschichten nicht ohne Not vor den Kopf stoßen — das tut Heinemann auch nicht. Aber er kann sich nicht auf das beschränken, was die Mehrzahl bereits denkt. Das Notwendige zu sagen und dafür um Zustimmung zu werben, steht diesem Amt besser an, als das Selbstverständliche zu wiederholen. Maßstäbe zu setzen durch geistigen Einfluß, darin sieht Heinemann die vornehmste Aufgabe seines Amtes, und so übt er es aus. Seine Integrität, seine Glaubwürdigkeit und sein geistiger Zuschnitt haben dem Amt des Bundespräsidenten eine

Bei der Ansprache während der Trauerfeier im Olympiastadion in München für die Opfer des arabischen Terroranschlages

Staatsbesuch in Bonn: Empfang des Indonesischen Staatspräsidenten General Suharto auf dem Flughafen Wahn

◁ Staatsbesuch in Bonn: Empfang für König Baudouin und Königin Fabiola

Im Gespräch mit Soldaten der Bundeswehr

Autorität eingetragen, die kein Paragraph des Grundgesetzes ihm verschaffen kann.

Diese Leistung schaffte Heinemann gegen alle Gesetze der Popularität. Ob er beliebt ist im Volk, mag dahingestellt bleiben (er selber hält davon nicht allzu viel). Respekt und Zustimmung sind ihm jedenfalls sicher. Eine Repräsentativumfrage im Frühjahr 1972 ergab, daß 84 Prozent der westdeutschen Erwachsenen seine Amtsführung gutheißen. Die Frage, ob ihnen ein anderer Politiker für dieses Amt besser erscheine, beantworteten nur 19 Prozent mit Ja.

Als er sein Amt antrat, schrieb Rolf Zundel in der »Zeit«, es müsse sich nicht nur der neue Präsident in seinem Amt bewähren, sondern auch die politische Gesellschaft der Bundesrepublik an ihrem Präsidenten. Der Satz konnte, zumindest in seinem zweiten Teil, als Überheblichkeit aufgefaßt werden, etwa im Sinne von Bertolt Brecht: wenn dem Präsidenten das Volk nicht paßt, dann muß er es eben auflösen und sich ein anderes wählen.

Zundels Kommentar war so nicht gemeint. Er bezog sich auf die außerordentlich günstigen Urteile über die Bundesrepublik, die im Zusammenhang mit Heinemanns Wahl im Ausland geäußert worden waren. Würde die politische Entwicklung rechtfertigen, was z. B. der Bonner Korrespondent des Holländischen Rundfunks geschrieben hatte: diese Wahl habe »eine neue Periode in der Geschichte Westdeutschlands eingeläutet: die Periode der politischen Volljährigkeit der Demokratie.«?

Manches spricht für die Volljährigkeit. Eine Republik, die ihre beiden höchsten Ämter in freien Wahlen dem früheren Außenseiter Heinemann und dem ehemaligen Emigranten Willy Brandt anvertraut, ist wohl den Kinderschuhen entwachsen. Brandts Politik des Ausgleichs mit Osteuropa, die vor wenigen Jahren noch als Verzichtspolitik verschrieen worden wäre, fand bei der Bevölkerung der Bundesrepublik breitere Zustimmung als im Parlament. Die antiparlamentarischen, antidemokratischen Kräfte, die gegen Ende der Sechzigerjahre gefährlich angewachsen waren, verschwanden von der politischen Szene, rechts und links. Statt dessen bewährte sich die Integrationskraft der demokratischen Parteien. Die CDU übernahm die verlorenen Haufen der NPD und machte sie damit unschädlich, die SPD verstand es, die kritischen Impulse der studentischen Opposition aufzunehmen. Die Krise der Sozialliberalen Koalition vom Sommer 1972 wurde nicht mehr zur Staatskrise erklärt, wie das in früheren Jahren geschehen wäre. Die Bundesrepublik ist in dem Prozeß ihrer Normalisierung ein gutes Stück vorangekommen.

Dennoch bleibt Anlaß zur Skepsis. Der Ruf nach dem starken Staat, der während der Fahndung nach der Baader-Meinhof-Gruppe wieder lautstark zu hören war, die Fortdauer eines Stabilitätsbedürfnisses, das mehr an Ruhe und Ordnung interessiert ist als an dem offenen Austrag politischer Konflikte; das unerbittliche Freund-Feind-Denken, das den Kampf mit dem politischen Gegner allzuoft belastet; die Schwierigkeiten mit demokratischer Moral, die bei manchen Politikern und bei manchen Presseorganen sich erschreckend zeigte; die ungelösten Probleme der gesellschaftlichen Minderheiten: das alles spricht dagegen, der neuen deutschen Demokratie das Prädikat der Mündigkeit vorbehaltlos zuzusprechen. Noch kann niemand sagen, ob die Demokratie in der Bundesrepublik schon so fest verankert ist, daß sie der Belastung durch eine schwere wirtschaftliche Krise gewachsen wäre.

So gesehen, ist von dem, was Rolf Zundel nach Heinemanns Wahl 1969 forderte, nur die eine Hälfte eingelöst: Gustav Heinemann hat sich an seinem Amt bewährt. Die politische Gesellschaft der Bundesrepublik hat ihre Probe noch nicht bestanden.

Reden von Gustav Heinemann

In meiner eigenen Ungeduld ...

Ansprache vor dem Deutschen Bundestag am 1. Juli 1969
anläßlich der Übernahme des Amtes

Mit dem hier geleisteten Eid trete ich in die Verantwortung des Amtes ein, für das die Bundesversammlung mich am 5. März gewählt hat.

Zunächst danke ich Ihnen, Herr Bundestagspräsident, für die Begrüßung und die guten Wünsche dieser Versammlung zu meinem heutigen Amtsantritt sowie Ihnen, Herr Dr. Lübke, für die überaus freundliche und hilfreiche Art, mit der Sie Ihr Amt auf mich überleiten. Ich wiederhole, was ich damals in Berlin gesagt habe: Ich danke allen denen, die mich gewählt haben, für das Vertrauen, das sie mir schenken. Ich respektiere, daß etliche eine andere Wahlentscheidung getroffen haben, in vollem Maße. Ich hoffe — so sagte ich am 5. März —, daß es auch mit ihnen zu einer gedeihlichen Zusammenarbeit über der Gemeinsamkeit der uns gestellten Aufgaben kommt.

Als Bundespräsident habe ich keine Regierungserklärung abzugeben. Ich bin aus der Bundesregierung und dem Deutschen Bundestag ausgeschieden; ich habe alle Funktionen in der Sozialdemokratischen Partei Deutschlands niedergelegt. Nach dem Willen des Grundgesetzes stehe ich fortan denen zur Seite, die die politischen Entscheidungen zu vollziehen und zu verantworten haben. Wohl aber steht dem Bundespräsidenten gerade in dieser Stunde ein persönliches Wort zu.

Ich trete das Amt in einer Zeit an, in der die Welt in höchsten Widersprüchlichkeiten lebt. Der Mensch ist im Begriff, den Mond zu betreten, und hat doch immer noch diese Erde aus Krieg und Hunger und Unrecht nicht herausgeführt. Der Mensch will mündiger sein als je zuvor, und weiß doch auf eine Fülle von Fragen keine Antwort. Unsicherheit und Resignation mischen sich mit der Hoffnung auf bessere Ordnungen. Wird solche Hoffnung endlich erfüllt werden? Das ist eine Frage an uns alle, zumal an uns hier, die wir kraft der uns erteilten Mandate Verantwortung für unsere Mitbürger tragen. Ich sehe als erstes die Verpflichtung, dem Frieden zu dienen. Nicht der Krieg ist der Ernstfall, in dem der Mann sich zu bewähren habe, wie meine Generation in der kaiserlichen Zeit auf den Schulbänken lernte, sondern der Friede ist der Ernstfall, in dem wir alle uns zu bewähren haben. Hinter dem Frieden gibt es keine Existenz mehr.

24 Jahre nach dem Zweiten Weltkrieg stehen wir immer noch vor der Aufgabe, uns auch mit den östlichen Nachbarn zu verständigen. Das allseitige Gespräch über einen gesicherten Frieden in ganz Europa ist fällig und muß kommen. Mit dem deutschen Volk, dem Deutschen Bundestag und der Bundesregierung weiß ich mich einig in dem Willen zum Frieden. Ich appelliere an die Verantwortlichen in den Blöcken und an die Mächte, ihre Zuversicht auf Sicherheit nicht im Wettlauf der Rüstungen, sondern in der Begegnung zu gemeinsamer Abrüstung und Rüstungsbegrenzung zu suchen. Abrüstung erfordert Vertrauen. Vertrauen kann nicht befohlen werden; und doch ist auch richtig, daß Vertrauen nur der erwirbt, der Vertrauen zu schenken bereit ist. Es gehört zu den vornehmsten Aufgaben unserer Politik, Vertrauen aufzuschließen. Dieser Aufgabe sind alle Machtmittel unterzuordnen — die zivilen und die militärischen.

Auch die Bundeswehr ist nicht Selbstzweck. Wir wissen, daß sie keine politischen Lösungen zu erzwingen vermöchte. Ihr Auftrag ist, zu verhindern, daß uns Gewaltlösungen von fremder Seite aufgezwungen werden. Darum setzen wir unsere Verteidigungsanstrengungen fort. Darum gilt unsere Achtung allen denen, die sich dieser Aufgabe unterziehen.

Ich möchte alles, was ich tun kann, in den Dienst der Bemühungen um eine Friedensregelung stellen, die unser ganzes Volk einschließt. Auf dem weiten Weg bis zu diesem Ziel gilt es, die Lebensverbundenheit der Menschen unseres Volkes zu stärken und zu verbessern. Hilfreich wäre es, wenn auch wir der Friedensforschung, das heißt einer wissenschaftlichen Ermittlung nicht nur der militärischen Zusammenhänge zwischen Rüstung, Abrüstung und Friedenssicherung, sondern zwischen allen Faktoren, also z. B. auch den sozialen, den wirtschaftlichen und den psychologischen, die gebührende Aufmerksamkeit zuwenden würden.

Bei all dem geht es nicht nur um den Ost-West-Konflikt, sondern in steigendem Maße auch um den Nord-Süd-Konflikt. Hunger und Elend in der Welt rufen nach Hilfe. Die Industrienationen in allen Lagern dürfen sich dieser Hilfe nicht entziehen. Ich bin meinem Amtsvorgänger, Herrn Dr. Lübke, dem wir alle und auch ich für vieles Dank schulden, besonders dankbar dafür, daß er uns diese Verpflichtung immer wieder — auch heute — ins Bewußtsein gerückt hat.

Unser Volk kann aus seiner Geschichte vieles aufweisen, was uns mit Freude und Selbstbewußtsein zu erfüllen vermag. Es ist nicht wenig, was wir zur Bereicherung der Menschheit beigetragen haben. Aber unter Mißbrauch des Namens unseres Volkes ist auch das Unheil des Zweiten Weltkrieges entfesselt worden. Nur wenn wir uns selber nicht aus der Frage entlassen, wie es zu dem schreckensvollen Kapitel des Nationalsozialismus kommen konnte, werden andere Völker dieses Kapitel nicht länger gegen uns hervorkehren können. Diese Vergangenheit darf auch um derer willen nicht wiederkehren, die neben den Millionen Juden und den weiteren Millionen Kriegstoten in aller Welt aus unserem eigenen Volk zu den Opfern des nationalsozialistischen Terrors, des Krieges und schließlich der Vertreibung von Haus und Hof gehören. Als 1945 der Krieg endlich zu Ende war, als sich nach einem Wort von Theodor Heuss damals die Paradoxie ereignete, daß wir gleichzeitig erlöst und vernichtet waren, sollte das Geschehene zum Anlaß einer Erneuerung werden. Auch nach allem materiellen Wiederaufbau und über allem fortschreitenden Generationenwechsel hinweg bleibt die Aufhellung unserer eigenen Geschichte um unserer Zukunft willen geboten.

Wir stehen erst am Anfang der ersten wirklich freiheitlichen Periode unserer Geschichte. Freiheitliche Demokratie muß endlich das Lebenselement unserer Gesellschaft werden. Nur wenn das gelingt, begegnen wir der Widersprüchlichkeit unserer Zeit, die ich darin sehe, daß der Bereich dessen, was der einzelne gestalten kann, enger wird, zugleich aber die Selbstbestimmung des einzelnen Raum gewinnt. Was ich meine, ist dieses:

In einem zuvor nie erlebten Tempo macht sich die Menschheit die Schöpfung bis in den Weltraum hinein untertan. Der einzelne aber wird immer ohnmächtiger. Die Konzentration der Wirtschaft schreitet fort. Die ohnehin großen Bürokratien wachsen weiter. Was wird — so frage ich — aus dem freien Existenzraum der einzelnen? Ihr Anteil am Getriebe von Erzeugung und Verbrauch wird immer spurenloser, immer unpersönlicher, immer fremdbestimmter. Ist es aber zugleich nicht auch so, daß wir eine neue Welle von Umbruch einer jahrhundertelangen Fremdbestimmung des Menschen in eine verantwortliche Eigenbestimmung erleben? Solcher Umbruch hat sich seit dem Ausgang des Mittelalters in verschiedenen Bereichen längst angebahnt. Er kommt aber jetzt in besonderer Breite und Intensität zu neuem Austrag. Überall müssen Autorität und Tradition sich die Frage nach ihrer Rechtfertigung gefallen lassen. Weder die christlichen Kirchen mit ihren Glaubensaussagen und ihren Ordnungen noch der Staat mit seinen verfassungsmäßigen Organen wie etwa den Parlamenten, noch Sitte und Moral als solche oder in ihrem Verhältnis etwa zum Strafrecht oder zum Familienrecht, noch die Sozialordnungen — zumal in den Bereichen von Ehe und Familie, des Eigentums oder der Arbeit — sind heute von bohrenden kritischen Fragen ausgenommen.

Generell wird man sagen müssen, daß ein Drang nach Freiheit von alten Bindungen und nach Mitbestimmung in allen Gemeinschaftsverhältnissen unsere Zeit erfüllt. Es geht um den Dialog, es geht um die Durchsichtigkeit der Geschehnisse und der Entscheidungen. Sind wir — so frage ich — bereit, dem Rechnung zu tragen? Ich meine, wir sind in der Lage, die große Wandlung aus obrigkeitlicher Fürsorge in Selbstbestimmung und Selbstverantwortung zu bestehen, ohne daß unser Zusammenleben aus den Fugen gerät. Es kommt ja hinzu, daß der Mensch sich nicht nur in seiner Arbeit und in seinem Verbrauch einer Fremdbestimmung ausgeliefert sieht, sondern daß er auch als Staatsbürger einen realen Anteil an demokratischer Mitbestimmung fordert. In den Massengesellschaften der Industriestaaten kann es aber nur repräsentative Demokratie geben.

Diese Bundesrepublik Deutschland ist daher bewußt als repräsentative Demokratie gestaltet. Ich halte ihre auf Menschenwürde und Menschenrechte begründete Ordnung als Grundlage und Rahmen für die beste in unserer bisherigen Geschichte. Diese Ordnung ist aber nicht fertig. Alle ihre Orientierungsmerkmale, als da sind: freiheitliche Demokratie, soziale Gerechtigkeit und Rechtsstaatlichkeit, bedürfen im Staat und in der Gesellschaft der fortwährenden Bemühung um täglich bessere Verwirklichung durch den mündig mitbestimmenden Bürger.

Ich weiß, daß manche das nicht hören wollen. Einige hängen immer noch am Obrigkeitsstaat. Er war lange genug unser Unglück und hat uns zuletzt in das Verhängnis des Dritten Reiches geführt. Andere halten unsere heutige Ordnung für eine besonders raffinierte Ablenkung und Unterdrückung, der mit der »großen Weigerung« begegnet werden müsse. Sie verhalten sich so, als ob sich das Reich Gottes auf Erden verwirklichen oder das verlorene Paradies wiederherstellen ließe. Wir bleiben in diesem unserem Leben an die relative Utopie einer verbesserten Welt gewiesen, die vernünftigerweise allein das Leitbild unseres Handelns sein kann.

Das Geheimnis auch der großen und umwälzenden Aktionen besteht darin, den kleinen Schritt herauszufinden, der zugleich ein strategischer Schritt ist, indem er weitere Schritte in Richtung einer besseren Wirklichkeit nach sich zieht. Darum hilft es nichts, das Unvollkommene heutiger Wirklichkeit zu höhnen oder das Absolute als Tagesprogramm zu predigen. Laßt uns statt dessen durch Kritik und Mitarbeit die Verhältnisse Schritt für Schritt ändern! Ich verstehe den Unwillen über alle Trägheit in der menschlichen Gesellschaft bis in die Kirchen hinein. Zeitlebens bin ich selber ein ungeduldiger Mensch gewesen. Ich bin es immer noch. Das mag übrigens der Grund dafür sein, daß ich zur Unpünktlichkeit neige und zu Verabredungen gerne zu früh komme. In dieser meiner eigenen

Ungeduld verstehe ich sogar die radikalen Gruppen der unruhigen Jugend. Aber gerade sie kann ich aus meiner eigenen Ungeduld nur zur Verstärkung derer rufen, die den langen Marsch der Reformen bereits vor ihnen angetreten haben und fortzusetzen entschlossen sind.

Als ein besonderes Mittel des Umsturzes haben sich z. B. einige Gruppen der Jugend die Verunsicherung der Bundeswehr durch Dienstverweigerungen ausgedacht. Jedermann weiß, daß ich mich in den vergangenen Jahren bis in meine Zeit als Bundesjustizminister im kirchlichen Bereich sowohl als auch hier im Bundestag für eine faire praktische Ausgestaltung des Grundrechtes der Kriegsdienstverweigerung aus religiösen oder ethischen Gewissensgründen eingesetzt habe. Deshalb beklage ich es sehr, wenn dieses Recht mißbraucht wird. Jeden leichtfertigen Umgang mit den elementaren Freiheiten unserer Ordnung sollten sich gerade die oppositionellen Gruppen versagen, die ja selber des Schutzes dieser Freiheiten teilhaftig sein wollen und sein sollen.

In unserer Gesellschaft verfolgen vielerlei Gruppen unterschiedliche Ziele und Auffassungen, von denen jede Gruppe wünscht, daß alle Bürger sie sich zu eigen machen sollten. Diese Vielfalt kann beschwerlich sein. Im Rahmen der Wertordnung unseres Grundgesetzes darf sie gleichwohl nicht erstickt werden. Sie ist eine Bereicherung menschlicher Existenz. Unsere freiheitliche Ordnung eines weltanschaulich neutralen Staates ist ein großes Angebot. Sie regelt das Abstimmbare der praktischen Gemeinschaftsfragen durch Mehrheitsentscheidungen. Demokratischer Umgang miteinander erfordert dabei die Bereitschaft zum Kompromiß. Die Fragen des Guten, des Schönen, der Wahrheit, des Glaubens aber verweist unsere Ordnung als nicht abstimmbar auf den Weg des Dialogs und in die Obhut der Toleranz. Ich habe kürzlich an ein Wort von Emerson erinnert:

Gott bietet jedem die Wahl
zwischen Wahrheit und Schlaf.
Nimm, was Du möchtest.
Beides kannst Du nicht haben.

Anläßlich meiner Wahl sind mir aus allen Schichten und Berufen, zumal aus der jungen Generation, in großer Fülle Briefe zugegangen, die mit meinem Amtsantritt hohe, viel zu hohe Erwartungen verbinden. Ich nehme die Erwartungen ernst. Soweit sie sich auf persönliche Anliegen beziehen, sind es Hilferufe aus vielfältigen Bedrängnissen des täglichen Lebens, aus Not und Krankheit, Wohnungssorge, Strafhaft, aus Einsamkeit und Unrechtserleben. Solche Nöte sind offensichtlich größer, als unsere Wohlstandsgesellschaft gemeinhin annimmt. Aus vielen Zuschriften spricht aber auch eine Angst vor der Zukunft, Sorge um den Arbeitsplatz, die Furcht vor dem Altwerden.

In den letzten 24 Jahren ist vieles erreicht und geleistet worden; doch die Leistungen von gestern werden morgen schon nicht zählen. Sie haben auch gestern nicht allem Genüge getan und werden es morgen vollends nicht tun, wenn wir sie nicht steigern. Der soziale Wandel schreitet fort. Deshalb sind wir alle gerufen, die Forderungen des Grundgesetzes nach dem Ausbau der sozialen Demokratie in steigender Bemühung zu verwirklichen. Wir werden erkennen müssen, daß die Freiheit des einzelnen nicht nur vor der Gewalt des Staates, sondern ebensosehr vor ökonomischer und gesellschaftlicher Macht geschützt werden muß. Der Einfluß der Verbände und ihrer Lobbyisten steht oft genug im Gegensatz zu unserer Ordnung, in der Privilegien von Rechts wegen abgeschafft sind, aber in der sozialen Wirklichkeit noch weiter bestehen. Wir müssen uns in einer Leistungs-, Aufstiegs- und Bildungsgesellschaft entwickeln, in der die Vision der Freiheit für alle dadurch verwirklicht wird, daß jeder seine konkrete und persönliche Chance erhält.

Nicht weniger, sondern mehr Demokratie — das ist die Forderung, das ist das große Ziel, dem wir uns alle und zumal die Jugend zu verschreiben haben. Es gibt schwierige Vaterländer. Eines davon ist Deutschland. Aber es ist *unser* Vaterland. Hier leben und arbeiten wir. Darum wollen wir unseren Beitrag für die *eine* Menschheit mit diesem und durch dieses unser Land leisten.

In solchem Sinne grüße ich auch von dieser Stelle alle deutschen Bürger.

Das Dritte Reich war kein Betriebsunfall

Ansprache zum 25. Gedenktag des 20. Juli 1944. Berlin-Plötzensee, 19. Juli 1969 (Auszüge)

... Der 20. Juli 1944 war ein gesamtdeutscher Tag und muß es bleiben, wenn das Wort Nation trotz der Spaltung Deutschlands für uns einen Sinn behalten soll. In diesem Datum verzahnen sich die schlechtesten und die besten Überlieferungen unserer Geschichte in ihren vollen Gewichten miteinander. Sie rufen uns immer wieder auf, ihre dramatische Verknotung zu lösen. Wie war es möglich — so müssen wir uns auch heute wiederum fragen —, daß Menschen unseres Volkes sich im sogenannten Dritten Reich in Selbstüberhebung, in Rassenwahn und Eroberungssucht verloren? Wie war es möglich, daß bürgerliche Freiheit, Menschenwürde und Selbstbestimmung so barbarisch mißachtet werden konnten?

Aus dieser Frage dürfen wir uns nicht davonstehlen, wenn wir mit uns selber zurechtkommen wollen. Eine Antwort auf diese Frage muß tief in die allgemeine Geschichte Europas und in die besondere deutsche Geschichte zurückgreifen.

Auch viele andere Völker stehen vor einer solchen Aufgabe. Wir sind nicht die einzigen, bei denen es Nationalismus gegeben hat oder gibt. Was die Behandlung der Juden anbelangt, so ist eine Ursache dafür u. a. der christliche Antisemitismus, dem endlich das II. Vatikanische Konzil ein allgemein gültiges Ende gesetzt hat. Was uns angeht, so können wir nicht an der bis in unsere Zeit geübten Erziehung unseres Volkes zur folgsamen Untertänigkeit gegenüber aller Obrigkeit bis hin zur Unterwerfung auch unter die Befehle des Verbrechens vorübergehen. Es darf nicht verschwiegen werden, daß wir auch schon vor dem Auftreten Hitlers von allen Sedan-Feiern her und im Jubel des Kriegsausbruches von 1914 für einen gewalttätigen Nationalismus anfällig waren.

... Diese nur knappen Striche ... wollen andeutend sagen, daß das Dritte Reich nach meinem Urteil kein Betriebsunfall gewesen, also nicht etwa nur durch die Arbeitslosigkeit um 1930 oder durch Reparationslasten des Versailler Vertrages von 1919 verursacht worden ist. Im Vorspiel und im Nachspiel des 20. Juli 1944 haben Überlieferungen unserer Geschichte kulminiert. Sie bereiteten die Not, aus der die Männer und Frauen des 20. Juli 1944 handelten. Sie zeichneten vor, mit welcher unsagbaren Gemeinheit sie und viele ihrer unbeteiligten Angehörigen vernichtet wurden.

Der 20. Juli 1944 steht aber auch für unseren Anteil an den besten abendländischen Überlieferungen und an den großen europäischen Zeugnissen des Ringens um Menschenrecht und Menschenwürde. Zwar können wir nicht wie die Engländer auf eine Magna Charta Libertatis schon des 13. Jahrhunderts zurückgreifen oder auf Proklamationen der Menschen- und Bürgerrechte, wie sie die amerikanische Unabhängigkeit oder die französische Revolution erfüllt haben. Die Bauernkriege zur Zeit Luthers und die Paulskirche 1848/49 nahmen Anläufe in solcher Richtung. Aber das alles wurde niedergeschlagen. Wir müssen zugeben, daß wir nicht aus eigener Kraft zu einer freiheitlichen Demokratie durchgebrochen sind. Zweimal haben fremde Siegesmächte sie uns nach verlorenen Kriegen ins Land gebracht. Die Weimarer Republik ging nach einem kurzen Bestand wieder unter. Werden wir die freiheitliche Demokratie jetzt bewahren, zur sozialen Demokratie weiterentwickeln und zu unserem Lebenselement machen? Das ist eine der Fragen, die uns der 20. Juli 1944 stellt. Die Widerstandskämpfer der Hitlerzeit waren freilich von unterschiedlichen politischen und sozialen Zielsetzungen erfüllt. Einig aber waren sie darin, daß Unfreiheit und Krieg ein Ende haben sollten. Die äußere Erfolgslosigkeit ihrer Tat kann den hohen Rang ihres Vorbildes in keiner Weise schmälern. Sie alle wußten um die besondere Schwere ihres Handelns und wagten es dennoch. Sie alle mußten Zwiespalt und Zweifel durchstehen, ob es recht und ob es richtig sei, ihre Hand gegen den Mann zu erheben, dem so viele aus unserem Volke zujubelten.

... Es muß in diesem Zusammenhang noch einer besonderen Gewissensbeschwerung vieler von denen gedacht werden, zu deren Ehren wir hier versammelt sind. Viele von ihnen hatten vor Gott eben dem Mann einen unverbrüchlichen persönlichen Gehorsam gelobt, den sie mit ihrem Anschlag aus dem Leben räumen wollten. Der von Hitler den Soldaten zur Pflicht gemachte Eid lautete: »Ich schwöre bei Gott diesen heiligen Eid, daß ich dem Führer des Deutschen Reiches und Volkes, Adolf Hitler, dem obersten Befehlshaber der Wehrmacht, unbedingten Gehorsam leisten und als tapferer Soldat bereit sein will, jederzeit für diesen Eid mein Leben einzusetzen.«

Wir kennen solchen personalen Treueid gottlob nicht mehr. Der heutige Treueid der Soldaten ist bezogen auf ihre Aufgabe. Er lautet: »Ich schwöre, der Bundesrepublik Deutschland treu zu dienen und das Recht und die Freiheit des deutschen Volkes tapfer zu verteidigen, so wahr mir Gott helfe!« Entsprechend leisten auch die Mitglieder der Bundesregierung und auch der Bundespräsident ihren Eid, den ich am 1. Juli abgelegt habe: »Ich schwöre, daß ich meine Kraft dem Wohle des deutschen Volkes widmen, seinen Nutzen mehren, Schaden von ihm wenden, das Grundgesetz und die Gesetze des Bundes wahren und verteidigen, meine Pflichten gewissenhaft erfüllen und Gerechtigkeit gegen jedermann üben werde, so wahr mir Gott helfe.« Als ich diesen Eid geleistet hatte, sagte mir ein Freund: »Vergiß nicht, daß dieser Eid im Jüngsten Gericht Wort für Wort noch einmal vorkommen wird.« Wort für Wort! Er wird recht haben. — Eine andere Frage ist nur, ob Eide in unserem weltanschaulich neutralen Staat überhaupt noch einen Platz haben.

Es sagt sich heute leicht, daß der von Hitler auferlegte Eid ein Mißbrauch öffentlicher Gewalt war. Es kann auch kein Zweifel darüber bestehen, daß das von Hitler verlangte bedingungslose Gehorsamsgelöbnis mit seiner eigenen Voraussetzung in Widerspruch steht. Die Bindung der Schwörenden an Gott hebt ja im Grunde die Bindung an den Menschen Adolf Hitler auf. Schließlich fehlte auch die dem Treueid eigene Gegenseitigkeit der Pflichten. Das alles wurde damals anders interpretiert und sollte Wort für Wort so eingelöst werden, wie es beschworen war. Das alles mußten die Soldaten, die sich am 20. Juli 1944 beteiligten, erst in sich selbst und gegen ihre Umwelt zu der Klarheit bringen, die ihnen für den Anschlag auf Hitler das gute Gewissen verschaffte. »Wir haben uns vor Gott und unserem Gewissen geprüft: es muß geschehen.« Das waren schließlich Graf Stauffenbergs eigene Worte.

... Wenn ich mich jetzt noch einigen Überlegungen zu der Frage zuwenden darf, welche Flamme wir im Gedenken an die Widerstandskämpfer am Brennen halten wollen, so sollte als erstes die eindringliche Warnung vor neuem Nationalismus ausgesprochen werden. Die Männer und Frauen des 20. Juli 1944 liebten wahrlich unser Vaterland. Aus dieser Liebe handelten sie. Der seit dem deutsch-französischen Krieg von 1870 in unserem Volk gezüchtete gewalttätige Nationalismus hat sich in den beiden nachfolgenden Weltkriegen genug ausgetobt. Er hat für uns selbst und unsere Umwelt genug Unheil angerichtet. Solches Unheil darf nicht wiederkehren. Hier gilt es, allen neuen Anfängen sehr entschlossen zu wehren. Gerade hier in Berlin muß immer wieder daran erinnert werden, daß unsere heutige Bedrängnis der Spaltung das Ergebnis nationalistischer Überhebung ist. Ein guter Deutscher kann kein Nationalist sein. Ein nationalbewußter Deutscher kann heute nur Europäer sein.

Krieg ist ohnehin keine Möglichkeit mehr, weil es hinter dem Frieden keine Existenz mehr gibt. Darum ist Verständigung unsere nationale Aufgabe, wie sie auch den Widerstandskämpfern vorgeschwebt hat. Sie alle handelten und starben für eine bessere Welt, für Recht und Gerechtigkeit. Der Hamburger Arbeiterführer Fiete Schulze, auf dessen Namen die DDR übrigens eines ihrer Schiffe getauft hat, schrieb vor seiner Hinrichtung im Juni 1935 in einem Abschiedsbrief an seine Schwester: »Du haderst mit den Verhältnissen, die Dir den Bruder nehmen. Warum willst Du nicht verstehen, daß ich dafür sterbe, daß viele nicht mehr einen frühen und gewaltsamen Tod zu sterben brauchen? Noch ist es nicht so, doch hilft mein Leben und Sterben es bessern.« Solches Vermächtnis stellt uns vor die immerwährende Aufgabe des demokratischen Rechtsstaates. Die Widerstandskämpfer, die nur mit einem Anschein von Justiz einfach niedergemacht wurden, fragen uns, ob wir gegen antidemokratische Geistesrichtungen immun bleiben, ob wir den Geist der ruhigen Vernunft in der Politik bewahren, ob wir Recht und Gerechtigkeit gegen jedermann obwalten lassen.

Ich schließe mit einem persönlichen Wort. Mich läßt die Frage nicht los, warum ich im Dritten Reich nicht mehr widerstanden habe. Aus dieser Frage heraus habe ich als früheres Mitglied des Rates der Evangelischen Kirche Deutschlands die Stuttgarter Erklärung vom Oktober 1945 auch persönlich mitgesprochen, in der es unter anderem heißt: »Was wir unseren Gemeinden oft bezeugt haben, das sprechen wir jetzt im Namen der ganzen Kirche aus: Wohl haben wir lange Jahre hindurch im Namen Jesu Christi gegen den Geist gekämpft, der im nationalsozialistischen Gewaltregiment seinen furchtbaren Ausdruck gefunden hat; aber wir klagen uns an, daß wir nicht mutiger bekannt, nicht treuer gebetet, nicht fröhlicher geglaubt und nicht brennender geliebt haben.« Bei meiner Eidesleistung am 1. Juli habe ich davon gesprochen, daß unsere freiheitliche demokratische Ordnung eines weltanschaulich neutralen Staates ein großes Angebot ist. Dieses Angebot wahrzunehmen, zu leben und zu verwirklichen, gehört zu den Vermächtnissen des Widerstandes.

Einen neuen Anfang setzen

Rundfunk- und Fernsehansprache zum 30. Jahrestag des Kriegsbeginns,
1. September 1969

Heute vor 30 Jahren, am 1. September 1939, begann das schauerliche Drama, das wir den Zweiten Weltkrieg nennen. Nach wochenlangem Streit mit Polen um Danzig und um den Korridor verkündete Hitler an jenem 1. September 1939 in Berlin im Reichstag vor den jubelnden und sich in Begeisterung überschlagenden Abgeordneten »den Kampf für des Reiches Recht und Sicherheit«. Seit 5 Uhr 45 werde zurückgeschossen.

Aber trotz oder gerade wegen des wenige Tage zuvor zwischen Hitler und Stalin abgeschlossenen Paktes über die beiderseitigen Herrschaftsräume war nur zu sehr fühlbar, daß unser Volk in ein Abenteuer hineingeführt wurde. Viele Menschen draußen im Lande hielten ahnungsvoll den Atem an. Es ist nicht mehr nötig, der Entstehungsgeschichte des Zweiten Weltkrieges nachzugehen. Sie liegt klar zutage.

Hitler hatte seit den zwanziger Jahren geredet, geschrieben, agitiert und gehetzt, daß es ihm auf die Lösung der Judenfrage und auf die deutsche Herrschaft über die slawischen Nachbarvölker bis weit nach Rußland hinein ankomme. Danzig und der Korridor waren nur der Auftakt zum Programm des Großdeutschen Reiches germanischer Herren über sogenannte slawische Untermenschen. Auch über den Ausgang des Krieges zu sprechen ist müßig. Vergessen aber wollen wir nicht, daß über 55 Millionen Menschen in aller Welt im Zweiten Weltkrieg ihr Leben verloren haben. Noch mehr Menschen verloren in aller

Welt als Vertriebene und Umsiedler ihre Heimat. Allein aus den Gebieten hinter der Oder und Neiße und dem übrigen Osteuropa wurden 17 Millionen deutsche Menschen von diesem Schicksal betroffen. Noch ist das letzte Ende des nationalsozialistischen Abenteuers nicht abzusehen. Wie lange bleiben wir noch ein gespaltenes Volk über der europäischen Scheidelinie zwischen den Blockmächten in West und Ost? Wie lange bleibt Berlin die zerschnittene Stadt?

Wann wird Europa zu einer Ordnung des Friedens und zu einer eigenständigen Funktion in der Welt kommen? Auf solche und andere Fragen gibt es bis heute, 30 Jahre nach dem Beginn des Zweiten Weltkrieges, noch keine Antwort. Eines aber liegt klar zutage. Keine dieser Fragen wird sich lösen, wenn wir nicht mit allen Nachbarn zu einer Aussöhnung kommen und neues Vertrauen zueinander gewinnen.

Was mit dem ehemaligen »Erbfeind« Frankreich zu unserer großen Befriedigung erreicht ist, steht gegenüber den östlichen Nachbarn und zumal gegenüber Polen als eine ungelöste Aufgabe noch immer vor uns. Polen war das erste Opfer des Überfalls von 1939. Sein Anteil an den Toten des Krieges macht allein 6 Millionen aus, von denen 0,7 Millionen als Soldaten umkamen, die übrigen mehr als 5 Millionen aber willkürlicher Ausrottung zum Opfer fielen. Was immer die Verantwortlichen in Polen 1939 an Argumenten für Hitlers Handeln beigetragen haben mögen und wie schwer auch das Los unserer Landsleute gewesen ist, die 1945 das Opfer des Verlustes ihrer Heimat jenseits von Oder und Neiße bringen mußten, so kann doch nichts daran vorbeiführen, daß es zwischen Polen und uns nicht so bleiben kann, wie es ist. Auch hier gilt es, die alten Gräben endlich zuzuschütten, so fest, daß niemand mehr einbrechen kann. Dafür müssen die entscheidenden Voraussetzungen geschaffen werden.

Seit 1945, d. h. seit dem Ende des Zweiten Weltkrieges, hat es in aller Welt zahlreiche neue Kriege gegeben. Einige davon erfüllen zur Zeit täglich die Welt mit Nachrichten und Bildern über das Elend, das sie anrichten. Auch sie werden, wenn das neue Blutvergießen zum Stillstand kommt, wenig oder nichts von den Fragen gelöst haben, derentwegen sie begonnen worden sind. Müßte nicht längst in aller Welt und besonders dringlich auch bei uns die wissenschaftliche Erforschung des Friedens, d. h. seiner Voraussetzungen einschließlich der sozialen und wirtschaftlichen Strukturen sowie der psychologischen Faktoren, die Grundlage aller Grundlagenforschung sein? Bisher hat der menschliche Geist seine größten Leistungen in der Erforschung und Beherrschung der Natur erbracht. Diese Leistungen sind die Lebensgrundlage der immer weiter steigenden Menschenzahl. Die eigentliche Gefahr für den Menschen ist nicht mehr die Natur, sondern der Mensch selbst.

Von sich selbst und von seinen lebensbedrohenden Fähigkeiten aber weiß der Mensch weniger als von der uns umgebenden Natur. Die Ursachen der Konflikte unter den Völkern und die menschlichen Aggressionstriebe sind weniger erforscht als die Gesetze der Ordnung im Atom.

Der Krieg wurzelt offensichtlich weniger — wenngleich auch — in den Gesinnungen der einzelnen, als vielmehr in den Ordnungen und Unordnungen der Gemeinschaften. Seine Ursachen sind trotz der jeweiligen Kriegsgewinnler nicht privater, sondern politischer Natur. Sie erwachsen aus Gewohnheiten, Vorurteilen, Sozialordnungen und Herrschaftsformen. Deshalb brauchen wir eine Erforschung dieser Zusammenhänge. Wir brauchen eine Friedensforschung. Deshalb brauchen wir neue Ordnungen und neue Gewohnheiten, neue Spielregeln und neue Verhaltensweisen. Zur neuen Ordnung gehören die Vereinten Nationen, die es nach dem Fehlschlag des Völkerbundes zu stärken gilt. Als neue Gewohnheit gilt es einzuüben, einen Konflikt auch mit den Augen des Gegners zu beurteilen. Zu den neuen Spielregeln muß die Bereitschaft zum Kompromiß gehören, die eine Selbstbehauptung um jeden Preis mit der Entschlossenheit vertauscht, eine von Generation zu Generation vererbte Feindseligkeit durch einen neuen Anfang auf beiden Seiten zu ersetzen. Zu den neuen Verhaltensweisen wäre zu rechnen, an der Angst und der Trauer, an dem Stolz und der Empfindlichkeit des Gegners teilzunehmen.

Der Krieg ist kein Naturgesetz, sondern Ergebnis menschlichen Handelns. Deshalb gilt es, diesem Handeln auf die Spur zu kommen. Auch der Friede ist kein Naturgesetz, — das haben wir erlebt. Ist er eine Illusion? Was wollen und tun wir, auf was ist des Menschen Leben ausgerichtet, und wie ordnet er sein Leben, bevor der Krieg mit seinem Töten und Getötetwerden jeweils wieder einmal da ist? Auf diese Frage gibt es keine absolute Antwort.

Eine Antwort aber, die jeder geben kann, ist die, die Kräfte zu stärken, die eine überzeugende Politik des Friedens verfolgen, und jene zurückzuweisen, die im nationalistischen Mantel schon wieder den Geist der Unversöhnlichkeit predigen. A. Camus hat einmal gesagt: »Wir können es vielleicht nicht verhindern, daß diese Schöpfung eine Welt ist, in der Kinder gemartert werden. Aber wir können die Zahl der gemarterten Kinder verringern.«

Das gilt auch für den Krieg. Laßt uns deshalb heute bei der 30. Wiederkehr des Tages, an dem der Zweite Weltkrieg ausbrach, dieses Doppelte bedenken: Wir müssen einen neuen Anfang zwischen uns und unseren östlichen Nachbarn, zumal mit Polen, setzen

Wir müssen der Geißel neuer Kriege entschlossen begegnen.

Niemand von uns ist der Staat

Ansprache bei der Vorstellung des Kabinetts Brandt/Scheel, 22. Oktober 1969

Der Amtsantritt einer neuen Regierung kann viel oder wenig bedeuten. Eine neue Regierung kann schlicht fortsetzen, was Vorgänger taten. Sie kann aber auch Veränderungen der Kräfte und des Wollens anzeigen. Hier sprechen die Anzeichen für das letztere.

Wenn wir es äußerlich ansehen, so tritt an die Stelle einer Großen Koalition mit kleiner Opposition jetzt eine Kleine Koalition mit großer Opposition. Unter der Großen Koalition entfiel auf zehn Abgeordnete der Regierungsparteien ein Abgeordneter der Opposition. Künftig werden je 10 Abgeordnete der Regierungsparteien mindestens 9 Abgeordneten der Opposition gegenüberstehen. Das ist das Äußerliche. Wesentlicher aber ist die Tatsache, daß mit dieser Regierung erstmalig in der Bundesrepublik überhaupt und nach fast 40jähriger Unterbrechung seit der Weimarer Zeit die andere große Partei unseres Landes, die Sozialdemokratische Partei Deutschlands, eine Regierung führt und somit der recht eigentliche Umschwung zwischen Regierung und Opposition stattfindet, der zur Bewahrung unserer Demokratie gehört.

Ich beschränke mich darauf, dieses eine Faktum hervorzuheben. Die Größe der Aufgabe, der Sie sich unterziehen, ist Ihnen, dessen bin ich sicher, sehr bewußt. Sie wird schon mit dem ersten Alltag Ihrer Arbeit, insbesondere bei der Überlegung Ihrer Regierungserklärung, vor Ihnen stehen.

Es ist selbstverständlich, daß alle Bürger Ihnen ein Gelingen Ihrer Aufgabe wünschen. Denn Sie, Herr Bundeskanzler, und Ihre Regierungsmitglieder stehen für die Dauer Ihrer Regierung für uns alle. Deshalb ist Ihnen jedermann eine Begleitung Ihres Weges und Handelns schuldig. Diese Begleitung soll Anregung und auch Kritik sein. An Opposition derer, die Sie schlechthin ablösen wollen, wird es vollends nicht fehlen. Das gehört zu unserer Ordnung. Auch die Opposition aber ist an den Rahmen unseres Grundgesetzes, d. h. an den freiheitlichen, sozialen und demokratischen Rechtsstaat gebunden. Das Beispiel für Opposition im Rahmen unseres Grundgesetzes haben gerade Sie, die Sie jetzt die Regierung übernehmen, in der Geschichte unserer Bundesrepublik gesetzt.

Niemand von uns ist der Staat. Auch Ihnen ist nicht mehr als kontrollierte Macht auf Zeit anvertraut. Nutzen Sie diese Ihre Zeit! ...

Nur ein gemeinsamer Weg in die Zukunft

Staatsbesuch in den Niederlanden: Ansprache beim Galadiner der Königin zu Ehren des Bundespräsidenten und von Frau Heinemann,
Amsterdam, 25. November 1969 (Auszüge)

... Mein Besuch in Ihrem Lande, das ich privat schon sehr oft kennenlernen konnte, ist nicht Erfüllung einer protokollarischen Pflicht. Er will bekunden, daß wir uns in Deutschland bewußt bleiben, welches Leid wir dem niederländischen Volk zufügten. Er ist die Annahme einer Hand, die über den schon auf vielen Gebieten erreichten neuen Anfang unter unseren Völkern hinaus die noch verbliebene Verhaltenheit uns gegenüber vollends überwinden will. Meine Dankbarkeit für diese Möglichkeit ist um so größer, als es nur einen gemeinsamen Weg in die Zukunft gibt. Daß die Niederlande trotz der schweren Erlebnisse der Kriegs- und Besatzungszeit Vertrauen zur Bundesrepublik Deutschland gefaßt und sich entschlossen haben, gemeinsam mit uns an der Zukunft Europas zu bauen, wissen wir dankbar zu würdigen.

Wenn es nach 1945 gelungen ist, in einem Teil unseres Vaterlandes wieder ein demokratisches und rechtsstaatliches Gemeinwesen zu schaffen, so hat daran neben eigener Anstrengung unseres Volkes die Unterstützung anderer demokratischer Nationen, wie der Niederlande, wesentlichen Anteil. Diese moralische, geistige und in den Anfängen auch materielle Unterstützung hat uns viel von der Kraft gegeben, derer wir bedurften, um einen lebenskräftigen Staat aufzubauen und ihn mit der freien Welt untrennbar zu verbinden.

Kaum ein Land, Majestät, kann mehr als das Ihrige den Anspruch erheben, ein Hort freiheitlichen Denkens und demokratischer Tradition zu sein. Mit berechtigtem Stolz können Sie darauf hinweisen, daß Ihr Land diesen hohen Werten im wechselvollen Verlauf einer langen Geschichte stets treu geblieben ist. Es gibt damit auch uns ein Vorbild. Wir haben das Hitler-Regime nicht zu verhindern gewußt und auch nicht aus eigener Kraft abgeschüttelt. Um so mehr haben viele Menschen auch in Deutschland seinen Zusammenbruch als Befreiung empfunden. Inzwischen ist eine neue Generation aufgewachsen. Über die Hälfte der heute in Deutschland lebenden Menschen hat die Hitlerzeit nicht mehr bewußt miterlebt.

Möge es unseren beiden Völkern beschieden sein, freiheitlichen Grundsätzen in einer, wie wir zuversichtlich hoffen, nicht mehr unterbrochenen Friedenszeit nachleben zu können. Es gäbe keine schönere Rechtfertigung für unsere gegenwärtigen gemeinsamen Bemühungen, als wenn künftige Generationen einmal sagen könnten, Freiheit und Demokratie seien ebenso wie in Ihrem Land nun in *ganz* Europa gesicherte Tradition geworden. In diesem Sinne soll mein Besuch ein Symbol für die Wertschätzung und Bedeutung sein, die Deutschland den Niederlanden beimißt. Er soll zugleich die Freude und Befriedigung zum Ausdruck bringen, daß unsere Anschauungen, unsere Interessen aber auch unsere Sorgen in den großen politischen Fragen, die Europa direkt und indirekt berühren, gleichgerichtet sind. Daß die niederländische Regierung allzeit ein besonderes Verständnis für die Tragik der Teilung unseres Landes aufgebracht hat und das Recht auf Selbstbestimmung auch unseres Volkes nach besten Kräften unterstützt, verpflichtet uns zutiefst ...

Geschichtsbewußtsein und Tradition in Deutschland

Ansprache bei der Schaffermahlzeit im Bremer Rathaus, 13. Februar 1970 (Auszüge)

... Ich weiß, daß ich schon längst durch einige kritische Äußerungen oder auch nur durch skeptisches Infragestellen von manchem, was bisher unbesehen fortgeführt worden ist, bei einigen konservativen Gemütern in den Verdacht geraten bin, ein »Bilderstürmer« zu sein. Ich kann es aber beispielsweise nicht ganz ernst nehmen, wenn meine Abneigung gegen rote Teppiche oder gegen die vollständige Beherrschung der Neujahrsempfänge beim Bundespräsidenten durch Politiker und hohe Beamte als Gegnerschaft zu Traditionen schlechthin gedeutet wird. Ich weiß sehr wohl, daß alle geistigen, gesellschaftlichen, kulturellen und politischen Gegebenheiten auch auf Traditionen gründen. Sogar das, was wir Umbrüche, Revolutionen und Reformen nennen, beruht nicht selten darauf, daß Erkenntnisse oder Forderungen früherer Tage neu aufgegriffen oder weitergeführt werden.

Traditionen sind mit anderen Worten keineswegs das Privileg konservativer Kräfte. Noch weniger gehören sie in die alleinige Erbpacht von Reaktionären, obgleich diese am lautstärksten von ihnen reden. Auch ist es sehr wohl möglich, bestimmte Vorgänge sehr verschieden zu deuten und — was vollends interessant ist — für sehr unterschiedliche Traditionsauffassungen in Anspruch zu nehmen. Es kann — so meine ich — nicht um die Frage gehen: Tradition ja oder nein? Die Alternative besteht vielmehr darin, an welche Traditionen angeknüpft werden soll und in welchem Sinne wir eines historischen Vorganges gedenken.

... Das Verständnis von Tradition, das mir als sinnvoll erscheint, hat der 1914 als Kriegsgegner ermordete Franzose Jean Jaurès einmal so umschrieben:
»Nicht Asche verwahren,
sondern eine Flamme am Brennen halten.«

Aber welche Flamme? Und in welchem Sinne? Das sollte immer wieder das Thema sein. Ich glaube, daß wir einen ungehobenen Schatz an Vorgängen besitzen, der es verdiente, ans Licht gebracht und weit stärker als bisher im Bewußtsein unseres Volkes verankert zu werden.

Seit Jahren habe ich es mir zur Gewohnheit gemacht, bei Besuchen in den Landkreisen und Städten unseres Landes an Hand von Chroniken und Kirchenbüchern nachzuforschen, was es in den verschiedenen Landschaften unseres Vaterlandes an freiheitlichen Regungen oder gar an örtlichen Aufständen gegeben hat. Es ist erstaunlich kümmerlich, was man dabei in der umfangreichen Produktion an Städtebüchern und dergleichen findet. Mein Interesse gilt dabei nicht nur den Vorläufern und örtlichen Verästelungen der Revolution von 1848/49 wie etwa dem Hambacher Fest von 1832 oder den Kämpfen auf den Barrikaden in Elberfeld oder um Rastatt im badischen Aufstand 1848, an denen — was zur Erklärung meines Interesses gesagt sein mag — Männer aus der urgroßväterlichen Generation meiner mütterlichen Vorväter beteiligt waren.

Glücklicherweise hat es auch in Deutschland lange vor 1848 nicht wenige freiheitlich und sozial gesinnte Männer und Frauen gegeben, auch ganze Gruppen und Stände, die sich mit der Bevormundung der Herrschenden nicht abfinden wollten. Ich denke z. B. an die Stedinger Bauern, die schließlich 1234 dem Erzbischof von Bremen unterlagen. Oder ich denke an die sogenannten Salpeterer, die in der ersten Hälfte des 18. Jahrhunderts im Hotzenwald bei Säckingen und Waldshut im Südschwarzwald in mehreren Aufständen insbesondere gegen den Fürstabt von St. Blasien für ihre bäuerliche Freiheit fochten, bis ihre Anführer durch den Kaiser von Österreich nach Ungarn verbannt wurden. Der Kaiser von Österreich wollte sie u. a. zur Ablieferung von Stalldung zwingen, um daraus Salpeter für Schießbaumwolle für seine Kriege zu gewinnen. Kennzeichnend für unser mangelhaftes Geschichtsbewußtsein scheint mir, daß auch Einwohner des Südschwarzwaldes so gut wie nichts von den Kämpfen der Salpeterer wissen, obwohl sie sich praktisch vor ihren Hoftüren abgespielt haben und in manchen Fällen die eigenen Urahnen daran beteiligt gewesen sind. Dabei müßten ihnen solche Ereignisse weit mehr bedeuten als jene Kriege, die Kaiser und Könige zur Ausweitung ihrer Macht geführt haben.

Einer demokratischen Gesellschaft, so meine ich, steht es schlecht zu Gesicht, wenn sie auch heute noch in aufständischen Bauern nichts anderes als meuternde Rotten sieht, die von der Obrigkeit schnell gezähmt und in Schranken verwiesen wurden. So haben die Sieger die Geschichte geschrieben. Es ist Zeit, daß ein freiheitlich-demokratisches Deutschland unsere Geschichte bis in die Schulbücher hinein anders schreibt.

... Wir mögen manchmal mit Lächeln, manchmal auch mit Schmerz zur Kenntnis nehmen, wie im anderen Teil Deutschlands allzu bedenkenlos alle freiheitlichen Regungen in unserer Geschichte den Kräften zugerechnet werden, die dort heute an der Macht sind. Der historische Materialismus, in so vereinfachter Form auf die deutsche Geschichte angewandt, verzerrt mehr, als er an Wahrheiten enthüllt. Aber nichts kann uns hindern, in der Geschichte unseres Volkes nach jenen Kräften zu spüren und ihnen Gerechtigkeit widerfahren zu lassen, die dafür gelebt und gekämpft haben, damit das deutsche Volk politisch mündig und moralisch verantwortlich sein Leben und seine Ordnung selbst gestalten kann ...

Nichts geht verloren

Ansprache bei einer Feierstunde zur Woche der Brüderlichkeit, Köln, 8. März 1970 (Auszüge)

... Ist es Utopie, ist es Weigerung, die Welt zur Kenntnis zu nehmen, wie sie ist, wenn wir erneut eine Woche der Brüderlichkeit begehen? Ich würde solcher Kritik recht geben, wenn hinter unserer Veranstaltung die Erwartung stünde, bei gutem Zureden und mit eindrücklichen moralischen Appellen könnte es uns gelingen, alle Menschen dazu zu bewegen, Sympathie für alle ihre Mitmenschen zu entdecken. Darum aber geht es bei der Woche der Brüderlichkeit nicht. Sie verheißt keine ungetrübte Harmonie und hat gewiß nichts gemein mit der gutgemeinten aber so leicht dahergeredeten Parole »Seid nett zueinander«.

Wenn wir vom Ursinn des Wortes Brüderlichkeit ausgehen, so will es uns daran mahnen, uns wie Brüder zueinander zu verhalten, weil wir in Gott dem Schöpfer einen gemeinsamen Vater haben. Freunde kann man nach persönlichen Gesichtspunkten auswählen, niemand aber hat die Möglichkeit, seinen Bruder zu erwählen. In die Bruderschaft wird man wie in alle Kindschaft hineingeboren; aus ihr kann man sich daher nicht lösen. Man sage doch nicht, daß der Glaube an den Schöpfer-Gott heute keine fortwirkende Kraft mehr habe. Im Gegenteil, das Verständnis vom Mitmenschen, das sich aus dieser Glaubenshaltung ergibt, hat sich als so überzeugend erwiesen, daß die Forderung nach Brüderlichkeit fast zum Allgemeingut humanistischer und politischer Bewegungen geworden ist.

...Aber ist Brüderlichkeit wirklich zur Selbstverständlichkeit in den freien Gesellschaften unserer Tage geworden? Seit der Französischen Revolution haben Freiheit und Gleichheit der Menschen sich weit stärker durchsetzen können als die Gesinnung der Brüderlichkeit. Das hängt damit zusammen, daß erstere durch Verfassung und Gesetz gesichert und notfalls sogar erzwungen werden können. Brüderliche Gesinnung aber kann weder befohlen noch durchgesetzt werden. Nach den Erfahrungen, die hinter uns liegen, müssen wir daran zweifeln, ob es in der Praxis je Gesellschaftsordnungen und Rechtsnormen geben wird, die Brüderlichkeit zur allgemeinen und selbstverständlichen Verhaltungsnorm der Menschen machen werden.

...Über der Zukunft aber wollen wir die Gegenwart nicht vergessen. Wir dürfen uns nicht scheuen, in aller Offenheit darüber zu reden, wo Mangel an brüderlicher Gesinnung das Zusammenleben in unserer Gesellschaft vergiftet. In einem freien Rechtsstaat sind Verbrechen und Untaten, wie sie in einem Regime nationalsozialistischer Prägung mit Billigung und auf Befehl der Herrschenden geschehen, unmöglich. Aber die Garantie der Grundrechte durch die Verfassung und die freiheitlichen Gesetze können nicht verhindern, daß auch in einer freien Gesellschaft Gruppen und vor allem Minderheiten zu Parias der öffentlichen und nichtöffentlichen Meinung werden.

Wie wird bei uns z. B. über Gastarbeiter gesprochen? Sind wir bereit, sie auch gesellschaftlich und menschlich als gleichberechtigte Partner anzusehen, die mit ihrer Arbeit zu unserem Wohlstand beitragen? Wie steht es mit den unehelich geborenen Kindern und wie werden die Mütter, die sie geboren haben, eingeschätzt? Wer setzt sich dafür ein und geht mit gutem Beispiel voran, daß entlassene Strafgefangene sich wieder in die Gesellschaft eingliedern können? Wie hartnäckig erweisen sich Vorurteile gegenüber Menschen anderer Hautfarbe, anderen Glaubens und anderer Überzeugung?

Daran ist zu denken, wenn nach dem Sinn der Woche der Brüderlichkeit gefragt wird. Es geht nicht um Deklamationen. Wir sind nach unserem persönlichen Verhalten gefragt. Wir sollen Rechenschaft darüber ablegen, was wir tun, um Vorurteile aufzubrechen und Ressentiments zu entlarven. Lassen wir uns bequemlich treiben im Strom der öffentlichen und nichtöffentlichen Meinung oder haben wir den Mut zu widersprechen, wo geistige Trägheit und Überheblichkeit sich in unserer Umgebung ausbreiten?

Nichts ist gleichgültig. Nichts geht verloren. Alles, was wir tun oder nicht tun, kann unendliche Perspektiven haben. Keine Flucht kann auf die Dauer gelingen. Es kommt alles noch einmal zur Sprache. Die Frage: »Soll ich meines Bruders Hüter sein?« ist eines der ältesten Menschenworte, die uns das Alte Testament im Bericht über Kains Brudermord an Abel überliefert. Was antworten wir auf diese Frage?

Pressefreiheit ist ein Verfassungsauftrag

Ansprache zum zwanzigjährigen Bestehen des Deutschen Journalistenverbandes, Frankfurt, 6. April 1970 (Auszug)

... Eine der wesentlichen Voraussetzungen für das Funktionieren unserer demokratischen Ordnung ist die freie Presse. Über die garantierte Meinungsfreiheit jedes einzelnen Journalisten, die im Grundgesetz ausdrücklich bekräftigt ist, darf es keine Diskussion geben. Sie ist ein unabdingbarer Faktor in dem Selbstverständnis unserer Ordnung.

Ebenso unabdingbar ist aber auch das Recht jedes einzelnen Bürgers, sich frei und ohne jede Behinderung zu informieren. Dabei hilft ihm die Vielfalt und die Leistungsfähigkeit der in der Bundesrepublik Deutschland miteinander konkurrierenden Massenmedien. Aus dem Recht, die Meinung frei zu äußern, und aus dem Recht jedes einzelnen Bürgers, sich umfassend zu informieren, folgt die Verpflichtung aller in der Publizistik tätigen Menschen zu möglichst vollständiger Berichterstattung. Das heißt, daß die grundgesetzlich garantierte Freiheit, Meinungen zu äußern, die Verpflichtung beinhaltet, dem Konsumenten von Meldungen und Nachrichten eine umfassende Meinungsbildung zu ermöglichen. Das kann nur geschehen auf der Basis eines sehr breiten Angebotes von Information.

Wenn nun Konzentrationsbewegungen in der Presse die Gefahr einer Konzentration von Meinungen und Machart der Zeitungen heraufbeschwören, so sollte man die Lösung der sich daraus ergebenden Probleme nicht den Journalisten allein überlassen und sich nicht damit begnügen, an ihre Individualität zu appellieren. Pressefreiheit ist nicht allein ein Grundrecht unserer Verfassung, sondern auch ein Verfassungsauftrag. Wenn Konzentrationsbewegungen die Unabhängigkeit der Journalisten einschränken, dann sind auch Parlament, Regierung und Verfassungsgericht verpflichtet, zur Lösung entstehender Konflikte beizutragen. Ich bin mir klar darüber, daß Gesetzgeber und Rechtsprechung vielfach nur Fahrrinnen und Orientierungspunkte setzen können. Es ist unmöglich, alles und jedes auf Garantien hinaus reglementieren zu wollen. Vieles hängt von der Einsicht und der Kooperationsbereitschaft und -fähigkeit der unmittelbar Beteiligten ab, also der Verleger und Journalisten einerseits und der Politiker andererseits. Sie werden mit Recht an dieser Stelle geltend machen, daß gerade für Sie die Rolle der Journalisten dabei von besonderer Bedeutung ist. In den letzten Wochen und Monaten wurde oft von der sogenannten inneren Pressefreiheit gesprochen. Patentlösungen hierfür gibt es offensichtlich nicht. Wir alle müssen, so meine ich, durch eine Phase des Abtastens und Experimentierens hindurchgehen. Wichtig erscheinen mir jedoch zwei Gesichtspunkte:

Es ist unmöglich, aus Bequemlichkeit einfach alles beim alten zu belassen. Das heißt, es müssen nötigenfalls Wege gefunden werden, die Unabhängigkeit des Journalisten unter allen Umständen zu bewahren. Es wird entscheidend darauf ankommen, die Vielfalt auch in der Presse zu erhalten und zu mehren. Es reicht nicht aus, mit wirtschaftlich-administrativen Maßnahmen die Vielfalt der Presse zu sichern ...

Aussöhnung – eine europäische Aufgabe

Ansprache zum 25. Jahrestag der Beendigung des Zweiten Weltkrieges, gehalten vor den in Bonn akkreditierten ausländischen Missions-Chefs, Bonn, 6. Mai 1970 (Auszug)

... Im Rückblick auf die letzten 25 Jahre sollte anerkannt werden, was es bedeutet hat, aus einer demoralisierten Bevölkerung in verwüsteten Städten und mit Millionen heimatloser und verarmter Flüchtlinge eine freiheitliche und demokratische Gesellschaft zu formen, die trotz der ihr auferlegten Opfer, trotz der zerrissenen nationalen Einheit gegen die Gefühle von Haß und Rache immun geblieben ist. Man sollte würdigen, daß die überwältigende Mehrheit unserer Bürger, anders jedenfalls als nach 1918, den Versuchungen eines neuen kurzsichtigen Nationalismus nicht erlegen ist, sondern sich dem Gedanken europäischer Solidarität und der Zusammenarbeit mit den Völkern der Erde zugewandt hat. Dies ist heute die Grundlage des politischen Denkens eines Volkes, das sein eigenes Schicksal mit maßvoller Nüchternheit zu betrachten gelernt hat.

Die von diesem Volk in der Bundesrepublik in freier, demokratischer Willensentscheidung gewählten Regierungen haben ihre Aufgabe darin gesehen, in einer komplizierten Wirklichkeit mit den Mitteln einer rationalen Politik für eine friedliche Zukunft zu arbeiten. Getragen von einem demokratischen Parlament, haben sie sich nach Kräften bemüht, begangenes Unrecht wiedergutzumachen und sich mit den ehemaligen Gegnern auszusöhnen. Wir haben uns mit ähnlich gesonnenen Völkern eng verbunden. Die Bundesrepublik Deutschland, ebenso wie die Deutsche Demokratische Republik, wurden zu Elementen eines militärischen Gleichgewichtssystems, in dem menschheitsbedrohende atomare Vernichtungskraft sich die Waage hält. Die große Aufgabe, die uns am Ende des Zweiten Weltkrieges gestellt war, blieb somit bisher zur Hälfte ungetan. Niemand kann dies schmerzlicher bedauern als das deutsche Volk in seiner Gesamtheit. Von dieser Feststellung müssen wir ausgehen, wenn wir den Blick in die Zukunft richten. Wir wissen heute, daß es nicht weiterführt, Verlorenem nachzutrauern, daß es jetzt vor allem darum geht, die Aufgabe der Aussöhnung auch nach Osten hin zu einem guten Ende zu bringen. Das gilt für jene, die den Zweiten Weltkrieg mit seinen Schrecken selbst erlebt haben, ebenso wie für die Angehörigen unserer jungen Generation, denen all dies nur noch eine geschichtliche, aber keine persönliche Erinnerung mehr ist.

Diese Aufgabe ist heute mehr als ein nationales Anliegen. Sie ist eine europäische Aufgabe. Sie kann nur im Verein mit allen Gutwilligen in der Welt vollendet werden. Wir empfinden dabei eine besondere Mitverantwortung für die noch unerreichte umfassende und dauerhaft gesicherte Friedensordnung, in der, wie wir weiterhin hoffen, auch unser ganzes Volk sich noch einmal zusammenfinden kann. Die Bundesregierung wird ihre Friedenspolitik konsequent fortsetzen. Sie wird auch die wissenschaftlichen Bemühungen um die Sicherung des Friedens, die man heute als Friedensforschung und Konfliktforschung bezeichnet, nach Kräften fördern und sich darum bemühen, daß diese Forschungen in internationaler Zusammenarbeit vorangetrieben werden ...

Alle Chancen nutzen

Ansprache bei einer Freisprechung von Lehrlingen, Koblenz, 1. September 1970 (Auszüge)

... Die Welt von morgen steht zunehmend im Zeichen grundlegender Veränderungen und Umwälzungen. Werte und Institutionen, die durch Generationen Geltung besaßen, beginnen brüchig zu werden. Unausweichlich stehen daher gerade junge Menschen vor der Frage, an was sie sich in den geistigen, politischen und sozialen Spannungen und Auseinandersetzungen unserer Zeit halten können. Die

Unruhe in der Jugend, das Aufbegehren der Studenten, der Oberschüler und nun teilweise auch der Lehrlinge, hat in dieser Unsicherheit gewiß einen wesentlichen Grund ...

... Ich habe es immer wieder betont und wiederhole es, daß ich für die Unruhe der jungen Generation großes Verständnis habe und sie für heilsam erachte. Aber alle echte Besorgnis über das Weiterschleppen überholter Vorstellungen, unhaltbarer Vorurteile und ängstlich bewahrter Tabus verliert an Glaubhaftigkeit, wenn sie auf Verweigerung aktiven Mitwirkens in Staat und Gesellschaft hinausläuft. Farbbeutel und andere Gewaltakte sowie beschwörende Rufe nach Mao und Che Guevara verbessern weder die Situation des einzelnen noch machen sie unsere Welt auch nur ein kleines Stück menschlicher, gerechter und vernünftiger.

Das zu begreifen, ist offenbar keineswegs nur eine Frage des Alters. Wie wäre es sonst erklärlich, daß der weitaus größte Teil unserer Jugendlichen, die Unfruchtbarkeit eines Nur-Protestes erkennend, mit Selbstverständlichkeit die Verpflichtungen auf sich nimmt, die erfüllt werden müssen, wenn ein so kompliziertes Gebilde, wie es eine technisierte und rationalisierte Volkswirtschaft im Gefüge der Weltwirtschaft nun einmal ist, zum Wohl aller in Gang gehalten werden soll?

Von diesem Teil der jungen Menschen wird wenig gesprochen. Schlagzeilen in der Öffentlichkeit machen diejenigen, welche sich weit besser in Szene zu setzen wissen. Um so notwendiger ist es, daß in Äußerungen und Urteilen über die junge Generation die keineswegs unkritische, aber zugleich den einsichtigen Anforderungen sich nicht verweigernde Mehrzahl nicht übergangen wird.

Diese Jugendlichen sollten selbst daran interessiert sein, nicht die Rolle einer schweigenden Masse zu übernehmen. Das aber muß nämlich zwangsläufig geschehen, wenn sie, statt sich mit sachlichen Argumenten zu Worte zu melden, durch Flucht ins nur Private sich der Mitsprache und Mitbestimmung selbst berauben.

Die alten Griechen nannten die Menschen, die sich vom öffentlichen Leben abkapseln und deren Gedanken nur um das kreisen, was sie unmittelbar selbst angeht, Idioten. Der Wortsinn hat sich heute auf geistig kranke Menschen verengt. Er ist aber geeignet, deutlich zu machen, was der einzelne sich selbst und auch den anderen antut, der sich völlig in die eigene, notwendig kleine und beschränkte private Welt oder gar in das Rauschgift zurückzieht.

Das Bewußtsein dagegen, gebraucht zu werden, Anschluß suchen zu müssen an Menschen und Gemeinschaften aller Art, um in ihnen mitzuwirken und mitzuentscheiden, das erst macht den Bürger aus, ohne den eine Demokratie nicht lebensfähig ist.

Demokratie heißt Teilhabe an der Herrschaft. Das Recht zur Mitwirkung bei Entscheidungen kann nur der wahrnehmen, der sich zu Worte meldet und seine Ansichten zur Geltung zu bringen weiß. Nutzen Sie die Chance, die unser Grundgesetz anbietet! Den Entschluß dazu kann Ihnen niemand abnehmen. Wer sich aus Bequemlichkeit verweigert, ruft jene immer bereiten Kräfte herbei, die politische Enthaltsamkeit der Menge zur Durchsetzung handfester Eigeninteressen mißbrauchen. Wer sich der Politik enthält, darf sich nicht beklagen, wenn jene Geister zum Zuge kommen, mit denen er nichts gemein haben möchte ...

Die Behinderten in der Leistungsgesellschaft

Ansprache auf dem Behindertenkongreß des VdK, München, 11. Oktober 1970 (Auszüge)

... Man nennt unsere Ordnung nicht ohne Grund »Leistungsgesellschaft«. Was wir ihr verdanken, wissen wir. Wir verdanken ihr nicht zuletzt das hohe Maß der Produktivität unserer Wirtschaft, — nicht zuletzt durch eine ständige Steigerung der naturwissenschaftlichen Forschungsergebnisse und der unausgesetzten Verbesserung unserer Technik. Es ist unausweichlich, daß der Wettbewerb um Erfolg und Erfüllung persönlicher Lebenserwartungen oft als Leistungsdruck empfunden wird. Diesen Leistungsdruck auf uns zu nehmen, ist der Preis für die Freiheit der allseitigen Entfaltung. Ihn einzugrenzen durch feste Spielregeln, ist ein ebenso selbstverständlicher wie immer wieder der Überprüfung bedürftiger Bestandteil unserer Ordnung.

Es gibt zwei Gruppen von Menschen, die in der Leistungsgesellschaft nicht zurechtkommen.

Die eine der Gruppen will ich nur nennen. Es sind dies die Glieder unserer Gesellschaft, die sich am Leistungswettbewerb nicht beteiligen wollen und entweder in der Gesellschaft einen Weg bescheidener Genügsamkeit gehen oder aber einen Fluchtweg aus der Gesellschaft heraus suchen, bis hin zu der Illusion, daß Rauschgift eine Lösung biete.

Die andere Gruppe derer, die in der Leistungsgesellschaft nicht zurechtkommen können, und das heißt hier: nicht zu ihrem Recht kommen können, wenn allein die Leistung gelten soll, sind die Behinderten. Ihnen schuldet die Gesellschaft mehr als nur ein Geltenlassen dessen, was sie sind und wie sie sind. Ihnen schuldet die Gesellschaft ein Hereinnehmen in ihre Mitte auf mehrfache Weise.

Wir stehen hier in ganz besonderem Maße vor der Aufgabe, den Artikel 20 des Grundgesetzes zu verwirklichen, wonach wir nicht nur ein demokratischer, sondern auch ein sozialer Rechtsstaat sein wollen. Sozialer Rechtsstaat heißt in diesem Zusammenhang, daß unsere ganze Gesetzgebung und alle unsere öffentlichen Einrichtungen der Behinderten zu gedenken haben, wo immer etwas für den Bürger im allgemeinen getan wird.

... Im letzten Grunde geht es um unser aller Bewußtseinshaltung gegenüber behinderten Menschen. Hierzu muß ich in aller Offenheit aussprechen, daß ich manche Verhaltensweisen in unserer Gesellschaft erschreckend finde.

Ich denke z. B. an den Widerstand in einer Gemeinde gegen die Einrichtung eines Heimes für Behinderte in ihrem Bereich. Anstatt dankbar für eine gute Gesundheit und volle Geisteskraft zu sein, anstatt diese Dankbarkeit in Hilfsbereitschaft auszudrücken, gibt es unter uns nicht wenige gesunde Menschen, die nicht nur das Denken an behinderte Menschen, sondern obendrein auch ihren Anblick verdrängen.

Eine Gesellschaft, die alte Menschen, kranke Menschen, behinderte Menschen aller Art nicht als natürlichen Teil ihrer selbst zu achten und zu behandeln weiß, spricht sich selbst das Urteil. Wer Menschen nur nach ihrem Nutzen beurteilt, tut einen ersten Schritt in die Abgründe der Vernichtung sogenannten lebensunwerten Lebens.

Nein, — unsere grundsätzlich auf Leistung und Wettbewerb ausgerichtete Gesellschaft ist nur dann in Ordnung, wenn sie behinderten Minderheiten volle Achtung, volle Gemeinschaft und ein Höchstmaß an Eingliederung gewährt. Zu einer Behinderung in der Teilnahme am Wettbewerb darf dem Behinderten nicht auch noch der Schmerz hinzugefügt werden, daß er nicht recht brauchbar sei, daß er eine Last und eine Störung des Wohlbehagens seiner Mitmenschen sei ...

Mit überkommenen Methoden nicht zu bewältigen

Ansprache vor dem Deutschen Forum für Entwicklungspolitik, Bonn, 23. Oktober 1970 (Auszüge)

... Die Tatsache, daß es bei der Entwicklungspolitik um eine Aufgabe geht, der niemand ausweichen kann und darf, weil Mißerfolge uns alle treffen und Erfolge uns allen zugute kommen, muß ein immer stärkerer Bestandteil des öffentlichen Bewußtseins werden.

Um welche Ausmaße es geht, wenn den Menschen in Asien, Afrika und Lateinamerika wirklich geholfen werden soll, mag eine einzige Zahl verdeutlichen. Allein 300 Millionen Arbeitsplätze müssen bis 1980 geschaffen werden, wenn das große Gefälle zwischen den reichen und armen Ländern spürbar verringert werden soll.

Aufgaben solcher Art sind mit überkommenen Methoden nicht zu bewältigen. Es gibt in der Geschichte kein Beispiel dafür, was alles zu tun ist, um in verhältnismäßig kurzer Zeit das Verlangen von hunderten Millionen von Menschen nach Ausbildung, sozialer Sicherheit und lohnender Erwerbstätigkeit zu erfüllen.

Die Regierungen allein stehen hier vor unlösbaren Problemen. Nicht nur die Entwicklungsländer draußen kommen ohne aktive Mitarbeit ihrer Bevölkerung nicht aus; wenn die Industrienationen hier wirksam helfen wollen, sind auch sie auf die Einsicht und die Mitarbeit ihrer Bürger angewiesen.

Eine Politik, die sich am Wohl der Weltgesellschaft ausrichtet, kann zumindest zeitweise in Widerspruch zu nationalen Interessen geraten. Dieser Widerspruch ist nur dann durchzustehen, wenn auch Entscheidungen zu Lasten eigener Interessen von einer breiten Schicht der Bürger verstanden, bejaht und getragen werden. Der solidarische Auftrag der Entwicklungspolitik muß ein so hohes Ansehen gewinnen, daß private Bedenken kein unüberwindliches Hindernis für ihre Verwirklichung sind.

Entwicklungshilfe braucht darum Menschen und Einrichtungen, die bereit sind, ihr Können und ihre Erfahrungen in ihren Dienst zu stellen. Sie verlangt nach Einfällen und neuen Arbeitsweisen, wenn ein Durchbruch nach vorn gelingen soll.

... Die Zeit drängt angesichts der Nöte, die schon jetzt manchmal unauflösbar erscheinen mögen. Nur mit viel Phantasie, mit großer persönlicher Beteiligung und mit herzhaftem Mut wird es möglich sein, unsere Welt vor Abgründen des Hungers und dem Chaos zu bewahren ...

Ein neues Verständnis von Kirche

Ansprache bei der Einweihung der Evangelischen Akademie Nordelbien, Bad Segeberg, 2. Dezember 1970 (Auszug)

... Wo gefordert wird, werden immer auch Gegenforderungen gestellt. Der Staat etwa, wenn er sich zum verlängerten Arm der Kirche machen ließe, würde seinerseits versucht sein, die Kirche zur Erhöhung seiner Macht und seines Einflusses zu mißbrauchen. Ein Blick in die Geschichte beweist, daß der Staat dabei stets das bessere Geschäft gemacht hat, während die Kirche an Glaubwürdigkeit einbüßte.

Es gilt Abschied zu nehmen von der lange Zeit gültig gewesenen Vorstellung, daß nur der Staat oder der Gesetzgeber die gewiesenen Gesprächspartner der Kirche seien. Je weniger die Kirche sich als Behörde, je mehr sie sich als Gemeinde versteht, um so selbstverständlicher wird für sie das seelsorgerische Bemühen um den einzelnen und das offene Gespräch mit der Gesellschaft und allen ihren Gruppen und Kräften.

Dabei ergibt sich fast zwangsläufig, daß die Seelsorge und Fürsorge für den einzelnen vor allem Aufgabe der Ortsgemeinde ist, während Selbstdarstellung in der breiten Öffentlichkeit und Hören auf das, was die Gesellschaft bewegt — wenn wir einmal von den theologischen Fakultäten absehen —, den vielfältigen Einrichtungen der kirchlichen Publizistik und den Akademien obliegt.

Gewiß hat dieses Sich-Öffnen zur Gesellschaft auch seine besonderen Gefahren. Die Warnung Hans Joachim Iwands, die Kirche dürfe sich nicht zum Halleluja-Wagen der jeweiligen Zeitströmung machen, indem sie religiös aufwerte und theologisch unterbaue, was im jeweiligen Denken und Wollen als die Besonderheit einer Epoche hervortritt, kennzeichnet eine immer gegebene Gefahr für die Akademien. Wer das sieht und erkennt, kann sich aber andererseits mutig und bestimmt den Fragen der Zeit stellen, sie aus der Sicht des Evangeliums betrachten und angehen. Wo das geschieht, wird man zu Antworten gelangen, die auch für Andersdenkende hörens- und erwägenswert sind.

Ich selbst habe das immer wieder an Urteilen, Stellungnahmen und kritischen Äußerungen erfahren, wie sie aus dem Munde Karl Barths laut wurden. Ich fand in dem, was er schrieb und aussprach, stets einen höchst beachtlichen Kern, der nicht dem selbständigen Denker Karl Barth, sondern dem aufmerksamen Hörer auf Gottes Wort zu verdanken war.

Dies, meine ich, wäre ein Selbstbewußtsein, das den Christen, der Kirche und den Akademien wohl ansteht. Es kann freilich nicht damit erworben werden, daß irgendwer oder irgendwas sich als christlich bezeichnet. Um es noch deutlicher zu sagen: Wenn irgend jemand oder wenn irgendeine Gruppe das Wort christlich allzuoft vor sich herspricht, sollten wir besonders aufhorchen. Die Vergangenheit hat gezeigt, daß auch im Namen des Christentums manches geschehen ist, was wir als Christen nicht verantworten können. Wenn irgendwo, gilt hier mit aller Bestimmtheit und Radikalität das Wort: An ihren Früchten sollt ihr sie erkennen.

Die evangelische Kirche hat gezeigt, daß sie bereit ist, frei und unabhängig von allen Interessengruppen in wichtigen, auch politischen Fragen öffentlich Stellung zu beziehen. Auch hier kann ein Beispiel verdeutlichen, was gemeint ist:

Keine der Denkschriften des Rates der Evangelischen Kirche in Deutschland hat so viel Aufsehen erregt, so viel Widerspruch ausgelöst und so viel Mut zur Stellungnahme gefordert, wie das Wort an die Vertriebenen im Jahre 1965. Unter Berufung auf das Evangelium wird dort etwas gesagt, was ungeheuren politischen Zündstoff enthielt. »In der gegenwärtigen Situation erscheint die Preisgabe des deutschen Anspruchs auf die verlorenen Ostgebiete und der Verzicht auf die Rückkehr dorthin um des Friedens und um eines guten Zusammenlebens mit unseren östlichen Nachbarn willen als geboten. Zu solcher Erkenntnis befreit das Evangelium die politische Vernunft.«

Rückblickend wird man sagen können, daß mit dieser Denkschrift ein Abbau von politischen Illusionen und der Durchbruch zur politischen Vernunft in Gang gesetzt wurde. Daran sollte man in der Kirche und vor allem auch in den evangelischen Akademien denken, wenn es je und dann wiederum gilt, eines der vielen »heißen Eisen« unserer Zeit anzufassen. Damit will ich keineswegs einer Flut von schnell gefaßten Entschließungen das Wort reden. Die Kirche sollte sich nicht verführen lassen, zu allem und jedem Stellung zu nehmen. Sie darf jedoch nicht schweigen, wo das Evangelium ihr gebietet zu reden ...

1871: Äußere Einheit ohne innere Freiheit

Fernsehansprache zum 100. Jahrestag der Reichsgründung, 17. Januar 1971

I.

Gedenktage kommen ungerufen. Sie stellen sich zumal dann ein, wenn sich die Zahl der Jahre nach einem Geschehnis rundet. So wird es morgen 100 Jahre her sein, daß im Spiegelsaal von Versailles der König von Preußen zum Deutschen Kaiser ausgerufen wurde. Der 18. Januar 1871 gilt deshalb als der Geburtstag des Deutschen Reiches und damit des deutschen Nationalstaates. Für Generationen ist dieser Tag ein Höhepunkt ihres Geschichtsbewußtseins gewesen.

Uns ist aber heute nicht nach einer Hundertjahrfeier zumute. Das Deutsche Reich als damaliger Ausdruck der endlich erreichten, wenn auch nur kleindeutschen Einheit unseres Volkes ohne die Deutschösterreicher hat sich in zwei deutsche Staaten verwandelt. Keiner dieser beiden Staaten ist nach seiner inneren

Ordnung mehr mit dem Deutschen Reich von 1871 vergleichbar. Preußen, die Vormacht und gestaltende Kraft jenes Vorganges von 1871, ist ausgelöscht. Berlin, die Hauptstadt des Deutschen Reiches, ist zerschnitten. Wesentliche Teile des Reichsgebietes von 1871 gehören nicht mehr zu uns. Diese nüchternen Feststellungen schließen es aus, daß wir den 18. Januar morgen so feiern, wie er geraume Zeit begangen worden ist.

Hat uns Geschichte überhaupt noch etwas zu sagen? Die junge Generation mag von Geschichte nicht mehr viel hören. Ihr Interesse setzt allenfalls bei 1933 ein und ist im übrigen auf die Zukunft unserer Gesellschaft gerichtet.

Aber: Alle Zukunft erwächst auch aus Vergangenheit. Einige Auffrischungen unseres Gedächtnisses können helfen, aus ihr zu lernen.

II.

Unsere Geschichte ist in vieler Hinsicht anders verlaufen als die unserer Nachbarn. Man hat uns eine »verspätete Nation« genannt. In der Tat haben wir unsere nationale Einheit 1871 später und unvollkommener erlangt als andere Nationen. Der Ruf nach Einheit erhob sich in den Befreiungskriegen gegen Napoleon, bei den unruhigen Studenten auf dem Wartburgfest 1817, in der großartigen Volksfeier 1832 auf dem Hambacher Schloß und sonderlich im Sturm und Drang der Jahre 1848/49. Aber ein jedes Mal wurde der Ruf von jenen Dutzenden von Fürstenstaaten erstickt, in die Deutschland zerrissen blieb.

Durften wir 1871 jubeln? Emanuel Geibel hat es stellvertretend für viele bis in die Schulbücher hinein mit dem Vers getan:

> »Wie aus Jupiters Stirn einst Pallas Athene, so sprang aus Bismarcks Haupt das Reich waffengerüstet hervor.«

Bismarck als Schöpfer der Einheit mit Blut und Eisen — so wurde es gelehrt und in der Fülle der ihm gewidmeten Denkmäler in den deutschen Landschaften dargestellt.

Wir müssen erkennen, daß dieses eine Vereinfachung ist, bedenklich wie jede Vereinfachung, richtig und falsch zugleich. Bismarck erzwang 1871 den kleindeutschen fürstlichen Bundesstaat unter Ausschluß auch der Deutschen in Österreich — das ist richtig. Aber Bismarck gehört nicht in die schwarz-rot-goldene Ahnenreihe derer, die mit der Einheit des Volkes zugleich demokratische Freiheit wollten. Wer also die Linie von den Befreiungskriegen und der Wartburg über Hambach, Frankfurter Paulskirche und Rastatt als Endstation der Revolution von 1848/49 bis nach Sedan und Versailles zieht, verzerrt den Gang der Geschichte.

In unserer Nationalhymne des Demokraten Hoffmann von Fallersleben aus dem Jahr 1841 singen wir von Einigkeit und Recht und Freiheit. So aber sang erst die Weimarer Republik. Im Kaiserreich, bis 1918, sang man auch »Heil Dir im Siegerkranz«.

Als das Deutsche Reich vor 100 Jahren in Versailles ausgerufen wurde, war keiner von den 1848ern zugegegen. Ja, Männer wie August Bebel und Wilhelm Liebknecht und andere Sozialdemokraten, die sich gegen den nationalistischen Übermut des Sieges über Frankreich geäußert hatten, saßen in Gefängnissen. Um den Kaiser standen in Versailles allein die Fürsten, die Generäle, die Hofbeamten, aber keine Volksvertreter.

Die Reichsgründung hatte die Verbindung von demokratischem und nationalem Wollen zerrissen. Sie hat das deutsche Nationalbewußtsein einseitig an die monarchisch-konservativen Kräfte gebunden, die in den Jahrzehnten vorher dem demokratischen Einheitswillen hartnäckig im Wege gestanden hatten.

Für unsere französischen Nachbarn war es eine tiefe Demütigung, daß unser Nationalstaat in ihrem Lande ausgerufen und ihnen zugleich Elsaß-Lothringen weggenommen wurde. Diese Demütigung konnte Frankreich nicht vergessen.

III.

Was 1871 erreicht wurde, war eine äußere Einheit ohne volle innere Freiheit der Bürger. Die Staatsgewalt ging nicht vom Volke aus, sie lag bei den Fürsten und den Senaten der Hansestädte. Zwar wählte das Volk den Reichstag. Der Reichstag aber bestellte nicht die Regierung und hatte nur geringen Einfluß auf die Außen- und Militärpolitik.

Darum ist es kein Zufall, daß wir viele freiheitliche, liberale und demokratische Kräfte in Opposition zum Bismarckreich sehen. Die drei schweren Konflikte der Bismarckzeit in Preußen und später im Reich richteten sich gegen drei Gruppen der deutschen Bevölkerung, die andere Vorstellungen vom deutschen Einheitsstaat hatten. Ich meine den preußischen Verfassungskonflikt der Jahre 1862/63 mit den Liberalen, den Kulturkampf der Jahre 1872 bis 1880 mit dem katholischen Bevölkerungsteil und den Konflikt mit den als »Reichsfeinde« und »vaterlandslose Gesellen« diffamierten Sozialdemokraten durch das Sozialistengesetz der Jahre 1878 bis 1890.

Manche haben frühzeitig erkannt und gewarnt, welche Gefahrenquelle in dieser inneren Zerklüftung lag. Einig und geschlossen schien unser Volk erst zu sein, als der Erste Weltkrieg ausbrach und Kaiser Wilhelm II. verkündete: »Ich kenne keine Parteien mehr, ich kenne nur Deutsche!« Bald jedoch schon stellte sich heraus, daß der Gleichheit im Soldatentod auf den Schlachtfeldern auch im Kriege immer noch keine Gleichheit der staatsbürgerlichen Rechte nachfolgen sollte.

Die drei Gruppen der Opposition gegen Bismarck finden wir später in unserer Geschichte wieder. Sie nämlich sind es gewesen, die im Kriegsjahr 1917 die Friedensresolution des Reichstages mit der Warnung vor gewaltsamen Gebietserweiterungen verfaßt haben. Sie sind es auch gewesen, die eineinhalb Jahre später das militärisch zusammengebrochene Kaiserreich in der Republik von Weimar auffingen. Hier bestehen eher historische Zusammenhänge mit der Frankfurter Nationalversammlung des Jahres 1848 als mit dem Spiegelsaal von Versailles.

Die Weimarer Republik hatte die Chance, im Rahmen der nach dem Versailler Vertrag von 1919 verbliebenen Einheit endlich auch die innere Zusammenführung unseres Volkes in einer demokratischen Ordnung hinzuzufügen. Genau dieses aber gelang nicht.

Die schweren Belastungen, unter denen die Weimarer Republik ins Leben trat, ermöglichten den reaktionären und nationalistischen Kräften das billige Spiel, sich aus ihrer Verantwortung für den Ersten Weltkrieg und den militärischen Zusammenbruch des Kaiserreiches davonzustehlen. Anstatt unsere Geschichte unsentimental und kritisch zu sehen, bedienten sich diese Kräfte der Dolchstoßlegende, d. h. des Vorwurfes, daß Deutschland im Ersten Weltkrieg von innen auf landesverräterische Weise um den Sieg gebracht worden sei — eine Vergiftung von nachhaltig böser Wirkung. Große Teile unseres Volkes stellten sich nicht vorbehaltslos auf den Boden der Weimarer Verfassung. Schon 1920 erlangten die nicht zur Weimarer Koalition aus SPD, Zentrum und Deutsch-Demokratischer Partei gehörenden Parteien die Mehrheit im Reichstag und behielten sie, bis die Republik ruiniert war und Hitler in die Hände fiel. *)

Unser Geschichtsbild von Weimar bedarf auch in dieser Hinsicht einer kritischen Überprüfung. Wo vom Ersten Weltkrieg als einem bloßen Unglück ohne deutsche Mitschuld und wo vom Unrecht der Versailler Friedensvertrages von 1919 als Entschuldigung für die nationalsozialistische Machtergreifung gesprochen wird,

---

*) In der Nationalversammlung von Weimar hatten die SPD, das Zentrum und die Deutsche Demokratische Partei von 421 Mandaten 329 Mandate; bei der Wahl zum ersten Reichstag am 6. Juni 1920 erhielten SPD, Zentrum und Deutsche Demokratische Partei von 459 Mandaten 205 Mandate; im zweiten Reichstag am 4. Mai 1924 von 472 Mandaten 193 Mandate; im dritten Reichstag am 7. Dezember 1924 von 493 Mandaten 232 Mandate; im vierten Reichstag am 20. Mai 1928 von 491 Mandaten 240 Mandate; im fünften Reichstag am 14. September 1930 von 577 Mandaten 231 Mandate; im sechsten Reichstag am 31. Juli 1932 von 608 Mandaten 212 Mandate; im 7. Reichstag am 6. November 1932 von 584 Mandaten 193 Mandate; im achten Reichtag am 5. März 1933 von 647 Mandaten 198 Mandate.

ist man immer noch nicht mit den Ursachen des Zusammenbruchs von 1918 fertig geworden. Hundert Jahre Deutsches Reich — dies heißt eben nicht einmal Versailles, sondern zweimal Versailles, 1871 und 1919, und dies heißt auch Auschwitz, Stalingrad und bedingungslose Kapitulation von 1945.

Wie war das möglich? Längst schon ist jene angebliche Ahnenreihe, die von Arminius und Luther über Friedrich den Großen und Bismarck zu Hitler geführt haben soll, in den Bereich der Legende verwiesen.

Man vergißt allzuleicht die gesellschaftlichen Zusammenhänge insbesondere des Bismarckschen Reiches und der Weimarer Republik, die beide an ihren inneren Zerklüftungen litten und nicht zuletzt daran zugrunde gingen.

Von hier aus aber erlaubt unser Rückblick auch Hoffnung.

IV.

Auch unter uns, die wir die nationalstaatliche Einheit verloren haben, lebt der Gedanke an ihre Rückgewinnung weiter. Aber der Lebensbereich unseres Volkes sieht anders aus als vor 100 Jahren.

So sehr Deutschland vor 1871 staatlich zerklüftet war, so sehr lebten seine Menschen damals immerhin in gleichartigen gesellschaftlichen Ordnungen. Deshalb ging es damals allein um eine Überwindung der Kleinstaaterei, um aus Deutschland zumindest einen einheitlichen Wirtschaftsraum zu machen und der ersten industriellen Revolution den Weg aufzuschließen.

Heute scheiden sich an der Elbe-Werra-Linie nicht nur zwei Staatsgewalten, sondern zugleich auch zwei Gesellschaftssysteme von harter Gegensätzlichkeit. Unsere Aufgabe ist darum anders anzusetzen als vor 100 Jahren. Sie greift ins Europäische. Sie zielt auf eine gesamteuropäische Grundordnung, in der Staaten und Völker auch bei unterschiedlicher innerer Gestaltung nicht nur nebeneinander bestehen, sondern Krieg und Gewalt gegeneinander ausschließen und sich miteinander zur Erfüllung gemeinsamer Sachaufgaben auf verschiedensten Gebieten verbinden — wie etwa Verkehr, Umweltgestaltung, Forschung, Entwicklungshilfe. Hier liegt ein weiter Weg vor uns.

Die innere Einheit der Bundesrepublik Deutschland dagegen ist ein gutes Stück vorangekommen. Die republikanische Staatsform, ihre Symbole und ihre demokratische Ordnung im Sinne des Grundgesetzes werden von einer Breite der Übereinstimmung getragen, wie sie unsere Geschichte bislang nicht gekannt hat. So wichtig dieses auch ist, so wenig entbindet es uns von der täglichen Pflicht beharrlicher Verwirklichung der Maßstäbe, die eben dieses Grundgesetz für unsere Gesellschaft setzt. Unsere Gesellschaft soll nicht nur demokratisch verfaßt, sondern auch und entscheidend sozial sein. Hier fehlt es noch an vielem. Die Geschichte lehrt uns, welch schwere Belastungen aus den Versäumnissen gerechter Gesellschaftsordnung erwachsen.

Die Vorstellungen darüber, wie unsere Gesellschaft künftig aussehen sollte, gehen beträchtlich auseinander. Sie sind zwischen den Parteien, zwischen den Generationen, zwischen den Berufsgruppen und ihren Verbänden umstritten. Eines aber gilt es gerade im Rückblick auf den 18. Januar 1871 mit aller Entschiedenheit festzuhalten. Das sind die im Grundgesetz festgelegten Freiheitsrechte aller Bürger. Im Grundgesetz haben wir uns entschieden für Grundrechte wie Gewissensfreiheit, Redefreiheit, Versammlungsfreiheit, Freizügigkeit.

Um all dieses ist in unserer Geschichte gekämpft und gelitten worden. All dieses zu bewahren, immer besser zu verwirklichen und mit sozialer Gerechtigkeit zu verbinden, muß unsere gemeinsame Aufgabe bleiben.

Die Frau in der Industriegesellschaft

Ansprache vor den Arbeitnehmerinnen der Firma AEG-Telefunken,
Berlin, 27. Januar 1971 (Auszug)

... Über die Notwendigkeit, den Nutzen, aber auch die angebliche Schädlichkeit von Frauenarbeit für die Stellung und das Ansehen der Frau selbst wie auch für die Gesellschaft ist in der Vergangenheit viel diskutiert worden. Die Zeit aber ist über alle Gegengründe längst hinweggegangen. Berufliche Tätigkeit ist für viele Frauen, gleich ob ledig oder verheiratet, eine Notwendigkeit. Für die Volkswirtschaft ist sie längst unentbehrlich geworden. Eine moderne Industriegesellschaft, ganz gleich, ob nach westlichem oder östlichem Vorzeichen geprägt, ist ohne die berufliche Tätigkeit der Frau nicht mehr denkbar. Daraus gilt es, eine Reihe von Folgerungen zu ziehen, von denen ich hier nur die wichtigsten aufzähle.

1. Das Grundrecht auf Arbeit gilt auch für Frauen. Daß aus diesem Recht, vor allem für die verheirateten und älteren Frauen, kein innerer und äußerer Zwang zur Arbeit werden darf, sollte aber gleich hinzugefügt werden.
2. Der Grundsatz: Gleicher Lohn für gleiche Arbeit, muß, wo das noch nicht geschehen ist, grundsätzlich auch für weibliche Mitarbeiter Gültigkeit erlangen.
3. Schulische und berufliche Bildung und Ausbildung sind für Mädchen und Frauen genauso wichtig und ernst zu nehmen wie für die männlichen Altersgenossen.

4. Zur Gleichberechtigung der Frau gehören gleiche berufliche Aufstiegsmöglichkeiten. Das verlangt nicht nur Einsicht und Umdenken von den männlichen Kollegen und von der Betriebsleitung. Unerläßlich ist auch, daß die Frauen selbst das Vorurteil überwinden, Männer seien von Natur aus besser zum Vorarbeiter, zum Meister wie ganz allgemein zum Vorgesetzten geeignet.
5. Wenn das Recht auf Arbeit auch für die Mütter von Kleinkindern gelten soll, brauchen wir mehr Kinderkrippen und Kindergärten, dann wird wohl auch die Ganztagsschule zur Regel werden müssen.

Viele von Ihnen, meine Zuhörerinnen, werden jetzt auf gut berlinerisch denken, Mensch, bleib auf dem Teppich; was da gesagt wird, klingt ja ganz schön, aber die Wirklichkeit sieht anders aus!

Nun, daß Zielvorstellungen und gegenwärtige Bedingungen auseinanderklaffen, gilt nicht nur für die Gegebenheiten am Arbeitsplatz. Aber es wäre auch zu fragen, liegt das nur an den noch nicht immer befriedigenden Arbeitsgesetzen, an Lücken in der Sozialgesetzgebung und den immer noch Wünsche offenlassenden Tarifbestimmungen? ...

Zur partnerschaftlichen Hilfe bereit

Staatsbesuch in Kolumbien. Ansprache auf dem Bankett des Staatspräsidenten zu Ehren des Bundespräsidenten und von Frau Heinemann,
Bogota, 25. März 1971 (Auszug)

... Deutschland ist wie Kolumbien ein Land mit alter Tradition. Es versteht sich aus seiner Vergangenheit, bemüht sich aber, seine Daseinsform der stürmischen technischen, wissenschaftlichen und sozialen Entwicklung unseres Zeitalters anzupassen.

Mit Lateinamerika sind viele Deutsche weite Strecken Weges gemeinsam gegangen. Deshalb ist es wohl kein Zufall, wenn die Vergangenheit dieses Landes eine ganze Reihe von Berührungspunkten mit uns aufweist. Die vielfältigen Bindungen zwischen Kolumbien und Deutschland beruhen auf einer reichen Tradition. So erlebte Alexander von Humboldt im 19. Jahrhundert in Bogotá die besondere geistige Aufgeschlossenheit, die Kolumbien immer ausgezeichnet hat, und im 20. Jahrhundert fanden hier die deutschen Luftfahrer den Widerhall, den sie brauchten, um das kühne Unternehmen einer kolumbianischen Fluggesellschaft in Angriff zu nehmen. Dies sind zwei Beispiele für das Interesse, das Ihr großes Land auf geistigem, aber auch auf technischem Gebiet seit jeher bei uns gefunden hat.

Die Bundesrepublik Deutschland steht Kolumbien besonders nahe. Wir sehen in Ihrem Land einen Partner mit verwandten geistigen Grundlagen, mit Zielsetzungen, die den unseren entsprechen. Wir wissen, daß Sie wie wir vor großen und schwierigen Aufgaben stehen.

Wir bewundern den Willen und die Anstrengungen, die Ihr Volk unternimmt, um eine bessere Zukunft aufzubauen. In diesem Zusammenhang erlauben Sie mir eine Bemerkung über das deutsche Volk: Die Welt ist manchmal geneigt, ein wenig zu überschätzen, was in Deutschland nach dem Zweiten Weltkrieg geleistet wurde. Sicher, unser Volk hat hart gearbeitet, wir konnten — wenigstens in materieller Hinsicht — die Folgen der Katastrophe überwinden. Wenn uns dies gelungen ist, so hat hierzu aber auch die Unterstützung beigetragen, die wir in jener schweren Zeit von Freunden erhielten. Aus diesem Grunde haben wir auch besonderes Verständnis dafür, wenn wir heute zu einer Zusammenarbeit aufgefordert werden, anderen Völkern zu helfen, zu größerem Wohlstand, zu besserer Ausbildung — kurz, zu einem besseren Leben zu gelangen. Wenn wir hierbei mitarbeiten, dann geschieht dies im Bewußtsein einer moralisch-politischen Verpflichtung und nicht etwa mit einem Gefühl der Selbstgerechtigkeit ...

Gehorsam gegen Gott auch im politischen Handeln

Ansprache zum Gedenken an den Wormser Reichstag von 1521,
Worms, 17. April 1971 (Auszüge)

... Was auch immer zur ideologischen Einordnung Luthers zu sagen wäre, so kann man ihm sicherlich nur dann gerecht werden, wenn man ihn in seinen religiösen Beweggründen und Zielen gelten läßt. Ihm ging es um die Zurückführung einer entarteten Kirche auf die Grundlagen ihres Ursprungs. Darum betonte er die Bibel als den Maßstab aller Maßstäbe. Darum gab er sie seinen Zeitgenossen in deutscher Sprache an die Hand. Darum zerbrach er die Werkerei als falschen Weg zum Frieden mit Gott. Darum ließ er Christus als den Versöhner neu hervortreten und wieder zum alleinigen Mittelpunkt des Evangeliums werden. Nicht aber ging es Luther um die Überwindung des Feudalismus und die Gliederung des Volkes in Stände zugunsten einer neuen Sozialordnung und einer Rechtsgleichheit aller. Insofern ist jede ideologische Würdigung Luthers zu kurzschlüssig und darum unzulänglich.

Auf der anderen Seite sollten freilich auch die Theologen und die mit Luther verbundenen Kirchen den gesellschaftlichen Tatsachen und deren Bedeutung in der Kirchengeschichte eine größere Aufmerksamkeit zukommen lassen, als es üblicherweise geschieht. Auch in der Geschichte der Kirche handelt Gott durch Menschen, und zwar durch Menschen, die in die Gegebenheiten und Vorstellungen ihrer Zeit eingebunden sind. Insofern brauchten die Betonung religiöser Beweggründe und Ziele und die Betonung gesellschaftlicher Gegebenheiten oder Kräfte einander nicht zu widersprechen. Sie können sich auch ergänzen.

... Es sollte die Feststellung der Tatsache genügen, daß eine gesellschaftliche Gegebenheit, nämlich die staatliche Gewalt, in Luthers Reformation eine wesentliche Rolle spielt, und zwar, zum Unterschied gegenüber der Zeit seiner Vorläufer, eine hilfreiche.

... (Es gilt) zu fragen, ob den Kirchen der Reformation die weltliche Hilfestellung gut bekommen ist. Wurde damit nicht erneut, und, was die Sache noch peinlicher macht, auf oft provinzielle und kleinbürgerliche Weise jene verhängnisvolle Verbindung von Thron und Altar begünstigt ...? Die Bereitschaft, die Entscheidungen in allen weltlichen Sachen, vor allem in der Politik, den dafür Berufenen, also den Fürsten und Staatsmännern bis hin zum Führer, zu überlassen, bedeutete den Verzicht, auch in politischen Fragen die Freiheit eines Christenmenschen in Anspruch zu nehmen. Wer immer diesen Weg nicht mitgehen wollte, mußte sich den Vorwurf gefallen lassen, er wisse nicht zwischen dem Reich Gottes zur Rechten — der Kirche — und dem zur Linken — dem Staat — zu unterscheiden und vermische somit Glauben und Politik. Was bei Luther noch eine Hilfskonstruktion gewesen war, die Unterscheidung der Kirche als dem eigentlichen Reich Gottes und dem Staat als seinem Reich zur Linken, das wurde für die lutherische Orthodoxie mit ihrer bis in unsere Zeit weiter wirkenden Trennung von Innerlichkeit, Frömmigkeit und Glauben einerseits und weltlichem Treiben und Handeln andererseits zum tragenden Selbstverständnis evangelischer Christen.

Ein falsches, weil viel zu starres Verständnis der Lehre von beiden Reichen hat nicht nur die politische Entwicklung in Deutschland gehemmt. Sie hat auch auf sozialem Gebiet den Blick für das verstellt, was zur Aufgabe einer christlichen Kirche gehört: sich auf die Seite der Unterdrückten und Ausgebeuteten zu stellen. Die im 19. Jahrhundert vollzogene Hinwendung großer Teile der Arbeiterschaft zum Marxismus, die unter Intellektuellen bis heute weitverbreitete Überzeugung, daß Atheismus und Fortschrittlichkeit untrennbare Größen seien, geht weithin auf Hilflosigkeit und Versagen auch des Luthertums in Fragen dieser Welt zurück.

Denken wir schließlich auch noch daran, daß die Art der lutherischen Reformation noch andere Folgen hatte, so kann unser Gedenken an das Bekenntnis Luthers vor dem Reichstag in Worms nicht nur Jubel und Begeisterung auslösen. Die Abstützung der lutherischen Reformation auf die Landesfürsten und Magistrate behinderte die gebotene Entwicklung der neuen Kirchen zu Gemeindekirchen von gleichgestellten Gliedern. Sie behinderte darüber hinaus mittelbar auch eine staatsbürgerliche Gleichstellung, wie sie einer Demokratie eigen ist.

Freilich, es ist einfach, als Ankläger gegen Halbheiten früherer Generationen aufzutreten. Auch ist ja keineswegs ausgemacht, daß wir vor dem Urteil künftiger Generationen besser dastehen werden.

Immerhin ist uns wenigstens die Selbstsicherheit zerbrochen, die den Schülern Luthers früher die Wahrnehmung der Wirklichkeiten und der darin liegenden Aufgaben so schwer machte. Wir sehen deutlicher die Gefahren, die der Kirche aus einer allzu selbstverständlichen Verflechtung mit dem Staat und den ihn tragenden Kräften erwachsen. Wir haben erkannt, daß es eine christliche Politik und einen christlichen Staat nicht geben kann, wissen aber andererseits, daß es Aufgabe des Christen ist, Gehorsam gegen Gottes Wort auch im politischen Handeln zu üben.

Auch haben wir einsehen gelernt, daß die Spaltung der Kirche Christi ein Ausdruck des Ungehorsams der Christen ist, ein Beweis, daß es in Vergangenheit und Gegenwart, auch in der Kirche, oft mehr um Fragen der Macht und der falschen Autorität als um das Hören auf Gottes Wort ging und geht ...

Albrecht Dürer und die Deutschen

Ansprache zum 500. Geburtstag des Malers, Nürnberg, 21. Mai 1971 (Auszüge)

... Festjahre und Festveranstaltungen legen die Versuchung nahe, den Namen und das Ansehen dessen, der gefeiert wird, für die heute Lebenden in Anspruch zu nehmen. Können wir, so möchte ich fragen, das, was Dürer geschaffen hat, für uns beanspruchen: für Nürnberg, für Franken, für die Bundesrepublik Deutschland oder, wenn wir die Teilung unseres Landes in der Feststimmung übersehen, für ganz Deutschland?

Ich meine, nein. Gewiß, Umwelt und künstlerisches Schaffen stehen jeweils in einem Zusammenhang. Man kann mit Recht fragen, wäre Albrecht Dürer ohne Nürnberg der geworden, der er war? Man wird das wohl verneinen müssen, selbst wenn man in Rechnung stellt, daß die Vorfahren Albrecht Dürers keineswegs zu den alteingesessenen Nürnberger Familien gehört haben. Die Eltern Dürers ließen sich erst 1455, also erst 16 Jahre vor der Geburt des Malers, von Ungarn kommend, in Nürnberg nieder.

Wie dem auch sei: Würde das Nürnberg unserer Tage das Recht haben, Dürer als ein Produkt der Stadt anzusehen, etwa wie die ebenfalls weltbekannten Nürnberger Lebkuchen?

Den 500. Geburtstag Albrecht Dürers dem höheren Ruhm dieser Stadt zuzurechnen, könnte dazu führen, daß man auch anderes, was in Nürnberg geschah, vornehmlich Nürnberg zuschreiben müßte. Ganz allgemein halte ich nichts davon, Soll und Haben einer Stadt, eines Landes oder auch eines Volkes gegeneinander aufzuwägen. Damit will ich weder den Nürnbergern noch den Franken, noch den Deutschen ihren Dürer rauben. Es geht mir darum, daß dem großen Sohn dieser Stadt das wiedergegeben wird, worauf er wie jeder andere Anspruch hat: seine Individualität, sein ganz persönliches Schicksal, seine unverwechselbare eigene Leistung und sein ureigenes Genie.

Gerade dieses hat man ihm seit langem mit einem Dürerkult geraubt, der bei näherem Hinsehen weniger ihm als vielmehr denen galt, die ihn preisen, um sich selbst ins rechte Licht zu rücken.

... An solchem Mißbrauch Albrecht Dürers wollen wir uns nicht beteiligen. Wir wollen ihn stehenlassen wie er war: Ein großer Maler, dessen Bilder, Stiche und Holzschnitte die Welt des 16. Jahrhunderts eindringlich widerspiegeln, der uns zugleich Einblick gab in die Hoffnungen, den Glauben, die Mühen, die Sorgen und den Selbstzweifel eines empfindsamen Gemüts, in dem schöpferische Kraft und zerstörender Zweifel an sich selbst sich gegenseitig bedingten und ablösten.

Seinem Zeitgenossen Martin Luther hat Albrecht Dürer dafür gedankt, daß er ihn mit seinen Schriften und Predigten aus großen Ängsten befreit habe. Wir wollen dankbar sein, daß es in unserem Land einen Dürer gab, der uns bis auf den heutigen Tag die Schönheit der Welt, aber auch ihre Bedrohung nahebringt. Diesem Zweck soll auch die Ausstellung seiner Werke dienen, die ich hiermit eröffne.

Bodeneigentum und Städtebau

Ansprache auf der 16. Ordentlichen Hauptversammlung des Deutschen Städtetages, München, 26. Mai 1971 (Auszüge)

... Ich brauche — zumal Ihnen — nicht zu schildern, worin die Not besteht, die zu dem Ruf — oder soll ich sagen: zu dem Aufschrei führt »Rettet unsere Städte jetzt«. Diese Not läßt sich von Tag zu Tag drastischer und bedrängender darstellen, wobei allenfalls die Betonungen einmal stärker auf das Zusammenbrechen des Verkehrs in städtischen Kerngebieten, das andere Mal auf die Bodenspekulation, einmal auf Dreck und Abgase in der Luft, das andere Mal auf die Lawinen von Müll oder noch andere Notstände fallen — wobei in jedem Fall aber die Geldnot der Städte dabei ist, die sie gegenüber der Vielfalt ihrer Aufgaben und den steigenden Aufwendungen für Personal oder Baukosten immer hilfloser macht.

Sind unsere städtischen Lebensverhältnisse noch menschenwürdig? Was nutzt z. B. die Verkürzung der Arbeitszeit, wenn die Wege zur Arbeit und nach Hause immer mehr Zeit wegnehmen? Wo behält bürgerliche Mitverantwortung noch Raum für Mitbestimmung, wenn die Zusammenhänge immer undurchsichtiger werden? Eine ganze Kette weiterer Fragen ließe sich anschließen.

... Wir sind glücklich darüber, daß wir in einem Rechtsstaat leben. Seine Kernstücke sind seit langem eingewurzelt. Dazu gehören die Trennung der Gewalten, die Gesetzmäßigkeit der Verwaltung, die Unabhängigkeit der Justiz und Offenheit des Rechtsweges.

... Auf der anderen Seite aber ist das zweite Grundprinzip unserer Verfassung, nämlich die Sozialstaatlichkeit, offensichtlich arg im Rückstand.

Freilich, den Rechtsstaat konnte die Verfassung selber setzen. Seine Ausgestaltung im einzelnen ist längst geläufige wissenschaftliche und gesetzgeberische Bemühung.

Das Sozialstaatsprinzip dagegen ist ein allgemein gehaltener, also von der Verfassung noch nicht selbst wahrgenommener, sondern an den Gesetzgeber weitergegebener Auftrag. Dieser Auftrag muß als eine ständig aus der Verfassung nach Verwirklichung rufende Verpflichtung empfunden werden. Das aber hat sich bislang in unserem Bewußtsein weitgehend noch nicht durchgesetzt.

Eine der Quellen städtischer Nöte ist — ich sagte es schon — die Bodenspekulation. Wenn wir ihrer nicht Herr werden, fahren wir uns hoffnungslos fest.

Wann endlich lesen wir laut und deutlich, daß Artikel 14 des Grundgesetzes das Eigentum nicht lediglich gewährleistet, sondern auch von der Möglichkeit spricht, seinen Inhalt und seine Schranken durch die Gesetze zu bestimmen?

Wann endlich lesen wir laut und deutlich aus Artikel 14 des Grundgesetzes, daß jedes Eigentum verpflichtet und sein Gebrauch zugleich dem Wohle der Allgemeinheit Rechnung tragen soll?

Wann endlich erfüllt der Gesetzgeber bei dem Bodenrecht — um für den Augenblick nur davon zu sprechen — seine verfassungsmäßige Pflicht?

Auch die Dritte Gewalt, die Justiz, ist hier gerufen. Freilich kann und soll sie nicht an die Stelle des Gesetzgebers treten und etwa allgemeine Rechtssätze aus dem Sozialstaatsprinzip herleiten. Wohl aber kann und soll die Justiz im Einzelfall auch prüfen, ob ein Eigentümer sich dem vollen Inhalt von Artikel 14 des Grundgesetzes entsprechend verhält.

... Meine Damen und Herren, es gibt mancherlei Minderheiten unter uns. Einige von ihnen können in unserer auf Leistung, d. h. auf einen persönlichen Beitrag zum allgemeinen Wohlstand ausgerichteten Gesellschaft nicht Schritt halten, weil sie körperlich oder geistig behindert sind. Ihnen schuldet die Gesellschaft eine Hilfe zum Ausgleich ihrer Behinderung. Es gibt eine andere Minderheit unter uns, der ohne Leistung große und größte Vermögen zufallen, weil sie Bodeneigentum besitzt, das die städtische Gesellschaft in steigender Dringlichkeit benötigt, ohne es vermehren zu können. Diese schulden ihrerseits der Gesellschaft den Beitrag aus ihrem Eigentum, den Artikel 14 des Grundgesetzes beschreibt ...

Endlich über die Zäune blicken!

Ansprache bei der Eröffnung des Bildungszentrums der Industrie-Gewerkschaft Metall, Sprockhövel, 3. September 1971

... In der jüngsten Vergangenheit hat mich — ich gestehe es offen — manches bedenklich gestimmt. Bei den vielen Gesprächen, die ich während meiner Amtszeit mit den unterschiedlichsten Gruppen unserer Gesellschaft geführt habe, ist mir in zunehmendem Maße klar geworden, daß jüngere Gesprächspartner eher und mehr das Allgemeinwohl, die älteren oder die Etablierten, wie man heute sagt, dagegen mehr ihre Gruppeninteressen vorbrachten. Während die Jüngeren, wie etwa die Lehrlinge, meist Klage über unzulängliche Ausbildungsmöglichkeiten führten, fand ich bei den Älteren oft neben dem gewiß berechtigten Stolz auf das Erreichte auch einen gewissen Hang zur Selbstzufriedenheit und ein Eingesponnensein in ihre besonderen Rechte, die zu festigen und weiterzuentwickeln zwar nicht unverständlich ist, die aber doch beinahe als der Weisheit letzter Schluß betrachtet werden.

Die Vertretung von Interessen gehört zum Wesen unserer offenen Gesellschaft. Was aber wird aus uns allen, falls diese Interessen nach Maßstäben der Gruppe und ohne den Blick auf das Ganze vorgebracht werden?

Auch der Stolz auf Errungenschaften ist verständlich. Was aber bedeuten diese Errungenschaften, falls sie die Gleichgewichte stören? Ich fürchte, daß ein solcher Stolz uns nicht viel weiterbringt.

Wie war es denn mit den verschiedenen »Wellen«, die uns den Namen Wirtschaftswunder-Kinder eingebracht haben?

Die Freßwelle, die Urlaubswelle, die Autowelle und nicht zuletzt die Ich- oder gruppenbezogene Welle eines rücksichtslosen Profitstrebens?

Spüren wir nicht alle schon jetzt, daß Geist und Körper darunter leiden, wenn in unserer Leistungsgesellschaft nur derjenige Ansehen genießt, der schnelle und spektakuläre Erfolge aufzuweisen hat? Was bedeutet aber der Nutzen von einzelnen oder von Gruppen, wenn die Gemeinschaft darüber Schaden leidet?

Das wird uns beispielsweise durch die Umweltschäden bewußt. Jetzt spricht alle Welt vom Umweltschutz. Man ruft nach dem Kadi, verlangt harte Gesetze und schnelles Eingreifen der Behörden, um die durch Abfälle aller Art giftig gewordene Luft und das verpestete Wasser wieder genießbar zu machen. Dieses alles wird nötig sein. Ich meine aber, wir sollten uns alle an die Brust schlagen und uns fragen, ob wir nicht viel zu schlafmützig waren, als schon vor Jahren Männer der Wissenschaft und auch mancher bekannte Politiker vor der unausbleiblichen Kehrseite einer grenzenlosen und den Menschen mißachtenden Betriebsamkeit warnten.

... Wie hypnotisierte Kaninchen blickte man auf steigende Produktionsziffern, auf kletternde Dividenden, auf steigenden Massenverbrauch, anstatt sich zu fragen, wo der Mensch, der alles schafft, dabei bleibt. Und jetzt, da wir unleugbar vor Notständen stehen, die alsbald behoben werden müssen, steht im Vordergrund der Ruf nach dem Staat.

Er, der Staat, jenes für viele unserer Mitbürger ungreifbare Etwas, soll Erholungsgebiete schaffen, er soll mehr Schulen, mehr Krankenhäuser, mehr Straßen, mehr Wohnungen bauen, er soll die Polizei vermehren, er soll den Strukturwandel auf dem Lande beleben, er soll schwachen Wirtschaftsgebieten aufhelfen, er soll der Exportindustrie helfen, er soll vor ausländischem Wettbewerb schützen usw. Denken wir bei alledem daran, daß wir alle und jeder einzelne von uns selbst der Staat sind, daß wir alle über das Interesse der Gruppe hinaus, in der wir stehen, eine Verantwortung für das Ganze haben, und daß die Erfüllung aller Forderungen Geld, viel Geld kostet?

Natürlich wird sofort geantwortet, das wisse man alles, aber der andere soll zahlen.

Am Ende eines solchen Verhaltens würde der Kampf aller gegen alle stehen, wenn wir nicht endlich über die Gartenzäune blicken, die wir uns in genüßlicher Erfolgszufriedenheit selbst gebaut haben.

Der Gartenzwerg als Symbol des eng begrenzten Horizonts ist gewiß kein zufälliges Produkt einer Gesellschaft, deren einzelne Glieder zwar ihren eigenen Garten schön in Ordnung halten, aber keine Gedanken darauf verwenden, ob für andere wenigstens öffentliche Parkanlagen oder Spielplätze für Kinder da sind ...

Die Rolle der Weiterbildung

Ansprache auf dem 5. Deutschen Volkshochschultag, Köln, 2. November 1971 (Auszüge)

... Wenn es richtig ist, daß das Bildungswesen eine gesellschaftliche Aufgabe hat, dann muß das auch für die Weiterbildung gelten. Damit ist nichts gegen die Bildungseinrichtungen von Unternehmen, Gewerkschaften und Berufsorganisationen gesagt. Sie leisten gute Arbeit und sollen das auch gern fortsetzen. Aber: Wenn der Weiterbildung eines Tages jene Rolle zufallen soll, die wir alle erhoffen, dann ist übergreifende Zusammenarbeit und eine starke Beteiligung von Bund, Ländern und Gemeinden geradezu zwangsläufig.

Weiterbildung als gesellschaftliche Aufgabe soll auch verhindern, daß sie ausschließlich zu einer beruflichen, fachbezogenen Weiterbildung wird. Sicherlich dürfen Facharbeiter und Techniker, Ingenieure und Akademiker bei den ständig fortschreitenden Wissenschaften und Produktionsmethoden nicht den Anschluß verlieren und vorzeitig zum alten Eisen gehören. Andererseits aber darf Weiterbildung auch nicht die Entwicklung zum Fachidiotentum verstärken. Unsere auf Mitarbeit, Mitentscheidung und Bereitschaft zur Übernahme von Verantwortung angelegte Gesellschaft ist auf Bürger angewiesen, die die gesellschaftlichen Dinge nicht nur aus einem beruflichen Scheuklappenwinkel heraus betrachten und beurteilen.

Weiterbildung kann also nur berufliche *und* gesellschaftspolitische Weiterbildung bedeuten. Sowohl beruflich weiterzukommen als auch gleichzeitig die Übersicht und das Urteilsvermögen über wirtschaftliche und gesellschaftliche Zusammenhänge zu erhalten und auszubauen, das ist der Rahmen, in dem sich Weiterbildung vollziehen muß.

... Wir werden alle gemeinsam mit vielen Vorurteilen aufräumen müssen, die der Weiterbildung noch im Wege stehen. Weiterlernen ist nicht in erster Linie eine Frage der Intelligenz, sondern vielmehr der Bereitschaft und der Einsicht in die Notwendigkeit der beruflichen und gesellschaftspolitischen Fortbildung. Wir sollten aufräumen mit dem Unsinn von der »abgeschlossenen Berufsausbildung«. Wir sollten alle helfen, daß das Wort von dem Hans, der nimmermehr lernt, was Hänschen nicht gelernt hat, aus der Welt kommt ...

Der Beamte als Partner des Bürgers

Ansprache auf dem 8. Beamtentag des Deutschen Gewerkschaftsbundes, Bonn, 11. November 1971 (Auszüge)

... Die Rolle, die der Beamte ... zu spielen hat, ist historisch geprägt durch sein besonderes Treueverhältnis ursprünglich gegenüber dem Fürsten, später gegenüber dem Staat. Der Beamte war zunächst Erfüllungsgehilfe seines Fürsten. Geblieben aber ist ein Treueverhältnis gegenüber allen Bürgern, die diesen Staat bilden. Für die Verwaltung folgt aus solchem Staatsverständnis, daß sie nicht mehr die Eingriffsverwaltung früherer Zeiten sein kann, sondern vielmehr als Leistungsverwaltung im Interesse wachsender Daseinsvorsorge des Staates für den Bürger verstanden werden muß. Der Beamte soll darum dem Bürger unseres Gemeinwesens als Partner begegnen. Der Bürger ist anspruchsberechtigter Empfänger von Dienstleistungen.

Ein nicht alltägliches Beispiel mag das verdeutlichen. Vorgestern habe ich bei meiner Reise durch Baden-Württemberg unter anderem die Vollzugsanstalt Bruchsal besucht. Ich habe mit Gefangenen und Vollzugsbediensteten, also Beamten, ausgiebig gesprochen. Früher war der Vollzugsbeamte nur als Wärter und Schließer, manchmal auch als Bändiger im Gefängnis angesehen. Die Häftlinge waren ihm oft ausgeliefert. Heute spielt der Vollzugsbeamte eine wesentlich andere Rolle. Mit seiner Hilfe soll der Verurteilte den Weg zurück in die Gesellschaft finden.

Können die im öffentlichen Dienst Tätigen die so von ihnen geforderte Verhaltensweise und im Einzelfall die von ihnen erwartete Leistung erbringen? Leistung ist nicht zuletzt eine Frage an den einzelnen. Seine Begabung, seine Kenntnisse und sein Einsatz sind mitbestimmend dafür, ob die Leistung der Verwaltung gut oder schlecht ist. Fortbildung und geschickte Personalführung können in diesem Zusammenhang viel helfen und die Fähigkeiten des einzelnen Beamten an der richtigen Stelle verwenden helfen.

Gerade hier wird aber deutlich, daß der öffentliche Dienst trotz aller gegebenen Möglichkeiten, trotz allen guten Willens da und dort noch ein gutes Stück von jener Leistung entfernt ist, die der Bürger erwartet.

Es nützt wenig, das Leistungsprinzip zu fordern, andererseits aber Bestimmungen aufrechtzuerhalten, die seinem Wesen widersprechen. Ich halte wenig von einer Ochsentour, die nicht zuerst danach fragt, was der einzelne leistet, sondern die daran orientiert ist, wer gerade dran ist. Es ist ein böses Wort, wenn man sagt, daß sich der Beamte vor zwei Dingen nicht retten kann: erstens vor der Pensionierung, zweitens vor der Beförderung. Es geht also darum, den Menschen in der Verwaltung sinnvoll einzusetzen und nach seiner Leistung zu beurteilen. Davon sollte es grundsätzlich keine Ausnahme geben.

... Zur Diskussion über das, was der öffentliche Dienst leisten kann und muß, gehört aber auch jenes heiße Eisen, das oft mit dem Stichwort »Trottelparagraph« bezeichnet wird. Ich weiß, das ist ein unschönes Wort. Schon vor 21 Jahren als Innenminister habe ich mich darum bemüht, hier neue Wege zu finden. Das ist alles damals steckengeblieben. Hier wird ein Problem deutlich, an dem niemand vorbeikommt. Das Berufsbeamtentum tut sich selber den größten Dienst, wenn es diese Dinge ernst nimmt, um sich als solches zu erhalten. Der Beamte ist im Gegensatz zum freien Beruf und zur freien Wirtschaft der Sorge enthoben, bei ungenügender oder fehlerhafter Leistung Folgen befürchten zu müssen. Damit rede ich nicht einem gnadenlosen Leistungsdruck das Wort, wohl aber einem gründlichen Überdenken der bevorzugten Stellung, die der Beamte in unserer Gesellschaft genießt ...

Die gestaltende Kraft des Bundesverfassungsgerichts

Ansprache anläßlich des Präsidentenwechsels und der Verabschiedung ausscheidender sowie der Einführung neuer Richter, Karlsruhe, 8. Dezember 1971 (Auszüge)

... Erstmalig in der deutschen Verfassungsgeschichte hat das Grundgesetz den Versuch unternommen, die Wertgrundlagen unserer Rechtsordnung — wie vor allem die Achtung der Menschenwürde, das Friedensprinzip und das Gebot sozialer Gerechtigkeit — nicht nur offenzulegen, sondern zugleich verbindlich zu machen. Die Menschenwürde wird als vorstaatliche Gegebenheit anerkannt. Der Staat hat ihr gegenüber eine Achtungs- und Schutzpflicht, an die sogar der verfassungsändernde Gesetzgeber gebunden ist. Dieser Tatbestand zeigt die Einmaligkeit und Schwierigkeit der dem Bundesverfassungsgericht gestellten Aufgabe.

Die Wertgebundenheit unserer Verfassung und damit unserer Rechtsordnung insgesamt ist heute in das gesellschaftliche Bewußtsein eingedrungen. Dies vor allem dank der wertbewußten Rechtsprechung des Bundesverfassungsgerichts. Diese Wertgrundlage gilt praktisch so, wie sie das Bundesverfassungsgericht auslegt. Hier liegt seine große gestaltende Kraft.

Dabei wird sich jedoch jeder Verfassungsrichter immer dessen eingedenk bleiben müssen, daß er selbst in die Wertvorstellungen seiner Zeit und ihrer gesellschaftlichen Kräfte eingebunden ist. Dies vor allem heute, da die Gesellschaft in einem tiefgreifenden Wandel begriffen ist. Das führt zur Umbewertung bisher scheinbar gesicherter Standorte. Einerseits prägt die Auslegung durch das Verfassungsgericht die in der Gesellschaft wirksamen Wertvorstellungen entscheidend mit, andererseits können die Aussagen des Gerichts hiervon nicht unbeeinflußt bleiben. Es findet also ein wechselseitiger Austausch statt, in dem das Gericht handelnd und empfangend zugleich beteiligt ist.

... Dem Bundesverfassungsgericht ist in der Vergangenheit gelegentlich vorgehalten worden, es habe mit der einen oder anderen Entscheidung die Grenze zu dem Bereich überschritten, der den politisch Handelnden vorbehalten ist. Ich meine, daß das Gericht dem standhalten kann. Es hat stets erkannt, daß die Verfassung das politische Handeln nicht vorbestimmen und den Politikern die Verantwortung für ihre Entscheidungen nicht abnehmen kann. Es wäre in der Tat ein gründliches Mißverständnis, anzunehmen, die politischen Entscheidungen der anderen Staatsorgane seien nicht viel mehr als eine Übertragung der Verfassungssätze auf eine bestimmte Gesetzesregelung. Eine solche Betrachtung würde im Gegenteil unserer Verfassung im Kern widersprechen. Die Verfassung setzt Schranken gegen einen Mißbrauch politischer Macht. Gerade diese Schranken weisen aber die grundsätzliche Offenheit unserer Verfassung für die unterschiedlichen in unserer Gesellschaft vertretenen Standpunkte, Meinungen und Wertungen auf. Deren Austrag will das Grundgesetz nicht verhindern, sondern ermöglichen.

Diese für unser Demokratieverständnis wesentliche Aufgabe bliebe unerfüllt,

— wenn die Verfassung bei der Ordnung der verschiedenen Sach- und Lebensbereiche immer nur einen bestimmten Weg offenließe,
— wenn sachliche Gegenvorschläge den Makel der Verfassungswidrigkeit erhielten,
— wenn die politische Aussprache zwischen den in Gesellschaft und Politik maßgeblichen Gruppen auf unwichtige Einzelfragen verkürzt würde.

Einer solchen Fehldeutung der Verfassung hat das Bundesverfassungsgericht mit Bestimmtheit und zu jeder Zeit einen Riegel vorgeschoben. So hat es beispielsweise nie einen Zweifel daran gelassen, daß die überkommene Wirtschafts- und Sozialordnung eine zwar verfassungsrechtlich mögliche, aber keineswegs die allein erlaubte Ordnung ist.

Auch die Gewährleistung des Eigentums ist keine unüberwindliche Schranke für notwendige Reformen. Das Grundgesetz läßt vielmehr dem Gesetzgeber Spielraum, auch bestehende Rechte im Spannungsverhältnis zwischen der Freiheit des einzelnen und den Belangen des Allgemeinwohls inhaltlich umzugestalten. Das ist erst jüngst in einer Entscheidung zum Unheberrecht sichergestellt worden ...

Wie steht es um unsere Zivilcourage?

Weihnachtsansprache 1971 über alle Rundfunk- und Fernsehsender (Auszug)

... Einiges haben wir gelernt. Wir haben gelernt, daß der Staat kein höheres Wesen mit Anspruch auf unterwürfigen Gehorsam ist. Er ist unser aller Helfer zu einem geordneten gemeinschaftlichen Leben freier Bürger.

Man hat uns oft vorgeworfen, daß es uns an selbstbewußtem Bürgermut fehle und uns dies für herrschsüchtige Regierungssysteme anfällig mache. Das Fremdwort für Bürgermut kennen wir besser als das deutsche Wort, es heißt »Zivilcourage«. Wie steht es damit?

Wir besitzen einen großartigen Freiheitsbrief in der Gestalt unseres Grundgesetzes, das zum erstenmal in unserer Geschichte jedem von uns unantastbare, jeder staatlichen Gewalt vorgehende Freiheitsrechte zuspricht. Achten wir diesen Freiheitsbrief, und schöpfen wir seine Möglichkeiten aus?

Von Jahr zu Jahr wird die Zahl der Mitbürger kleiner, die noch das nationalsozialistische Regime der Unfreiheit erlebt haben. Umgekehrt wächst von Jahr zu Jahr die Zahl derer, für die das alles selbstverständlich ist, was unsere Ordnung auszeichnet. Manch einer, zumal aus der jüngeren Generation, ist schnell bei der Hand, bei seinen Vorschlägen zur Verbesserung unserer sicherlich verbesserungsbedürftigen gesellschaftlichen und sozialen Gegebenheiten einzelne Freiheitsrechte anderer, wie etwa deren Gewissensfreiheit, zu mißachten. Wo solches stückweise anfinge, wäre alsbald das Ganze in Gefahr.

Bei einem Aufenthalt in Sigriswil oberhalb des Thuner Sees in der Schweiz traf ich auf ein Gemeindehaus. Es verwahrt alte Urkunden, in denen festgehalten ist, daß die Vorfahren der Bürger von Sigriswil sich vor 600 Jahren von den Habsburger Landesherren freigekauft haben. Draußen am Hause steht zu lesen: »Der Sigriswiler alte Freiheitsbriefe ich bewach, die Freiheit selber zu erhalten, das ist *Eure* Sach!« Dieser Spruch kann auch uns nachdenklich machen. Sind wir uns der Tragweite unserer Freiheitsurkunde bewußt?

Wir alle haben die Freiheit, nach unserem eigenen Gewissen zu leben.

Wir alle haben die Freiheit, unsere eigene Meinung zu äußern, einschließlich der Presse-, Versammlungs- und Vereinigungsfreiheit.

Wir alle haben die Freiheit, unseren Wohnort, unseren Beruf, unsere Ausbildung und unseren Arbeitsplatz selbst zu wählen.

Auch ich weiß, daß Recht und Wirklichkeit nicht immer übereinstimmen. Wo es an Übereinstimmung fehlt, geht es darum, sie Schritt um Schritt besser herbeizuführen.

Auf der anderen Seite ist es aber auch so, daß wir uns selber in unserem Freiheitsraum einengen, wo wir nicht mutig genug sind, wo wir nicht die Zivilcourage haben, ihn auch gegenüber unserer Umgebung wahrzunehmen.

Die Grundrechte können uns wohl davor schützen, daß wir — wie unter dem nationalsozialistischen Regime — wegen freier Meinungsäußerung mit dem Verlust unserer Freiheit oder gar mit dem Leben bezahlen. Sie können uns aber nicht gewährleisten, daß wir sie untereinander gelten lassen. Im Umgang mit unseren Mitbürgern müssen wir alle selber unsere Freiheit erkämpfen. Was ich meine, ist dieses:

Es ist bequem, unangenehme Wahrheiten zu verschweigen. Es ist bequem, sich um eine Kindesmißhandlung in der Nachbarschaft nicht zu kümmern. Es ist bequem, mit den Wölfen zu heulen, wenn ein Wohngebiet sich gegen ein neues Heim für körperlich oder für geistig behinderte Mitmenschen in seinem Bereich wehrt, wie es auch unlängst wieder vorgekommen ist.

Bequem ist es ebenfalls, im Betrieb schweigend zuzusehen, wenn ein Gastarbeiter wie ein minderwertiger Mensch behandelt wird.

In solchen und unzähligen anderen Fällen kommt es jeden Tag darauf an, als einzelner nicht vor der Hürde stehen zu bleiben, die da lautet: Was tun die anderen, was tut man nicht?

Solidarität ist eine gute Sache, wenn sie in Hilfsbereitschaft für diejenigen geübt wird, die selber nicht mithalten können.

Solidarität ist eine schlechte Sache, wo sie als ein gemeinsames Schweigen geübt wird, anstatt beim Namen zu nennen, was man für schlecht oder gefährlich hält.

Nur wer bekennt, findet den, der mit ihm bekennt. Nur wer Bürgermut lebt, macht andere Bürger lebendig.

Sprechen wir also das, was wir denken oder meinen, auch dann aus, wenn es unserer Umgebung nicht gefällt? Wir wollen eine Gemeinschaft der Vielfalt sein. Wo aber alle dasselbe denken, denkt wahrscheinlich niemand sehr viel.

Wo einer sich den Bürgermut nehmen läßt, etwas Gebotenes trotz möglicher Schwierigkeiten zu tun, trägt er dazu bei, daß unsere Freiheiten in Gefahr geraten. Das tut auch, wer unnötig nach dem Staat ruft, der ja bei uns so eilig alles und jedes tun soll. Das tut auch, wer als Vorgesetzter, als Behördenvertreter oder als Politiker seine Macht einsetzt gegen diejenigen, die Mißstände oder Ungerechtigkeiten aufdecken. Wir gefährden unsere eigene Freiheit auch dann, wenn nicht ebenfalls jeder andere sagen kann, was ihn bewegt. Jeder von uns ist nur so lange ein freier Bürger, als wir alle es sind ...

An die Lebensgrundlagen für unsere Nachkommen denken

Ansprache auf der 4. Internationalen Arbeitstagung der Industrie-Gewerkschaft Metall, Oberhausen, 11. April 1972 (Auszug)

... Heute stehen wir vor gewaltigen technischen und finanziellen Anforderungen, wenn wir die Folgen vieler Versäumnisse in der Vergangenheit in den Griff bekommen wollen. Darüber hinaus müssen wir uns heute der Frage stellen, ob die Erde nicht in einen katastrophalen Zustand geraten wird, wenn die Bevölkerungsexplosion anhält und die Menschheit die nicht vermehrbaren Naturschätze in steigender Beschleunigung so in Anspruch nimmt, wie sie es zu tun im Begriffe ist?

Das Tempo, das die unsere Luft, das Wasser und die Erde verseuchenden Einflüsse sowie der Abbau lebenswichtiger Rohstoffe angenommen hat, ist erschreckend.

Dieser Kongreß ist nicht der erste Aufruf zur Besinnung. Ich erinnere nur daran, wie gerade hier im volk- und industriereichsten Land der Bundesrepublik Deutschland der heutige Bundeskanzler vor mehr als zehn Jahren forderte, der Himmel über der Ruhr müsse wieder blau werden. Er wurde damals verlacht. Oder denken Sie daran, wie lange man sich bei uns den Anforderungen unserer Zeit entziehen zu können glaubte, indem man ständig das Wort wiederholte: Keine Experimente!

Die junge Generation kritisiert mit Recht das Ausmaß unserer Gedankenlosigkeiten. Es ist an der Zeit, deutlich zu machen und auszusprechen, daß sich niemand

— ich wiederhole: niemand — der durchgreifenden Überprüfung unserer Lebensgrundlagen und unserer Wertvorstellungen mehr entziehen kann. Alle Politiker, in welchem Land und auf welcher Ebene auch immer sie tätig sein mögen, die Wissenschaftler, die Pädagogen, die Unternehmer, die Landwirte, die Hausfrauen und mit ihnen allen zusammen die unsere materiellen Werte in vielfältiger Weise erzeugenden Arbeiter — sie alle sind gefordert!

Gefordert sein heißt nicht nur, sich den gebotenen Einsichten öffnen, sondern auch mitzutragen, was an eingreifenden Maßnahmen unumgänglich werden wird. Um der Zukunft derer willen, die unsere Kinder und Enkel sind, müssen wir alle bereit sein anzuhalten und, wo nötig, zurückzustecken. Lebensführung und Lebensstandard der Industrievölker im ganzen können fragwürdig werden. Um so mehr wird davon abhängen, daß gegebenenfalls auch die großen Organisationen der Berufe und Stände in unseren offenen Gesellschaften bei aller Wahrung natürlicher Interessen sich dem Notwendigen nicht entziehen.

Nur wenn die Verantwortlichen von breiter Zustimmung getragen werden, kann es gelingen, die Widerstände gegen Änderungen zu überwinden.

Ich stelle mir vor, daß der Kongreß dazu in doppelter Weise beitragen kann.

Es wird einmal darum gehen, die Tatsachen überzeugend auszusprechen, also deutlich zu machen, was ist und was werden wird, wenn wir unsere bisherigen Wege weitergehen. Das ist eine Frage an die gewissenhafte Aufarbeitung aller verfügbaren Erkenntnisse.

Zum anderen wird es darum gehen auszusprechen, welche Änderungen unseres Handelns geboten erscheinen. Das wird in aller Offenheit und Bereitschaft zur Selbstkritik geschehen müssen. Hier darf es keine »heiligen Kühe« geben.

Je einfacher, je klarer alles gesagt wird, um so hilfreicher wird es für uns alle sein.

Ich schließe mit der Erinnerung an die uralte biblische Schöpfungsgeschichte. Dort heißt es: »Und Gott segnete die Menschen und sprach zu ihnen: seid fruchtbar und mehret euch, und füllet die Erde, und machet sie euch untertan, und herrschet über die Fische im Meer und die Vögel unter dem Himmel, über das Vieh und alle Tiere, die auf der Erde sich regen.« (1. Buch Mose 1,28)

Gott hat also *nicht* gesagt, der Mensch solle die Erde ausbeuten. Er hat uns die Erde anvertraut, und wir haben die Pflicht, sie pfleglich zu behandeln, auf daß sie die Lebensgrundlage auch derer bleibe, die nach uns kommen.

Menschengeist und Tatkraft haben die Elemente freigemacht. Menschengeist und Tatkraft können sie bändigen ...

Lübke trug schwer an seinem Amt

Ansprache auf dem Staatsakt im Deutschen Bundestag zu Ehren des verstorbenen zweiten Bundespräsidenten, 13. April 1972 (Auszüge)

... Nur wer Heinrich Lübke schon zu jener Zeit gekannt hat, in der Jahrzehnte harter Arbeit und einer gegen sich selbst geübten Strenge seine geistigen und körperlichen Kräfte noch nicht angegriffen hatten, kann über seine Fähigkeiten, seine Tatkraft, seine innere und äußere Standhaftigkeit urteilen. Welch unerbittliche Anforderungen hohe politische Ämter an den stellen, der sie nicht aus Ehrgeiz, sondern aus Verantwortung übernimmt, das macht das Beispiel Heinrich Lübke eindringlich deutlich.

... Sicher ist, daß er schwer an diesem Amt getragen hat. Er, der als Fachminister gern Verantwortung übernahm, hat gewiß darunter gelitten, daß er nun zu vertreten hatte, was andere entschieden. Ihm war es nicht in dem Maße wie seinem Vorgänger Professor Heuss gegeben, sich auf jene Wirkungsgebiete zu beschränken, die, ohne daß die Verfassung sie im einzelnen beschreibt, dem Bundespräsidenten zufallen. So war das Verhältnis zu Adenauer wie zu dessen Nachfolgern nicht ohne Spannungen. Sie erreichten zwar nie einen kritischen Punkt, wohl aber trugen sie ihm, dem von der Verfassung her Schwächeren, manche Kränkungen und manchen Ärger ein.

... Wir haben allen Grund, seine Aussage ernst zu nehmen, daß er sein Amt als Bundespräsident mit dem Willen übernommen hat, damit dem Gemeinwohl zu dienen. Er hat die Verpflichtung, über den Parteien und über ihren natürlichen Gegensätzen zu stehen, ernstgenommen. Die damit gegebene Gefahr, von seiner eigenen Partei je und dann als unbequemer Mahner empfunden zu werden, hat er um der Sache willen getragen ...

Demokratisches Verhalten und soldatische Disziplin

Ansprache bei einem Besuch in der Schule der Bundeswehr für Innere Führung, Koblenz, 26. April 1972 (Auszüge)

... Die Soldaten, und das haben mir meine Besuche bestätigt, bedürfen nicht fortwährender Grundsatzdiskussionen um die Innere Führung, sie brauchen und wollen gut ausgebildete Vorgesetzte, die im Rahmen der gesetzlichen Forderungen sicher handeln und vernünftige Entscheidungen treffen. Von dieser Verantwortung und Verpflichtung kann sie niemand befreien.

Auf der anderen Seite muß selbstverständlich davon ausgegangen werden, daß Vorgesetzte und Untergebene als Staatsbürger gleiche Rechte und Pflichten haben; sie schulden sich gegenseitig Vertrauen und Achtung. Das gilt in gleicher Weise von Vorgesetzten zu Untergebenen wie umgekehrt. Insofern ist »Innere Führung« keine aufsehenerregende Neuerung. Sie ist nicht mehr, aber auch nicht weniger als die Beachtung demokratischer Grundregeln auch im Bereich unserer Streitkräfte.

Vernünftiges demokratisches Verhalten und der militärische Führungsgrundsatz von Befehl und Gehorsam stehen sich gegenseitig nicht im Wege. Die Behandlung der anvertrauten Menschen steht unter dem Gebot der Wahrung ihrer Würde und ihrer Rechte. Das ist die eine Seite. Demgegenüber fordern die Eigenart des soldatischen Dienstes und die Erfüllung des militärischen Auftrages eine klare Führung, die auf Befehl und Gehorsam nicht verzichten kann. Das ist die andere Seite. Beides ist durch die Verfassung dem Soldaten zugesprochen und auferlegt.

Dem soldatischen Führer erwächst die Pflicht, sein Wollen und Können auf diesen Auftrag einzustellen. Menschen zu führen ist in unserer Zeit eine schöne, aber zugleich schwere Aufgabe. Sie verlangt Persönlichkeiten, die Beispiele geben können. Das heißt, Autorität entsteht nicht zuerst von Rang und Stellung her, sondern muß erworben und durch den Einsatz der Person täglich neu gefestigt werden. Autorität wird nur dann nicht angezweifelt, wenn sie sich auf fachliche Leistung und untadelige menschliche Haltung gründet.

Dieser Weg, Autorität zu gewinnen, ist mühevoll, aber in unserer Zeit der einzige und richtige Weg, sich Gefolgschaft durch Einsicht und Überzeugung zu sichern.

Sie, die Sie in verschiedenen Bereichen und auf verschiedenen Ebenen täglich vor Führungsaufgaben gestellt sind, wissen, wie unvollkommen hier und da die Grundsätze der Inneren Führung praktiziert werden, und zwar von oben wie von unten. Sie sind auch ansonsten in unserer Gesellschaft noch nicht zu einer vollen Selbstverständlichkeit geworden. Ich meine, daß das überwiegend an einem Noch-Nicht-Können, nicht aber an einem Nicht-Wollen liegt. Diese Unvollkommenheit ist nicht auf die Streitkräfte beschränkt, wie überhaupt Tugenden und Untugenden unserer Zeit nicht Monopol der Bundeswehr sind ...

Die Verträge mit Leben erfüllen

Rundfunk- und Fernsehansprache anläßlich der Unterzeichnung der Zustimmungsgesetze zu den Ostverträgen, 23. Mai 1972 (Auszug)

... Um dieses Vertragswerk ist in allen Teilen unseres Volkes gerungen worden. Wir alle haben gespürt, daß es hier um die Bewältigung eines der schwierigsten nationalen und internationalen Probleme der Nachkriegszeit ging.

Die Auseinandersetzungen waren hart. Einzelne Teilvorgänge sollten uns alle nachdenklich machen. Der Streit der Vergangenheit darf aber nicht zu Lasten unserer gemeinsamen Zukunft fortgesetzt werden. Deshalb sollten wir jetzt die getroffenen Entscheidungen allerseits gelten lassen.

Die Verträge sollen nach einer Zeit, die für Generationen unserer Völker ein unendliches Maß von Leid und gegenseitigem Unrecht gebracht hat, dazu beitragen, daß Kinder und Enkel hier wie dort fortan in einem befriedeten Europa miteinander leben können.

Mit einem besonderen Wort wende ich mich an die Mitbürger unter uns, die nach dem Zusammenbruch der Hitler-Diktatur ihre Heimat verlassen mußten. Das Leben ist über die von vielen von ihnen gehegte Hoffnung, in ihre alte Heimat zurückkehren zu können, hinweggegangen. Wir sind allen zu Dank verpflichtet, die zur Versöhnung beitragen, obwohl sie unter dem Verlust ihrer Heimat leiden. Unerläßlich ist es, daß wir die heutigen Grenzen in Europa achten. Das ist die Grundlage, von der aus wir das Selbstbestimmungsrecht der Deutschen in Anspruch nehmen.

Jetzt gilt es, die Verträge von beiden Seiten mit Leben zu erfüllen. Wenn die Völker sich die Verträge nicht innerlich zu eigen machen, werden sie tote Buchstaben bleiben. Das Gegeneinander vergangener Jahre muß jetzt zu einem Miteinander in der Zukunft werden.

Zur Verantwortung des Wissenschaftlers

Ansprache auf der Hauptversammlung der Max-Planck-Gesellschaft, Bremen, 23. Juni 1972 (Auszug)

... Der Wissenschaftler, vor allem der Naturwissenschaftler, so meint man, kann kaum an der Wirklichkeit vorbeileben. Adolf von Harnack, Theologe und Universalgelehrter und dazu noch geistiger Vater der Kaiser-Wilhelm-Gesellschaft, hat einmal gesagt, daß Wissenschaft nichts anderes sei als die Erkenntnis des Wirklichen zu zweckvollem Handeln. Wir aber haben gelernt zu fragen, was ist heute und jetzt zweckvolles Handeln?

Ist wissenschaftliche Tätigkeit und technische Forschung aus sich selbst heraus und jederzeit zweckvolles Handeln?

Max Born hat das schon schärfer unterschieden, als er feststellte: Der Verstand unterscheidet zwischen möglich und unmöglich, die Vernunft zwischen sinnvoll und sinnlos. Um solche Unterscheidung aber geht es jetzt und heute in niemals vorher notwendiger Radikalität. Daß wir im wissenschaftlich-technischen und im wirtschaftlichen Bereich zwischen sinnvoll und schädlich unterscheiden und danach handeln, davon hängt ganz gewiß ab, ob die Zukunft für den Menschen erträglich oder unerträglich wird, möglicherweise sogar die Entscheidung darüber, ob es eine Zukunft für die Menschheit gibt oder nicht gibt.

Niemand vermag beispielsweise heute zu sagen, wie grundlegend die Forschungen im Bereich der Molekular-Biologie oder der Genetik unser aller Leben verändern werden. Es scheint, daß die Wege zu einer gesteuerten Fortpflanzung schon gebahnt sind. Wohin soll es führen, wenn alles auf diesem Gebiet heute und morgen Machbare ohne Rücksicht auf die Folgen unternommen wird?

Von den in solchen Bereichen tätigen Wissenschaftlern darf uns auf die Frage, was sie bei ihren Entdeckungen und Entwicklungen gedacht hätten, keineswegs mit den Worten Wilhelm Röntgens geantwortet werden: »Ich habe nicht gedacht, ich habe untersucht!« Bei den verhältnismäßig harmlosen und segensreichen Forschungen Röntgens mag das noch tragbar gewesen sein. Bei dem, was heute in den Bereich des Möglichen gerückt ist, ganz gewiß nicht.

Genetik und Molekular-Biologie sind nicht die einzigen Gebiete, bei denen es darum geht, die Qualität des Lebens zu bewahren und da, wo sie heute schon durch Umweltschäden und planloses Wirtschaften bedroht ist, wiederherzustellen. Wir brauchen verbindliche Wertvorstellungen, nach denen wir in Zukunft als Gruppen, Gemeinschaften und Nationen handeln.

Auf dem Gebiet der individuellen Ethik hat sich die Bandbreite der Auffassungen in den letzten 50 Jahren zwar wesentlich erweitert. Immerhin gibt es da noch gültige Regeln, die sich zwar nicht an dem Wortlaut, aber am Geist der Zehn Gebote des Alten Testamentes orientieren.

Wo aber gibt es verbindliche und anerkannte Wertvorstellungen und Grundsätze für Gruppen, Organisationen, Interessenverbände und Staaten? Dabei ist das Unheil, das ein einzelner, der vom rechten Weg abweicht, anrichten kann, weit geringer als das, was organisierte und nichtorganisierte Gemeinschaften bewirken können.

Wertmaßstäbe solcher Art zu schaffen, ihnen zur allgemeinen Anerkennung zu verhelfen, ist gewiß eine ungemein schwierige Aufgabe. Zumal es hier um ein nur international zu lösendes Vorhaben geht. Dennoch muß es angegangen werden. Unter dem Zwang von Sein oder Nichtsein muß es möglich werden, hier Übereinstimmungen zu erreichen. Voraussetzung dafür ist die Bereitschaft von uns allen, in unserem Denken jene entscheidende Kehre zu vollziehen, die uns nicht zuerst an kurzfristigen materiellen Erfolg für heute, sondern an die Erhaltung der Qualität des Lebens für alle denken läßt.

Hier richte ich an Sie eine dringliche Bitte. Gemeint ist jetzt nicht die Max-Planck-Gesellschaft als solche, sondern jeder einzelne von Ihnen. Stellen Sie sich mit Ihrer ganzen Kraft in den Dienst dieser wahrhaft lebensentscheidenden Aufgaben. Als ausgewiesene Wissenschaftler und Forscher genießen Sie hohes Ansehen. Ihnen stehen Unterlagen, Daten und Zahlen zur Verfügung, die die Gefahren deutlich machen. Besser als andere wissen Sie aber auch, wie diesen wirkungsvoll begegnet werden kann. Überwinden Sie die Scheu des Wissenschaftlers vor der Öffentlichkeit. Helfen Sie mit, daß in diesen Fragen sich eine Solidarität der Einsichtigen aus allen Lagern bildet, an der alle Spekulationen der Uneinsichtigen auf ein träges Beharren der Mehrheit scheitert ...

Unsere Polizei verdient Respekt und Anerkennung

Ansprache im Polizei-Institut Hiltrup, 23. August 1972 (Auszüge)

... Mit dem Grundgesetz haben wir uns eindeutig gegen den Polizeistaat für den freiheitlichen Rechtsstaat entschieden. Die Polizei ist damit ähnlich wie die Bundeswehr in einen Gesamtrahmen grundsätzlicher Verfassungsentscheidungen gestellt.

Ich habe das volle Zutrauen zu unserer Polizei, daß sie diese Entscheidung ebenso wie die Bundeswehr nicht nur hinnimmt und achtet, sondern aus Überzeugung auch dort bejaht, wo sie in mancherlei Hinsicht eine Erschwernis ihrer Arbeit verursacht.

Aber auch dies muß mit aller Klarheit erkannt und ausgesprochen werden: Die Polizei kann den Vorstellungen von Menschenwürde und Freiheit nur folgen, wenn unsere Gesellschaft sich selbst an diesen Vorstellungen orientiert.

Wer es darauf anlegt, einen Polizeibeamten zu beleidigen, ihn eine Mißachtung deutlich spüren zu lassen, kann nicht darauf rechnen, einen hilfsbereiten und freundlichen Freund und Helfer in ihm zu finden.

Die Untertanen eines totalitären Obrigkeitsstaates müssen sich mit der Polizei abfinden, die die Staatsführung ihnen aufzwingt. Eine freie demokratische Gesellschaft aber kann sich durch ihr Verhalten selbst die Polizei schaffen, die sie haben möchte.

Dazu gehört auf beiden Seiten die Bereitschaft, gewisse Spielregeln der Fairneß einzuhalten und sich gegenseitig mit einem natürlichen Maß an Vertrauen zu begegnen. Wo dies der Polizei oder dem Bürger verweigert wird, bildet sich ein selbstverschuldeter Graben von Mißtrauen, der zwangsläufig zur Verhärtung im Verhältnis von Polizei und Bürger führt.

... Die letzten Monate haben bewiesen, daß Bund und Länder entschlossen sind, die Arbeitsbedingungen unserer Polizei fühlbar zu verbessern. Die im Juni dieses Jahres im »Programm für die innere Sicherheit in der Bundesrepublik Deutschland« zusammengefaßten und beschlossenen Maßnahmen bringen eine klare Aufgabenteilung zwischen den Polizeikräften des Bundes und der Länder. Sie schaffen einheitliche Richtlinien für Einsatz, Ausbildung und Organisation und sehen den Aufbau von zentralen Forschungs- und Entwicklungsstellen vor. Sie bringen Richtlinien für die Ausstattung und nennen einen verbindlichen Schlüssel für die zahlenmäßige Stärke der Polizeikräfte. Sie streben einheitliche Laufbahnbedingungen an und stellen Leitsätze für das Verhalten der Polizeibeamten auf.

Schließlich umfaßt das Programm gesetzgeberische Maßnahmen, die zum Teil schon verwirklicht wurden, zum anderen in kurzer Frist verwirklicht werden sollen.

Das alles kann im Zusammenhang damit gesehen werden, daß dem Bundeskriminalamt in Wiesbaden seit dem 1. Januar 1970 erweiterte Wirkungsmöglichkeiten zugesprochen worden sind.

... Wer angesichts dieser aufwendigen und zum Teil einschneidenden Beschlüsse der Innenminister, des Bundesinnenministers und der Ministerpräsidenten, aber auch des Bundeskanzlers, die Entschlossenheit unserer Demokratie bezweifelt, mit Kriminalität aller Art, mit Gewalttätigkeit aller Art fertig zu werden, der betreibt ein unaufrichtiges Spiel mit der Angst. Was in unserer Gesellschaft weithin rückständig ist, ist die Grundlagenerforschung von Kriminalität. Kriminologie ist ein weithin unbekanntes Lehrstoffgebiet an unseren Hochschulen. Ich selbst habe als Bundesjustizminister von Mal zu Mal, wenn es um ein weiteres Stück von Rechtsreform ging, immer wieder darüber geseufzt, daß wir hier der Vorarbeit ermangeln. Das muß anders werden. Das ist auch angesetzt zur Änderung.

Dieser Staat ist kein schwacher Staat. Gegenteiliger Behauptung widerspreche ich hart. Dieser Staat muß aber Versäumnisse, die teilweise über Generationen zurückgreifen, endlich aufarbeiten.

Die Entschlossenheit dieses Staates und des Gesetzgebers, die Kriminalität wirksam zu bekämpfen, hat die Polizei gerade unlängst bewiesen.

Ein verhätscheltes Lieblingskind unseres Staates, das für unbedingten Gehorsam und harten Zugriff reichlich belohnt werden soll, kann die Polizei bei uns nicht werden. Das gibt es nur in Staats- und Gesellschaftsordnungen, die ohne eine rücksichtslos handelnde Polizei nicht existieren können. Auf der anderen Seite aber werden unsere freiheitliche Demokratie und die ihrer Verfassung verpflichteten Regierungen Sie niemals in Gewissenskonflikte drängen. Niemand wird Ihnen zumuten, etwas gegen das Recht oder gegen Ihr eigenes Gewissen zu tun. Diese Gewißheit sollte Ihnen viel bedeuten. Sie sollte die Erschwerungen gern hinnehmen lassen, die ein Polizeibeamter in einem freien Gemeinwesen in Kauf zu nehmen hat.

Zum Schluß wollen wir nicht vergessen, daß Polizeibeamte zum großen Teil Familienväter sind. Ihre Frauen und Kinder sind nicht selten besorgt, dem Ehemann und Vater könnte etwas zustoßen, wenn er sie zum Einsatz verläßt. Hier ruhig zu bleiben, erfordert Zuversicht und Stärke. Diesen Angehörigen gebührt unser aller Dank, weil auch sie mittragen, was ihren Männern obliegt.

Alle Polizeibeamten aber, die treu, gewissenhaft und im Sinne unseres Grundgesetzes ihre schwere Aufgabe versehen, versichere ich meines Respekts und meiner Anerkennung. Darauf haben Sie und Ihre Kameraden Anspruch, und niemand sollte sie Ihnen verweigern.

Den Haß überwinden

Ansprache während der Trauerfeier für die Opfer des Anschlags arabischer Terroristen im Olympia-Stadion in München, 6. September 1972.

Vor 11 Tagen habe ich hier in dieser Arena die Olympischen Spiele München 1972 eröffnet. Sie begannen als wahrhaft heitere Spiele im Sinne der olympischen Idee. Ein großartiges Echo in der weiten Welt begleiteten sie, bis sich gestern morgen der Schatten einer Mordtat auf sie legte. In der vergangenen Nacht haben sich Schrecken und Entsetzen ausgeweitet. Der Versuch zur Rettung der israelischen Geiseln schlug fehl.

Wo vor kurzem noch frohe Gelöstheit herrschte, zeichnen jetzt Ohnmacht und Erschütterung die Gesichter der Menschen. Fassungslos stehen wir vor einem wahrhaft ruchlosen Verbrechen.

In tiefer Trauer verneigen wir uns vor den Opfern des Anschlages. Unser Mitgefühl gilt ihren Angehörigen und dem ganzen Volk Israel.

Dieser Anschlag hat uns alle getroffen. Waren der Anschlag und sein Ausgang abzuwenden? Niemand wird darauf im Augenblick eine abschließende Antwort geben können.

Wer sind die Schuldigen dieser Untat? Im Vordergrund ist es eine verbrecherische Organisation, die da glaubt, daß Haß und Mord Mittel des politischen Kampfes sein können. Verantwortung tragen aber auch jene Länder, die diese Menschen nicht an ihrem Tun hindern.

Allen Menschen in allen Teilen der Welt ist in den letzten Stunden vollends klar geworden, daß Haß nur zerstört. Die Opfer auch dieses Anschlages rufen uns abermals auf, unsere ganze Kraft für die Überwindung des Hasses einzusetzen.

Gerade angesichts der neuen Opfer gilt es, jetzt dem Fanatismus, der die Welt aufschreckt, den Willen zur Verständigung entgegenzusetzen. Die olympische Idee ist nicht widerlegt. Wir sind ihr stärker verpflichtet als zuvor. Bei dem, was wir erleben mußten, besteht keine Trennungslinie zwischen Nord und Süd, keine zwischen Ost und West. Hier besteht eine Trennungslinie zwischen der Solidarität aller Menschen, die den Frieden wollen und jenen anderen, die in tödliche Gefahr bringen, was das Leben lebenswert macht.

Das Leben braucht Versöhnung. Versöhnung darf nicht dem Terror zum Opfer fallen.

Im Namen der Bundesrepublik Deutschland appelliere ich an alle Völker dieser Welt:

Helft mit, den Haß zu überwinden.

Helft mit, der Versöhnung den Weg zu bereiten.

Anmerkungen

Zitate aus Reden Heinemanns, die in diesem Buch nicht abgedruckt sind, werden wiedergegeben nach den »Reden und Interviews«, herausgegeben vom Presse- und Informationsamt der Bundesregierung, bisher 3 Bände (im folgenden zitiert als: G. H., Reden und Interviews). Zitate aus nicht öffentlich zugänglichen Akten des Bundespräsidialamtes werden nicht belegt.

Ein schwarz-rot-goldener Protestant

1 Zitiert in: Hermann Schreiber / Frank Sommer: Gustav Heinemann, Bundespräsident. Frankfurt a. M. 1969 (im folgenden zitiert als: Schreiber/Sommer), S. 44
2 ebd. S. 53
3 ebd. S. 143
4 Zitiert in: Gustav W. Heinemann, Plädoyer für den Rechtsstaat, Karlsruhe 1969. S. 89 (im folgenden zitiert als: G. H., Plädoyer).
5 Otto Heinemann, Kronenorden Vierter Klasse, Düsseldorf und Wien 1969, S. 94
6 ebd. S. 275
7 ebd. S. 276
8 ebd.
9 ebd. S. 277
10 Zitiert in: Schreiber / Sommer S. 81
11 Zitiert in: Dieter Koch, Heinemann und die Deutschlandfrage, München 1972, S. 48, Anm. 12 (im folgenden zitiert als: Koch, Deutschlandfrage)
12 Zitiert in: Schreiber / Sommer S. 83
13 Zitiert in: G. H., Plädoyer S. 98
14 Mündliche Formulierung in einer Jugendfunksendung des NDR
15 Abgedruckt in: Evangelisches Soziallexikon, 4. Aufl., Stuttgart 1963, Sp. 137
16 Abgedruckt in: Hundert Jahre Deutschland, hrsg. von H. A. Jacobsen und H. Dollinger, München 1969, S. 162
17 Evang. Soziallexikon, Sp. 138
18 Zitiert in: Koch, Deutschlandfrage S. 30
19 ebd. S. 31

20 ebd. S. 84
21 Zitiert in: G. H., Plädoyer S. 84
22 Zitiert in: Joachim Braun, Der unbequeme Repräsentant (Unveröffentlichtes Rundfunkmanuskript)
23 ebd.
24 Abgedruckt in: Gustav W. Heinemann, Verfehlte Deutschlandpolitik, 3. Auflage Frankfurt 1970, S. 142 (im folgenden zitiert als: G. H., Deutschlandpolitik)
25 Zitiert in: Joachim Braun, Der unbequeme Repräsentant, a. a. O.
26 G. H., Plädoyer S. 39
27 G. H., Deutschlandpolitik S. 25
28 ebd.
29 ebd. S. 52
30 Helmut Gollwitzer, Gustav Heinemann — Christ und Politiker, in: Gustav W. Heinemann, Bundespräsident, hrsg. von Inter Nationes, Bonn — Bad Godesberg 1971, S. 9
31 Rudolf Augstein, Heinemann contra Adenauer, in: SPIEGEL Nr. 27, 1972, S. 111
32 Zitiert in: Koch, Deutschlandfrage S. 535
33 ebd.
34 G. H., Deutschlandpolitik, S. 34
35 ebd. S. 60
36 ebd. S. 132
37 Zitiert in: Helmut Gollwitzer, Gustav Heinemann — Christ und Politiker, a. a. O. S. 13
38 s. S.
39 Immanuel Kant, Die Metaphysik der Sitten, Werke Bd. IV (Insel-Ausgabe, ed. Weischedel) Wiesbaden 1956, S. 337
40 G. H., Deutschlandpolitik S. 128
41 ebd. S. 168
42 ebd. S. 169
43 Rede über alle Rundfunkanstalten und das Fernsehen, gesendet am 14. 4. 68

Das machtlose Staatsoberhaupt

1 Bundespresseamt / Abt. Nachrichten, Referat II/4 Deutsche Gruppe SWF / 6. 7. 1972 / Anhang S. 1
2 Johannes Gross, Die Deutschen, Frankfurt a. M. 1967, S. 85
3 Deutscher Bundestag, 6. Wahlperiode, Drucksache VI/1143

»Rauhfaser wie bei uns zu Hause«

1 Zitiert in: Schreiber / Sommer S. 143
2 Zitiert in: Gustav Heinemann, anekdotisch vorgestellt von Heli Ihlefeld, München und Esslingen 1969, S. 60
3 Zitiert in: Rudolf Augstein, Heinemann contra Adenauer, in: SPIEGEL Nr. 27, 1972, S. 111

Die Bundesklagemauer

1 s. S. 243
2 s. S. 256
3 G. H., Reden und Interviews II, S. 50 f

»Ich liebe nicht den Staat, ich liebe meine Frau«

1 Zitiert in: Schreiber / Sommer S. 136
2 ebd.
3 G. H., Reden und Interviews III, S. 112
4 Dr. Dr. Gustav Heinemann antwortet. Ein Interview und seine Folgen. Bonn o. J. (1969) S. 14
5 s. S. 240
6 G. H., Reden und Interviews I, S. 90
7 s. S. 280
8 s. S. 251
9 Erlaß über die Stiftung des »Verdienstordens der Bundesrepublik Deutschland« vom 7. 9. 1951
10 Wilhelm Hennis, Politik als praktische Wissenschaft, München 1968, S. 244 (im folgenden zitiert als: Hennis, Politik)
11 s. S. 283
12 Rüdiger Altmann in einer Fernsehdiskussion mit Gustav Heinemann am 6. 12. 1971
13 Fabian von Schlabrendorff, in: DIE WELT vom 19. 2. 72
14 G. W. F. Hegel, Rechtsphilosophie. Werke Bd. VII (Theorie-Werkausgabe Suhrkamp), Frankfurt a. M., S. 398 f.
15 Hennis, Politik S. 227
16 ebd.
17 s. S. 244
18 ebd.

Schwieriges Vaterland

1 G. H., Reden und Interviews I, S. 23. Auszüge aus dieser Rede s. S. 244—248
2 Franz Josef Strauß: Bismarck, die Erben und Heinemann, in: Bayern-Kurier vom 23. 1. 71
3 Karl Dietrich Bracher, Das deutsche Dilemma, München 1971, S. 16
4 Ansprache bei der Schaffermahlzeit im Bremer Rathaus am 13. 2. 1970, s. S. 253
5 Ansprache beim Galadiner der Königin Juliana im Königlichen Palast zu Amsterdam am 24. 11. 69, s. S. 252
6 Ein Jahr im Amt. Interview im SPIEGEL Nr. 27 vom 29. 6. 1970, abgedruckt in: G. H., Reden und Interviews I, S. 158

Produktive Unruhe

1 G. H., Reden und Interviews III, S. 15
2 s. S. 244
3 s. S. 282 f.
4 s. S. 276
5 G. H., Reden und Interviews I, S. 29
6 s. S. 249
7 s. S. 294
8 s. S. 249 f.
9 G. H., Reden und Interviews II, S. 36
10 Interview mit Johan Galtung am 21. 5. 1969, in: G. Bräunling und R. Hermle, Friedensforschung, S. 84
11 Werner Link, Zur gegenwärtigen Friedensforschung — ein Überblick. In: Heide Streiter-Buscher, Der geplante Frieden, Bergisch-Gladbach 1972, S. 24
12 G. H., Reden und Interviews II, S. 32
13 s. S. 263
14 G. H., Reden und Interviews III, S. 138
15 s. S. 285 f.
16 s. S. 260
17 Vgl. G. H., Reden und Interviews III, S. 22 und S. 58

Der dritte Präsident

1 infas-Repräsentativerhebung, Februar/März 1972

Lebensdaten Gustav Heinemanns

1899	am 23. Juli in Schwelm/Westfalen geboren
1917	Soldat (bis 1918)
1919	Studium der Rechtswissenschaften, der Volkswirtschaft und der Geschichte in Münster, Marburg, Göttingen und Berlin (bis 1923)
1921	Promotion in Marburg zum Dr. rer. pol.
1922	Erste juristische Staatsprüfung
1926	Zweite juristische Staatsprüfung / Heirat mit Hilda Ordemann aus Bremen / Niederlassung als Rechtsanwalt in Essen
1928	Justitiar und Prokurist der Rheinischen Stahlwerke in Essen (bis 1936)
1929	Promotion zum Dr. iur. in Münster
1933	Dozent für Bergrecht und Wirtschaftsrecht an der Universität Köln (bis 1939)
1934	Teilnahme an der Barmer Synode der Bekennenden Kirche
1936	Vorstandsmitglied bei Rheinstahl
1945	Chef der Hauptverwaltung bei Rheinstahl Mitbegründer der CDU in Essen Mitunterzeichner der Stuttgarter Schulderklärung Mitglied des Rates der Evangelischen Kirche in Deutschland (bis 1967)
1946	Oberbürgermeister in Essen (bis 1949)
1947	Mitglied des Landtags von Nordrhein-Westfalen (bis 1950) Justizminister von Nordrhein-Westfalen (bis 1948)
1949	Präses der Synode der EKD (bis 1955) Bundesinnenminister im ersten Kabinett Adenauer
1950	Rücktritt vom Amt des Bundesinnenministers
1951	Mitbegründer der Notgemeinschaft für den Frieden Europas
1952	Austritt aus der CDU / Mitbegründer der GVP
1955	Als Präses der Synode der EKD abgewählt
1957	Auflösung der GVP / Eintritt in die SPD / MdB (bis 1969)
1958	Mitglied des Parteivorstandes der SPD (bis 1969)
1966	Bundesjustizminister in der Großen Koalition (bis 1969)
1967	Ehrendoktor der Theologie der Universität Bonn
1969	Bundespräsident
1972	Juristischer Ehrendoktor der Universität Edinburgh

Personenverzeichnis

Literaturhinweise

I. Bücher von Gustav Heinemann

G.W. Heinemann: Verfehlte Deutschlandpolitik. Irreführung und Selbsttäuschung. Stimme-Verlag Frankfurt a. M. 1966. 3. Auflage 1970.

G. W. Heinemann: Plädoyer für den Rechtsstaat. Rechtspolitische Reden und Aufsätze, mit einem Vorwort von Rolf Zundel. C. F. Müller-Verlag Karlsruhe 1969.

G. W. Heinemann: Reden und Interviews. Herausgegeben vom Presse- und Informationsamt der Bundesregierung, bisher drei Bände 1970—1972.

II. Bücher über Gustav Heinemann

Diether Koch: Heinemann und die Deutschlandfrage. Christian-Kaiser-Verlag München 1972.

Werner Koch: Heinemann im Dritten Reich. Ein Christ lebt für morgen. Aussaat-Verlag Wuppertal 1972.

Hermann Schreiber / Frank Sommer: Gustav Heinemann, Bundespräsident. Mit einem Vorwort von Günter Grass. Fischer-Bücherei Nr. 957, Frankfurt a. M. 1969.

Gustav W. Heinemann. Bundespräsident. Herausgegeben von Inter Nationes, Bad Godesberg 1971.

Gustav Heinemann anekdotisch. Vorgestellt von Heli Ihlefeld, mit einem Vorwort von Willy Brandt. Bechtle-Verlag München und Eßlingen 1969.

III. Bücher über das Amt des Bundespräsidenten

H. J. Winkler: Der Bundespräsident — Repräsentant oder Politiker? C. W. Leske-Verlag Opladen 1967.

Werner Kaltefleiter: Die Funktion des Staatsoberhauptes in der parlamentarischen Demokratie. Westdeutscher Verlag Köln und Opladen 1970.

Ulrich Scheuner: Das Amt des Bundespräsidenten als Aufgabe verfassungsrechtlicher Gestaltung. Rainer-Wunderlich-Verlag Tübingen 1966.

Inhalt

Bildnachweis

Antz S. 62
Associated Press S. 139
Bundesbildstelle S. 64, 82/83, 117, 120, 138, 178/179, 236
Bunte Illustrierte S. 233
Darchinger S. 81, 84, 85, 87, 118/119, 137, 235
DPA S. 88
Luft S. 10, 11, 12
Pabel S. 86
Privatbesitz Bundespräsident Dr. Heinemann S. 9, 63
Schulthess S. 180
Stern S. 61, 140, 177, 234
Umschlagbilder: Luft (vorne), Bundesbildstelle (hinten)

Dokumentennachweis

Auswärtiges Amt S. 106/107
Bundesarchiv S. 105, 158/159
Bundespräsidialamt S. 108, 197, 198/199, 200
Lang, Ernst Maria S. 21
Privatbesitz Bundeskanzler Willy Brandt S. 44
Privatbesitz Dr. E. Eppler S. 42/43
Privatbesitz Bundespräsident Dr. Heinemann S. 22, 23, 24, 41, 157, 160